VELO

Handlung und Personen dieses Romans sind frei erfunden. Alle, die Ihnen sagen, sie würden in diesem Buch vorkommen, wollen nur angeben. Na gut, den Stimmungsschlagring gibt's wirklich. Er gehört meinem Kumpel Maik. Was irgendwie komisch ist, denn Maik gibt's gar nicht.
Häh? Ich bin verwirrt.

André Herrmann ist Autor, Comedian und Deutschlands gefürchtetster Roaster. Als Autor konzipiert er Programme, verfasst Gags für renommierte TV-Shows, entwickelt und schreibt Serien für TV sowie Streamingdienste. Vor der Kamera veröffentlichte er fast 150-mal den »Roast der Woche« für Comedy Central. Seit 2022 ist André mit seinem ersten Standup-Soloprogramm »Roast in Peace« auf Tour. 2015 erschien sein Debütroman »Klassenkampf« bei Voland & Quist. 2018 folgte »Platzwechsel« und im Mai 2024 schließlich sein dritter Roman »Schön war's, aber nicht nochmal. Urlaub mit den Eltern« bei Rowohlt.

Taschenbuchausgabe, 2. Auflage 2025

Umschlaggestaltung: BTSA
Umschlagfoto: Enrico Meyer
Korrektorat: Annegret Schenkel
Satz: Fred Uhde
Druck und Bindung: BALTO print, Litauen

Verlag Voland & Quist GmbH
Gleditschstr. 66
10781 Berlin
info@voland-quist.de
www.voland-quist.de

ANDRÉ HERRMANN

KLASSENKAMPF

KLASSENKAMPF

ROMAN

VOLAND & QUIST

Inhaltsverzeichnis

Prolog

Es war Juli.

Dem Geruch nach zu urteilen, war ich bereits vor drei Wochen auf tragische Art und Weise verstorben. Reglos lag ich auf der kleinen Couch in meinem Zimmer. Ich war am Ziel. Sofort nach meiner mündlichen Abiprüfung war ich in eine andauernde Starre verfallen, seit Tagen hatte ich mich nicht mehr bewegt. Mir war ein enormer Bart gewachsen, der mich tagsüber kühlte und nachts mollig warm hielt. Meine Haut war ledrig geworden, mittlerweile sah ich sogar Ötzi verblüffend ähnlich. Draußen herrschte ein besonders heißer Sommer, und ich konnte die Nachbarskinder hören, wenn sie jauchzend im Pool tobten oder herzerweichend weinten, wenn sie mit ihren kleinen Füßen wieder am geschmolzenen Teer auf den Straßen festklebten.

Noch gut drei solcher Monate lagen vor mir, ehe ich in Potsdam mein Nichtstun fortsetzen und das Ganze dann Studium nennen dürfte. Potsdam, meine Erlösung! Endlich würde ich rauskommen aus dieser Stadt in Sachsen-Anhalt, deren Ruhm, mal abgesehen vom Bauhaus, maßgeblich auf den Schultern von Nazi-Schlägern ruhte. Lange hatte ich überlegt, welches Fach zu mir passen könnte. Leider fehlten mir jegliche Ambitionen, irgendetwas auswendig zu lernen, eine Aussicht auf Arbeit war mir egal, und trotzdem wollte ich mir immerzu die Möglichkeit offenhalten, doch noch ein gefeierter Schriftsteller zu werden. Germanistik passte perfekt. Nicht zuletzt, weil es selbst im Falle eines Suizids prima als Grund würde herhalten können.

Durch geschicktes Schütteln meines Bartes löste ich einige Brotkrumen, die sich unterhalb meines Kinns verfangen hatten, und ließ sie in meine Achselhöhle rutschen, wo ich seit einigen Tagen einem verletzten Mauersegler Unterschlupf gewährte.

Plötzlich schwang die Tür meines Zimmers auf. Ein gleißend heller Lichtstrahl traf mich im Gesicht.

»Du sitzt ja immer noch da!«, rief meine Mutter. »Wie siehst'n du aus?«

»Ich habe gerade einen neuen Geisteszustand erreicht«, antwortete ich. »Und ich kann feierlich verkünden, dass mir endlich alles egal geworden ist. Ich bin Zarathustra!«

»Hast du dir da Haare auf die Füße jeklebt?«

»Ja«, sagte ich. »Ich habe beschlossen, das mit dem Studium doch sein zu lassen, und werde mit unserem Gärtner gen Mordor ziehen, um die Nachbarskinder in den Schicksalsberg zu werfen.«

»Der Vati und ich, wir hamm' uns überlecht, dass wir dir zur Feier deines Abiturs was Schönes schenken wolln.«

Geil, dachte ich, eine Xbox würde ich in Potsdam gut gebrauchen können.

»Und weil du ja bald Germanistik studierst …«

Xbox, dachte ich, Xbox!

»… hamm wir jedacht, so ein bunt gestreifter Schal wäre doch richtig fesch.«

Ein bunt gestreifter Schal. Das, dachte ich, muss einer dieser Momente sein, in denen man den Zünder drücken würde, hätte man gerade zufällig einen Bombengürtel um. Ein bunt gestreifter Schal! Ich musste zugeben, dass ich mich mit dem Vorhaben, Germanistik zu studieren, nicht gerade als ernst zu nehmende Person qualifiziert hatte, aber *das* hatte ich nicht verdient. Ein regenbogenfarbener Mitgliedsausweis aus Taka-Tuka-Land! Der schon aus hundert Metern Entfernung schrie: *Bitte nehmt mich nicht ernst, ich studiere Lehramt und schreibe immer in vier verschiedenen Farben mit!* Na vielen Dank auch.

»Du freust dich wohl gar nich?«, fragte meine Mutter.

Ich rekapitulierte. Was würde meine Biografie über diesen Tag wohl sagen? *01. Juli 2005, André Herrmann bekommt zum Abitur einen bunt gestreiften Schal geschenkt, Glück durchströmt ihn.* Darüber hätten sich nicht einmal die Kinder in Afrika gefreut.

»Na ja«, sagte ich, »wenn ihr jetzt doch noch die Xbox rausholt, könnte das meine Laune bessern.«

»Na los, mach ihn ma um!«

»Niemals!«

»Och bitte!«

Vorsichtig sah ich nach links und rechts. Wenn man solch ein Accessoire anlegte, musste man sich immer zuerst vergewissern, dass sich niemand mit so einem neumodischen Handy mit Kamerafunktion in der Nähe aufhielt.

»Orr, richtig schick siehste aus! Wie'n echter Student!«

Lustig, dachte ich, was meine Eltern für ein Studentenbild haben mussten. Ein Haufen zauseliger Vollidioten mit bunten Schals, soso. Dass meine Eltern damit gar nicht so falschlagen und mich womöglich nur tarnen wollten, das erfuhr ich erst viiieel, viel später.

»Den kannste gleich nachher ummachen, wenn wir zur Schule gehn!«

»*Wir* gehn überhaupt nicht!«, sagte ich.

»Aber heute ist doch Zeugnisausgabe!«, grinste meine Mutter, die sich den Termin wahrscheinlich schon seit Wochen mit ganz vielen Kringeln im Kalender angestrichen hatte.

Ich schüttelte mich. Solche Nebensächlichkeiten hatte ich vollständig verdrängt.

»Hach, wie schnell doch die Zeit vergeht. Grade warst du noch so klein und jetzt.«

»Da braucht ihr aber nich mitkommen«, sagte ich.

»Yes!«, rief mein Vater.

»Na klar komm' wir da mit!«, rief meine Mutter.
»Och nö!«, rief mein Vater.

Und obwohl ich mir geschworen hatte, erst dann wieder in die Nähe meiner Schule zu kommen, wenn ich Blitze schießen oder Erdbeben verursachen könnte, stand ich eine Dusche später tatsächlich vorm Haupteingang. Meine Haare rochen noch ein wenig verbrannt. Sie hatten etwas abbekommen, als ich versucht hatte, den bunten Schal anzuzünden.

Vor der Schule hatten sich haufenweise Eltern postiert, meine Mitschüler im Schlepptau. Die Fotoapparate klickten so hochfrequent, dass es selbst japanischen Reisegruppen zu krass gewesen wäre. Und wie es aussah, hatte die Haargel-Industrie heute einen goldenen Tag erlebt. Hier und da spuckten sich aufgeregte Mütter in die Hände, um den letzten widerspenstigen Haaren ihrer Sprösslinge eine neue Form zu geben. Die Mädchen trugen irgendetwas zwischen Reeperbahn und amish paradise und schauten immer wieder nervös zu ihren fünf Jahre älteren Freunden, die wie gewohnt mit ihren tiefergelegten Golfs vor der Schule parkten.

»Das«, sagte jemand, der meinen wehmütigen Blick auf die VW Golfs und ihre armseligen Besitzer bemerkt zu haben schien, »ist das Knight-Rider-Syndrom!«

Ich drehte mich um, stieß mit dem Fuß an einen Bierkasten und sah mich einer derart behaarten Brust gegenüber, dass ich kurz überlegte, ob ich mich nicht vielleicht doch fälschlicherweise in einem Baumarkt befand.

»Gewagtes Outfit«, sagte ich und deutete auf Maiks Hawaii-Hemd, dessen oberste fünf Knöpfe er großzügig offen gelassen hatte.

»Ach weeßte, was soll ich'n in so'm Anzug. Ich weeß ja nich ma, ob ich überhaupt 'n Zeugnis krieje.«

»So schlecht warst du doch gar nich«, sagte ich. »Oder isses wegen Sport?«

»Ey, ich hab dem Sportfuzzi immer jesacht, ich mach keene Ballspiele. Und in' Sandkasten hüpf ich ooch nich! Aber Darts wollter nich als Ersatzleistung anerkenn'.«

Während er dozierte, geleitete mich Maik mit seinen riesigen Pranken zu unserer Klasse. Mit einem Auge musterte ich die armen Mittzwanziger in ihren breitbereiften Blechkonserven, in denen seit Jahr und Tag ein und dieselbe *Thunderdome*-CD zu laufen schien.

»Was ist das *Knight-Rider*-Syndrom?«, fragte ich Maik.

»Wenn du keene Zukunft, aber 'n tieferjelechtes Auto hast. Und wenn die Mädchen trotzdem voll auf dich abfahrn, spricht man in Fachkreisen vom sojenannten *Knight-Rider*-Syndrom.«

Die Frage, welche Fachkreise er meinte, erübrigte sich, als Maik zwei Bierflaschen aus dem Kasten zog und mir eine davon hinhielt.

»Nee«, sagte ich.

»Komm! Schon Wilhelm Busch hat jesacht: Die erste Pflicht der Musensöhne / Ist, dass man sich ans Bier gewöhne.«

Wenn es um Hopfen und Malz ging, war Maik schon immer ein wandelndes Poesialbum gewesen. Irgendwie würde ich ihn in Potsdam vermissen. Ihn, der mich damals seinem völlig entstellten Kumpel, dem Hausmeister, vorgestellt hatte, sodass wir im Winter immer im Keller *roochen* durften, während die anderen sich draußen die Beine abfroren. Ihn, der schon Haare auf der Brust hatte, während wir noch auf die ersten Schamhaare warteten. Der nicht einmal mit zur Abschlussfahrt durfte, weil er einmal in der Hofpause eine Korbflasche Portwein geleert und anschließend im Geographie-Leistungskurs auf die Deutschlandkarte gebrochen hatte. Aus unerfindlichen Gründen stand ich unter seinem besonderen Schutz.

Ich sah mich um. Überall glänzten die Halbschuhe und Stilettos, überall standen die Schulterpolster im exakten Neunzig-

Grad-Winkel. Vier Dutzend Fast-Zwanzigjährige im Einheitskostüm der Gesellschaft. Das war's dann also, dachte ich. Die Typen in ihren tiefergelegten Golfs würden sich bald neue kleine Mädchen suchen müssen. Jens' Mutter, der die Tränen bereits in den Augen standen, würde vor Stolz wahrscheinlich bald in Ohnmacht fallen. Auf Enno würde nach der Zeugnisausgabe ein nagelneues Auto vor der Tür warten. Und mich würde man zu Hause fragen, warum mein Durchschnitt so schlecht sei.

Nein, ich würde sie nicht vermissen. Insbesondere keines der Mädchen, deren Stimmen in solch schwindelerregenden Höhen kursierten, dass man beim Zuhören unweigerlich Kopfschmerzen bekam. Es war mir egal, wo auch immer sie Elektrotechnik studieren oder in welcher Esprit-Filiale sie arbeiten würden. Wenn man genau hinhörte, konnte man sogar das Platschen der jugendlichen Prinzipien vom freien und unbestimmten Leben hören, die hier gerade innerlich über Bord geworfen wurden.

»Hast du Sebastian gesehen?«, fragte ich Maik, nachdem ich einen Schluck Bier genommen hatte.

Maik stieg auf den Bierkasten, obwohl er auch ohne dessen Hilfe alle Anwesenden um mindestens einen Kopf überragte.

»Ach du Scheiße!«, rief er und zeigte in Richtung Eingang.

»Was is'?«, fragte ich.

»Eeeeyyy!«, bläkte Maik über alle Köpfe hinweg. »Komm ma ran hier, Aldr!«

»Was is' denn?«, fragte ich, während Maik herunterkletterte.

Er schüttelte den Kopf und deutete in die Richtung, aus der Sebastian zu uns getrabt kam.

»Ach du Scheiße!«, sagte ich.

»Mein Reden, Aldr!«

Um Himmels willen, was hatten sie bloß mit Sebastian gemacht? Aus der Menge der aufgeregten Eltern und Schüler schälte sich ein dünner Typ, dem sein Aufzug sichtlich unangenehm war. Meine Güte, dachte ich, hatte er eine Wette verloren? Mit hängendem Kopf kam Sebastian im dunkelbraunen Anzug auf uns zu getrabt, wobei seine geflochtenen Lederschuhe bei jedem Schritt quietschten.

»Alter«, sagte ich, als er vor uns stand, und tätschelte seinen Kopf, den nicht wie üblich ein steif nach oben zeigender Iro krönte, sondern die nach rechts gegelte BWL-Variante.

»Hier, trink erst ma'n Schluck, Aldr! Deine Haare hamm gar keene Energie mehr!«, sagte Maik und hielt Sebastian eine Bierflasche entgegen.

»Nee«, sagte Sebastian und schaute auf den Boden.

»Komm, Aldr!«, rief Maik und drückte ihm die Flasche gegen die Brust. »Das's sogar das Gude!«

Maik hatte sich wahrlich nicht lumpen lassen. Zwar war es immer noch Sterni Export, das er ausschenkte, aber in Anbetracht dessen, dass er normalerweise eine abartige Vorliebe für Sterni Diesel hatte, war dies geradezu als qualitativer Quantensprung zu betrachten.

»Nee«, sagte Sebastian, »meine Eltern stehen da hinten.«

»Das is' keen Problem, die kriegen wir ooch noch satt!«, feixte Maik und trat gegen den klimpernden Bierkasten.

»Wie läufst'n du überhaupt rum?«, fragte ich und schnippte gegen eines von Sebastians Schulterpolstern, wo normalerweise ein paar spitze Nieten herausschauten.

»Einfach so«, sagte Sebastian.

»Man läuft doch nicht einfach so rum wie'n ..., wie'n ...«

»Wie'n Lackaffe!«, rief Maik und brach in Gelächter aus.

»Halt mal die Fresse!«, rief Sebastian, drehte sich mit möglichst breitem Rücken in Richtung der Wartenden und nahm heimlich einen Schluck von meinem Bier.

»Sooo is' richtig, mein Schöner!«, unkte Maik. »Dass du mir ja nich so'n Assi wirst!«

»Ja und?«, hakte ich nach. »Wieso läufst du so rum?«

»Maaann, die Penner vom Krankenhaus meinen, mit'm Iro erhöht man das Herzinfarktrisiko bei den Rentnern.«

»Wegen Zivi, oder was?«

»Ja«, sagte Sebastian. »Und weil ich's meinen Eltern irgendwie versprochen hab.«

»Wieso verspricht man denn so was?«, fragte ich.

»Erinnerst du dich an Goethes Kopf?«

»Hoho!«, lachte Maik. »Übelst geile Aktion, Aldr! Rumms! Weg war die Rübe! Hohoho!«

Klar erinnerte ich mich an Goethe. Wir waren selbst ein wenig überrascht gewesen. Sebastian hatte gewettet, man müsse nur an den richtigen Stellen der Messingfigur vor unserer Schule ein paar Knaller anbringen, dann würde man es sogar schaffen, den Kopf abzusprengen. Nun ja, wir hatten ihm nicht geglaubt, aber er hatte recht behalten.

»Und?«, fragte ich.

Sebastian strich sich über seinen Anzug und grinste. »Letzte Woche kam die Rechnung.«

»Hammer!«, lachte Maik und hielt sich seine bebende Brust.

»Na ja«, ich nahm einen Schluck Bier, »was machen wir denn nachher noch Schönes?«

»Wir gehn ma schön zum Abiball und löten uns da richtich zu!«, lachte Maik.

»Vergiss es«, sagte ich, »zu dem Scheiß geh ich nich.«

»Ich glaub, das musste ich auch versprechen«, sagte Sebastian.

»Na dann hammers ja geklärt!«, rief Maik und schulterte den Bierkasten.

»Ich muss ma wieder zurück zu meinen Eltern«, sagte Sebastian und nahm heimlich noch einen Schluck Bier.

»Wir hamm das noch lange nicht geklärt!«, rief ich, aber er war schon außer Hörweite.

Dann öffnete sich die Eingangstür, und alle strömten nach oben in die Aula.

»Eintausendneunhundertvierzig!«, rief ich und trat wie gewohnt direkt gegen die Mauer neben der Eingangstür. Sie hatte bis heute nicht nachgegeben. Maik nahm mir mein Bier aus der Hand und drapierte es in seinem Kasten, der sich mittlerweile auf wundersame Weise zur Hälfte geleert hatte.

Oben angekommen, setzte ich mich auf einen Stuhl möglichst nah am Fenster, um die Möglichkeit zu haben, doch noch springen zu können. Maik saß neben mir und grinste, wahrscheinlich weil er froh war, es vor Schulende doch noch einmal mit einem Kasten Bier in diesen Raum geschafft zu haben.

Für das Rahmenprogramm hatte man die außergewöhnlich talentierte Melodica-AG der siebten Klasse gewinnen können. Ich konnte es nicht genau heraushören, aber entweder die Kinder tröteten dort vorn eine revolutionäre Form von Acid Jazz oder sie hätten mit dem Auftritt noch ein paar Wochen warten sollen.

Als sie zu Ende gegroovt hatten, schnappte sich der kleine Direktor das Mic und begann seine Show. Er zog einen Zettel aus seiner Tasche und entfaltete ihn. Ganz oben in der Kopfzeile stand: *Erweiterte Oberschule Karl Marx*. Wahrscheinlich war der Papyrus alle gewesen.

»Meine sehr verehrten Damen und Herren, liebe Damen, liebe Herren, oder so, ääh, liebe Eltern! Es is' mir eine kroße Freude, Sie an diesem denkwürdigen Tag …«

»Laaangweilich!«, rief Maik aus voller Brust, der sofort, als sich alle zu uns umdrehten, entrüstet auf den neben ihm sitzenden Jens schaute.

»Junger Mann, ich verstehe nich, wieso man sich noch am letzten Tach daneben benehmen muss!«

»Ich … aber … ich, ich hab doch gar nicht!«, stotterte Jens und seine Mutter begann zu weinen.

»Also, ehrlich mal, Jens. Das hätten wir nich von dir jedacht!«, rief Maik.

Alle um uns herum kicherten, ich blickte hinüber zu Sebastian, auch er musste sich das Lachen verkneifen, nur der arme Jens ließ den Kopf hängen.

»Für Sie bricht in nächster Zeit eine ganz neue ... Zeit an«, erklärte der Direktor redegewandt.

»Leider, so muss ich Ihnen nichtsdestotrotz sagen, wird nicht jeder sokleich nach seim' Abschluss die Möglichkeit finden, ein' Ausbildungs- oder Stutjenplatz wahrzunehmen.«

»FIIIIRST WOOOORLD PROBLEMS! DADA DADA-DA DADA!«, stimmte Maik an, und alle schauten wieder grimmig auf Jens.

»Nu ja, ich sare mal, warum lange reden, wenn das Gute liegt so nah, äh, ja!«

Er wies auf einen riesigen Stapel gefalteter Umschläge. Die Anspannung in der Aula stieg.

Name für Name ließ der Direktor alle Abiturienten nach vorn treten und übergab den Aufgerufenen anschließend eine Rose und die Urkunde, samt einer komischen Münze, die man angeblich extra für diesem Anlass hatte prägen lassen. Mein Name wurde aufgerufen, und ich ging nach vorne. Ich hatte es nicht glauben wollen, und irgendeine DDR-Medaille oder ein altes Fünf-Mark-Stück erwartet, aber da waren tatsächlich der Name unserer Schule und unser Abschlussjahr eingeprägt. Okay, Gymnasium schrieb man nach wie vor nicht mit Ü, aber davon abgesehen toll, da gab's nichts zu meckern.

Je mehr Leute ihr Zeugnis in den Händen hielten, desto aufgeregter wurde Maik. Der Bierkasten unter seinem Stuhl war offensichtlich schon wieder etwas leerer geworden.

»So«, rief der Direktor, »zwee Zeugnisse hammwer noch!«

Ich sah mich um und zählte nach. Wenn ich mich nicht irrte, hatten noch drei Leute kein Zeugnis erhalten. Maik neben mir ließ seine Fingerknochen knacken. Augenscheinlich lief es doch wieder auf Faustkampf hinaus.

Als die letzten beiden Zeugnisse verteilt waren, hatte Maik keines abbekommen. Er saß still auf seinem Platz und sagte überhaupt nichts. Ich wusste nicht, wie ich reagieren sollte, Aufmunterungsversuche jedenfalls schienen mir gänzlich unangebracht. Also riss ich ein neues Bier an, nahm einen tiefen Zug und hielt ihm die Flasche hin.

»So, liebe Neu-Abiturjentn, ich würde mal saren, wir machen dann mal ein schönes …«

»Halt!«, schrie die massive Frau Pleier, die eben noch den Stapel bedient hatte.

»Ach, hier, gucke da!«, rief der Direktor. »Tatsache, da hat sich wohl noch een Umschlag im Schloss Ihrer Aktentasche verfangen?«, während Frau Pleier mit aller Kraft versuchte, den zerknitterten Umschlag aus den Fängen ihrer Tasche zu reißen.

»Herr Werner, kommen Sie doch bitte schonnema vor! Die antrenn auch! Wir machen dann gleich das Gruppenfoto!«, rief der Direktor.

Langsam ging Maik nach vorn. Wie in einem Musical folgten ihm alle anderen und nahmen Aufstellung.

»Glückwunsch«, sagte ich, als ich wieder neben Maik stand. Zufrieden nickte er. Ich blickte zu Sebastian, er grinste mich an.

»Okay!«, rief der Fotograf, ein besonders flippiger Typ, den man in jeder nächstgrößeren Stadt für sein komisches Gehabe verprügelt hätte.

»Okay, Friends, ich möchte, dass das möglichst casual rüberkommt! Also, ihr habt ja leider keene so stylischen Hüte zum Hochwerfen. Aber ihr werft eenfach das, was ihr grad zur Hand habt, nach oben. Die Rosen zum Beispiel!«

Alle hielten sich bereit. Ich sah auf meine leeren Hände und dann in die Stuhlreihen. Meine Rose lag noch immer auf meinem Platz, dafür hatte ich das Zeugnis dabei. Maik hatte weder Rose noch Zeugnis am Start.

»Okay, Friends. Auf drei!«, rief der Fotograf. »One, two, three!«

Und mit einem Mal flogen Dutzende Rosen durch die Luft. Ich zuckte mit den Schultern und warf mein Zeugnis hinterher, Maik grinste mich an und schmiss fröhlich einen Stuhl nach oben.

»Excellent!«, brüllte der Fotograf.

»AUA!«, schrie jemand, und ein Blitzlichtgewitter ging nieder.

Als sich der Rosenregen gelegt hatte, lag Jenny aus der 13c am Boden. Krass, dachte ich, wie so eine gebrochene Nase gleich einen völlig neuen Menschen aus einem machen kann.

»Wer war das?«, brüllte Frau Pleier.

Ich sah mich um, aber Maik war verschwunden.

Alles war in Aufruhr. Jenny hielt sich ihre Nase und fand sich umringt von Müttern, die sich mit Vorschlägen zur schnellen Behandlung überboten.

»Da muss'n Schönheitschirurg ran!«

»Mach erst mal Kamille droff!«

»Des muss jenäht wern!«

»Nee, ich hab hier was Homöopathisches dabei!«

Der Direktor stand hilflos daneben und wusste weder ein noch aus. In seiner Hilflosigkeit zog er das letzte Ass aus seinem Ärmel.

»So, meine Dam' und Herrn, und jetzt perform' noch unsere Fünftklässlerinnen der AG Rock- und Poptanz eine selbst zusammengestellte Choreographie.«

Es war aberwitzig. Acht Mütter hockten neben der blutenden Jenny, während fünf frühpubertierende Mädchen in Lederleggins zu *Don't Cha* von den Pussycat Dolls um sie herumtanzten. Manch ein aufgebrachter Vater versuchte das Spektakel zu stoppen und bekam sogleich einen lasziven Lapdance von einer Elfjährigen verpasst, der jedem Jugendschützer die Kinnlade hätte herunterklappen lassen.

Ich sammelte die Einzelteile meines Zeugnisses ein und ging zurück an meinen Platz, um meine Klamotten zu holen. Maiks Stuhl war leer.

»Aha, der Herr Herrmann hat sich also erbarmt und lässt sich auch mal blicken«, kam es plötzlich von der Seite.

Och nee, dachte ich, als ich mich umdrehte.

Seit der zehnten Klasse hatte Luisa nicht verstanden, dass sie nur deshalb jedes Jahr zur Klassensprecherin gewählt worden war, weil niemand Bock auf diesen blödsinnigen Job hatte. Wäre Luisa eine Stadt gewesen, ich hätte sie vermutlich noch hinter Chemnitz einsortiert. Und seit sie beim Wer-bin-ich-Spielen auf der Abschlussfahrt gleich beim ersten Versuch erraten hatte, dass ich *Hitler* auf ihren Zettel geschrieben hatte, war für mich klar, welches Blut da ihn ihren Adern floss. Luisas Herrschaft hatte beispielsweise bewirkt, dass alle Oberstufenschüler einen Fünftklässler als Patenkind an die Seite gestellt bekommen hatten. Und weil ich mich beim kleinen Christoph aus der 5a mit einer Schachtel Kippen und einem Playboy freigekauft hatte, war ich schnell zu ihrem Erzfeind avanciert.

»Hier«, rief Luisa und hielt mir ein Heft unter die Nase.

»Deinen *Wachturm* kannste schön für dich behalten!«, brummte ich.

»Mann, das ist unsere Abizeitung! Kannst ja mal auf Seite 15 gucken, was über dich drinsteht!«

Ich nahm das Heftchen und blätterte ein wenig darin herum. Uiuiui, da hatte wohl jemand mit spitzer Feder ein paar satirische Beiträge über unsere Schulzeit verfasst, soso. Und dann kamen die Steckbriefe. Schon jetzt hieß meine Lieblingskategorie »Lebensmotto«.

Freue dich über jeden Tag, den du erleben darfst, denn er ist ein Geschenk. Süß.

Nur tote Fische schwimmen mit dem Strom. Yeah!

Und dann Seite 15. Überschrift: »André Herrmann«. Darunter: Ein schwarzer Kasten. Untertitel: »Wollte sich an nichts beteiligen.«

»Geil! Ich finde, das beschreibt mich ziemlich gut«, sagte ich.

»Im Endeffekt finden es alle total witzig«, sagte Luisa. »Ich glaub, die von der Abizeitung wollen dir sogar den Preis für den besten Beitrag geben.«

»Was für'n Preis?«, fragte ich.

»Maaann, beim Abiball, du Idi!«

»Schnickschnack!«, rief ich. »Ich muss Maik suchen, der is' einfach abgehauen!«

»Den hab ich vorhin hier rausrennen sehen«, sagte Luisa.

»Na dann«, rief ich und hob die Hand zum Gruße, »bis niemals!«

»Ey!«, rief Luisa. »Kommt ihr nachher wirklich nicht zum Abiball?«

»Keine Panik, ich hab doch vorgesorgt und mir extra keine Karte gekauft«, sagte ich.

Luisa zog ein Ticket aus ihrer Tasche und hielt es mir hin.

»Hier, hab ich eh übrig. Kannst du dir ja eine Zigarette mit anzünden oder so.«

»Ma nich so frech hier«, murrte ich.

»Wär wirklich cool, wenn ihr kommen würdet.«

»Jaja«, sagte ich und ging.

Kurze Zeit später trabte ich das Treppenhaus hinab Richtung Ausgang, in der Hand das Ticket für den Abiball. Was hatte Luisa nur vor? Wahrscheinlich war es nur noch eine Frage der Zeit, bis sie Polen überfallen würde, und dafür brauchte sie jeden Mann. Ich steckte die Karte weg und trottete weiter.

Gerade als ich die Tür nach draußen aufstoßen wollte, hörte ich ein dumpfes Wimmern von der Kellertreppe her. In der sechsten Klasse hatten wir einmal Stephan aus Karlsruhe, der mit seiner Familie zugezogen war und gleich am ersten Tag ein bisschen zu viel mit seinem Nintendo 64 geprahlt hatte, dort unten mit einer ganzen Rolle Gaffa festgetapt. Danach war er nie wieder aufgetaucht. Vielleicht klebte er seitdem noch immer dort unten an der Tür des Heizraums? Zahlreiche Schauergeschichten rankten sich um den Westteil des Kellergewölbes, den auch wir Raucher aus dem inner circle nie zu betreten gewagt hatten. Manch einer erzählte sich, dass dort unten die Kunstlehrer grauenhafte Sexorgien veranstalteten, wie es sie vermutlich sonst nur im Berliner Berghain gab. Andere Quellen berichteten, dass die Schulleitung dort noch immer Zyklon B herstellen ließ.

Je näher ich der Treppe kam, desto lauter wurde das Wimmern. Ich stieg die Stufen hinab, es wurde immer grässlicher.

»UND WARUM?«, schrie plötzlich eine Stimme.

Wie angewurzelt blieb ich stehen, mein Herz raste. Was sollte ich tun?

»NUR FÜR DEN KICK, FÜR DEN AUGENBLICK?«, rief ich in das undurchsichtige Kellergewölbe hinein.

»UND WARUM?«, rief es aus einer der vielen Türen.

Langsam ging ich weiter.

»NUR FÜR EIN STÜCK VON DEM FALSCHEN GLÜCK?«, rief ich.

»UND WARUM?«, kam es genau aus dem Raum, den ich lokalisiert hatte.

Was würde mich erwarten? Von Stephan aus Karlsruhe keine Spur, aber womöglich hatten ein paar andere Leute hier ja das ein oder andere Mitglied von Tic Tac Toe festgetapet?

Gerade als ich die Hand auf die Klinke gelegt hatte, schwang die Tür auf.

»Moin Antréh!«, rief der Hausmeister und reichte mir die Hand.

Mein Herz pochte noch immer. Wie eh und je brauchte ich einige Sekunden, um mich an seinen grauenhaften Anblick zu gewöhnen.

Seine Nase war von mehrfachen Brüchen schief, auf seinem Rücken wuchs ein elender Buckel und an seiner Glatze klebten nur noch vereinzelte Haarbüschel.

»Moin!«, sagte ich und schüttelte seine Klaue.

Im Hintergrund erkannte ich Maik, der auf der Werkbank lag und das letzte Bier aus seinem Kasten in sich versenkte.

»Na, jetzt habt ihr mich endlich bildungsmäßig überholt, wah?«, grinste der Hausmeister.

Er sah wirklich furchterregend aus. Man erzählte sich, dass die Macher diverser Zombie-Filme ihre Untoten nach seinem Vorbild gestaltet hatten. Und trotzdem verbarg sich hinter seinem gruseligen Antlitz ein überaus guter Kern. Solange ich denken konnte, hatte der Hausmeister schon zum Inventar der Schule gehört. Sicher zahlte man ihm keinen Traumlohn für diesen Job, aber er wusste selbst die kleinsten Vorteile seines Amtes auszunutzen, wie es sonst nur Bundespräsidenten zu tun vermochten.

In diesem Moment schwang die Tür erneut auf und Sebastian stand im Raum.

»Ach, hier seid ihr!«, rief er.

»HAU AB, DU LACKAFFE!«, schrie der Hausmeister.

»Hey hey hey«, sagte ich, »das is' doch der Sebastian!«

Der Hausmeister kniff seine gelben Augen zusammen und stierte argwöhnisch auf unseren geschniegelten Kumpel.

»Aaach ja, jetzt seh ich's, mein Guter!«, rief er. »Ich dachte nur, weil du aussiehst wie'n …, wie'n …«

»Jaja«, sagte ich und klopfte Sebastian auf die Schulter.

Maik begann erneut zu schluchzen.

»Was'n mit dem los?«, fragte Sebastian und deutete auf den riesigen Kerl auf der Werkbank.

»Dem Maik bricht grad seine gesamte gewohnte Umgebung weg«, grinste der Hausmeister. »Der is' doch so sensibel! Der verträgt so viel Umschwung einfach nich!«

»Außerdem ist das Bier fast alle!«, sagte ich und deutete auf den Kasten.

»Ey Maik, wir sind doch nich aus der Welt. Ich mach Zivi und André, na ja«, sagte Sebastian, »Potsdam is' schon scheiße!«

Ich verzog das Gesicht.

»Luisa hat mir 'ne Karte für'n Abiball gegeben«, sagte ich kopfschüttelnd.

»Ha! Die steht auf dich!«, lachte der Hausmeister.

»Vielleicht können wir uns mal wieder aufs Wesentliche konzentrieren«, sagte Maik und zog den letzten Schluck aus seiner letzten Bierflasche.

»Was' denn los?«, fragte ich.

»'s vorbei!«, rief Maik.

»Was is' vorbei?«, fragte Sebastian.

»Na Schule und so.«

»Ja und? Scheiß auf Schule. War eh kacke hier!«

»Ja, aber wo soll'n wir denn jetz in der Hofpause roochen?!«

»Ähm ...«, sagte ich.

»Wartet ma!«, rief der Hausmeister. »Ich hab da noch was Feeeeiiiines!«

Gierig durchwühlte der Bucklige einen Schrank und förderte eine völlig verdreckte Flasche zutage, auf deren Schild ein riesiges X gedruckt war. Blitzschnell verteilte er das Gesöff auf vier leere Farbdosen und reichte sie anschließend in die Runde.

Maik erhob sich zum gemeinsamen Prosit und skandierte unseren seit Jahren immer gleichen Wahlspruch: »In guter wie auch schlechter Zeit ...«

Und wir stimmten lautstark ein: »... Hauptsache nie Lohnarbeit!«

Als ich den Schnaps in mir versenkte, konnte ich förmlich spüren, wie sich gerade ein großer Teil meines Kurvendiskussionswissens in Wohlgefallen auflöste.

»Aber hier noch mal wegen dem Abiball«, rief Maik. »Willst du da wirklich nich hin?«

»Also, ich muss«, sagte Sebastian.

»Niemals!«, sagte ich.

»Zweete Runde!«, rief der Hausmeister.

Zehn Minuten später hatte mich Maik zum Auto geschleift.

»Alles okay bei dir?«, fragte Sebastian durchs Beifahrerfenster.

»Jaja«, sagte Maik, »der wird schon wieder.«

»Dann geh ich mal wieder hoch, und wir sehen uns nachher!«, sagte Sebastian.

»Niemals!«, rief ich, wollte ich rufen, doch alles, was aus meinem Mund kam, war ein tumbes »Iiiiiiaaaaaaassssss!«.

Vielleicht hatte ich nach dem zweiten Becher des X-Gebräus einfach vergessen, wie man läuft und sich artikuliert. Maik trat aufs Gaspedal, und wir schossen in die Nacht hinaus. Gekonnt lenkte er seinen Golf durch Kurve um Kurve, sodass man gar nicht vermutet hätte, dass er in seinen zwei Jahren Fahrpraxis bereits 13 Unfälle erlebt hatte. Zumindest waren das jene, von denen ich wusste. Er rammte Rehe, weil er Pech hatte, er rammte Einkaufswagen, weil er die falsche Supermarkteinfahrt nahm, er riss sich den Unterboden auf, weil der Schotterweg *'ne todsichere Abkürzung* war, *Aldr*.

Irgendwann passierten wir das Haus meiner Eltern.

»Ey, wo fährst'n du lang?«, lallte ich.

»Abkürzuuung!«, nickte Maik.

Oje, dachte ich und ließ es geschehen.

Wir passierten das Ortsausgangsschild und bogen auf eine Landstraße. Ich kurbelte die Scheibe herunter und begann, mir eine Kippe zu drehen. Der Fahrtwind in meinem Gesicht wirkte Wunder.

»André, kannst du mal bitte nach vorne gucken?«, fragte Maik.

»Ja?«

»Siehst du was?«

»Nur schwarz«, sagte ich.

»Okay, dann fahr ich mal lieber nur 130«, sagte Maik.

Ich war mir ziemlich sicher, dass der Weg zum Hotel, in dem der Abiball stattfinden sollte, nicht durch einen Wald führte, aber schon überkam mich dieses Roadtrip-Gefühl, bei dem es nie darum ging, wohin man fuhr, sondern nur um das Fahren an sich. Maik und ich waren oft nachts durch die Gegend gefahren, mal in die Nachbarstadt, um Milchshakes zu kaufen, mal zur nächsten Autobahnraststätte, um den Truckfahrern Hallo zu sagen.

Wir fuhren im Zickzackkurs durch ein etwas lichteres Waldstück, und ich hatte Mühe, den Tabak auf dem Paper zu balancieren. Maik nahm eine Linkskurve, ich fingerte in dem kleinen Plastikbeutel nach einem Filter.

Eigentlich müsste langsam mal die Rechtskurve kommen, dachte ich, als der Tabak verdächtig lange stabil blieb. Ich sah zu Maik und bemerkte, dass er wie gebannt auf meine Hände starrte und mir beim Drehen zusah. Ich blickte aus meinem Fenster, ein Baum zischte bedenklich nahe an uns vorbei. Ich sah aus Maiks Fenster, noch ein Baum.

»Ey!«, rief ich, als plötzlich Äste auf die Frontscheibe klatschten.

Maik blickte nach vorn, umklammerte das Lenkrad und bemerkte treffend: »Oha!«

Na klasse, dachte ich. Jetzt stirbst du auch noch wie so ein Disko-Vollidiot und hast nicht mal Ecstasy bekommen, um es richtig geil finden zu können.

Maik riss an der Handbremse und stemmte sich auf das Bremspedal. Ich bemerkte einen Baum, der dummerweise immer näher kam. Äste und Gestrüpp sausten direkt an unseren Köpfen vorbei.

Los, dachte ich, noch ein richtig cooler Satz, so zum Schluss, so einer, der das Leben abschließend zusammenfasst. Ich schrie: »FUCK FUCK FUCK FUCK FUUUCK!«

Mit einem Mal knallte es und wir wurden nach vorn gerissen. Jetzt würde es nur ganz kurz wehtun, dachte ich.

Ein paar Sekunden später kam ich wieder zu mir. Der Baum war direkt vor uns, aber das Auto hatte ihn nicht einmal berührt.

»Aldr! Da denkste, jetzt geht's zu Ende und dann läuft *dein* Leben vor meinem inneren Auge ab! Das ist doch Scheiße!«, rief Maik neben mir.

»Halt mal die Fresse«, sagte ich und sah an mir herunter. Man sagt, dass solche Erfahrungen Charakter und Geist eines Menschen formen. Aber alles, was ich sagen konnte, war: »Krass!«

Sogar meine fast fertig gedrehte Kippe hielt ich noch in der Hand.

Maik legte den Rückwärtsgang ein und trat aufs Gas. Der Motor röhrte, aber nichts tat sich.

Wir krabbelten aus dem Auto, das bis auf ein paar Kratzer und die abgerissenen Außenspiegel völlig in Ordnung aussah. Erst jetzt bemerkte ich, dass alle vier Räder in der Luft hingen.

»LOL, Aldr!«, rief Maik. »Sindwer astrein off'n Baumstumpf jefahrn, oder was? Geil!«

Ich lief vor zur Straße. Wie es aussah, hatten wir eine schöne Schneise in den Wald gerissen. Ein Auto näherte sich und hielt an. Ein Mann beugte sich aus dem Fahrerfenster.

»Jungs, braucht ihr Hilfe? Soll ich die Polizei anrufen?«

»Keine Sorge, Kamerad, wir sind von der Bundeswehr, wir üben Tarnen im Gelände!«, rief Maik aus dem Busch.

Als der Mann davongerauscht war, zog ich mein Handy aus der Tasche. Maik legte mir die Hand auf die Schulter.

»Keine Polizei«, sagte er. »Ich hab jetrunkn. Ruf ma lieber deine Eltern an, die wohnen doch fast um die Ecke. Und sag, ich hatte nur drei Bier.«

»Vergiss es«, sagte ich, fingerte das Abiballticket aus meiner Tasche, entzündete es und steckte mir damit eine Kippe an.

2005

DASDARFDOCHALLESNICHWAHRSEIN

Es war ein Dienstag.

Zum ersten Mal seit Beginn meines Studiums weilte ich in meiner Heimatstadt.

Ich saß in völliger Dunkelheit und versuchte, mich an den Gedanken zu gewöhnen, dass meine Eltern mein altes Zimmer bereits drei Monate nach meinem Auszug in ein Heimkino verwandelt hatten. Vor dem Fenster stand jetzt eine riesige Leinwand, die Wände waren mit roten Stoffbahnen behangen, und statt eines Betts hatte ich jetzt eine kuschelige Pärchenbank. Über meinem Kopf surrte ein monströser Beamer, in der Ecke stand ein Laptop.

Alles hatte sich verändert, seit ich nach Potsdam gegangen war. Im Bad gab es jetzt Menthol-Toilettenpapier, vor dem Haus stand ein zweites Auto, drinnen war die Hälfte aller Räume renoviert. Hätte ich gewusst, dass meine Eltern offenbar nur darauf gewartet hatten, ihren Hauptkostenfaktor namens André aus dem Haus zu haben, um widerliche Schmusefilme auf der Pärchenbank zu gucken, ich hätte mir das alles ein wenig gründlicher überlegt.

Selbst nach drei Tagen Weihnachtsfest hatte ich es bisher nicht übers Herz gebracht, meinen Eltern zu gestehen, dass ich mich kurz vor der Heimfahrt hatte exmatrikulieren lassen.

Potsdam und ich, das hatte einfach nicht sein sollen. Potsdam und ich, das war bereits gescheitert, als ich am ersten Tag mit meinem Rollkoffer in Richtung Wohnheim zuckelte, mir ein Kommilitone den genauen Weg wies und ich anschließend in einen Bach fiel. Potsdam und ich, das war wie *Star Trek* und *Star Wars*. Das eine war relativ anspruchsvoll, das andere konnte man nur cool finden, wenn man anspruchslos genug war.

Ich griff nach meinem Handy und wählte Sebastians Nummer. Nach dreißig Sekunden gab ich auf. Was sollte der Quatsch? Ich überlegte, wie ich Maik erreichen konnte, aber so lang ich ihn kannte, hatte er nie ein Handy besessen. Erneut wählte ich Sebastians Nummer, und wieder gab ich nach dreißig Sekunden auf. Es lief alles eher suboptimal.

Missmutig griff ich nach meiner *Over the top*-DVD und ließ sie in den Player gleiten. Der Film begann, Sylvester Stallone fuhr mit seinem roten LKW durch die malerischsten Ecken der USA, Tränen füllten meine Augen, da sprang meine Zimmertür auf.

»Darf's hier vielleicht vorm Film noch'n Eis sein?«, rief mein Vater.

Langsam drehte ich mein Basecap nach hinten, um zu signalisieren, dass es hier gerade um wichtigere Dinge als Fürst-Pückler-Eis ging.

»Jetzt erzähl doch mal«, rief meine Mutter, während sie sich ebenfalls ins Zimmer drängte. »Wie is' das Studentenleben denn so?«

»Haha, gutes Stichwort«, sagte ich. »Ich glaub, wir müssen da mal was besprechen.«

»Also, es gibt Vanille, Erdbeer oder Schoko!«

»Ist ganz schön anstrengend, so'n Studjum, oder?«, fragte meine Mutter.

»Jaja, total!«, sagte ich und dachte daran, wie anstrengend es gewesen war, im Seminar über die Briefwechsel der Romantik nicht vor Müdigkeit mit dem Kopf auf den Tisch zu knallen.

»Ach, ich stell mir das ganz toll vor, in so einer großen Stadt«, schwärmte meine Mutter.

»Na ja«, wiegelte ich ab, »manchen Leuten ist Potsdam ja schon etwas zu krass.«

»Alternativ gibt's ooch Mars, Snickers oder'n schönes Twix!«

Ich wusste nicht, ob meine Eltern überhaupt wahrhaben wollten, dass es beim Germanistikstudium hauptsächlich darum ging, das Institut nie vor 14 Uhr zu betreten, Montag und Freitag offiziell zum Wochenende zu zählen und sich zwischendurch krampfhaft einzureden, mit Untersuchungen zur *Liebe und Sexualität als Darstellungsgegenstand im modernen Adoleszenzroman* einen sinnvollen Beitrag zum Fortkommen der deutschen Volkswirtschaft zu leisten.

Es gab so viele Gründe, weshalb ich nicht in Potsdam hatte bleiben können. Die französische Linguistikprofessorin, die mich immer »Ehrmann, wie die Joghurt« nannte und sich dabei über die Lippen leckte, dass mir angst und bange wurde. Oder mein ukrainischer Zimmernachbar Piotrek, der sich jeden Morgen direkt auf der Herdplatte faustgroße Eier briet, die ihm seine Verwandtschaft offenbar von ihrem Hof in Tschernobyl geschickt hatte.

Und jetzt würde ich meinen Eltern beibringen müssen, dass aus ihrem Sohn doch kein Germanist mit 46.000 Euro Einstiegsgehalt werden würde, sondern einer, der sich erst noch mal neu orientieren musste, was auf einer Pärchenbank zweifelsohne ein schwieriges Unterfangen war.

Keine Ahnung, was ich jetzt machen sollte, zumal sich die beruflichen Möglichkeiten in meiner Heimatstadt hauptsächlich auf Biertrinken und Nageldesign beschränkten. Schon direkt nach der Schule hatte ich mich in eine unendliche Leere entlassen gefühlt, in der einzig die Gewissheit existierte, dass mir die Möglichkeiten von Ausbildung mit anschließendem Arbeiten bis zum Tod zu engmaschig gestrickt waren. Okay, die Aussicht auf Arbeitslosigkeit mit Hochschulabschluss war vielleicht nicht das Nonplusultra, doch seit ich wieder zu Hause war, begann ich ernsthaft zu zweifeln, ob ich mit der Exmatrikulation nicht alles nur schlimmer gemacht hatte.

Wenn man sein Studium abbricht, ohne etwas Besseres zu tun zu haben, dann merkt man ziemlich schnell, dass das eine total bescheuerte Idee gewesen ist. Man sitzt in der Regionalbahn nach Sachsen-Anhalt, und mit jedem Gesprächsfetzen, der einem ins Ohr dringt, spürt man, wie einem die IQ-Punkte aus dem Kopf rieseln. Studienabbruch, so wusste ich jetzt, war gelebtes Menthol-Toilettenpapier. Zuerst denkt man, es sei eigentlich eine ganz clevere Idee, dann probiert man es aus, und auf einmal beginnen die Schmerzen.

»Wo ihr schon mal hier seid«, sagte ich, während Sylvester Stallone gerade seinen Sohn mit der Welt des professionellen Armdrückens an Autobahnraststätten bekannt machte, »mal ehrlich, habt ihr vielleicht einen Moment Zeit?«

»Du hast Post!«, rief mein Vater und hielt mir einen Briefumschlag entgegen.

Ich nahm den Umschlag, auf dem das Logo meiner alten Schule prangte, und zog eine Karte heraus.

»Und, von wem isse?«, fragte meine Mutter.

»Der Comic-Sans-Schrift nach zu urteilen, ist das Post vom Teufel höchstpersönlich!«, unkte ich und überflog die Karte.

Mannomann, dachte ich, da hatte aber jemand sein ganzes Volkshochschulwissen aufgebracht, um dieses Designmeisterwerk zusammenzuschustern.

»Was isses, was isses?«, rief meine Mutter.

»Haha«, lachte ich, »das is’’ne Einladung zum Klassentreffen heute Abend!«

»Und? Gehste hin?«

»Natürlich!«, rief ich und zeigte auf die Leinwand, wo Sylvester Stallone gerade mit seinem Truck direkt in das Anwesen seines bösen Schwiegervaters bretterte und dabei nichts als Zerstörung hinterließ.

»Der andre Brief is' von deiner Uni«, sagte mein Vater und wedelte mit einem weiteren Umschlag durch die Luft.

»Ah ja!«, rief ich. »Lass mal, leg mal dorthin, das ist bestimmt nichts Wichtiges!«

Doch mein Vater hatte das Kuvert längst geöffnet und überflog den darin befindlichen Zettel.

»›Bescheinigen wir hiermit Herrn Herrmanns sofortige Exmatrikulation‹«, las er vor. »Na herzlichen Glückwunsch! Aber 's steht gar keene Note dabei!«

»Du hast WAS?«, rief meine Mutter.

»Ach so, hatte ich ganz vergessen zu erzählen«, sagte ich. »Habt ihr zufällig mein Bett noch?«

»WAAAS?«

»Ja«, sagte ich, »so eine Pärchenbank ist nur 1,20 m lang und irgendwie ziemlich unheimlich.«

»Das is'n Scherz, oder?«

»Ein Scherz ist, dass man hier versucht, Kinoatmosphäre zu simulieren, es aber nirgendwo Nachos gibt!«, rief ich.

»Ich fass es ja nich!«, rief meine Mutter.

»Ist doch klasse!«, rief mein Vater. »Aber welche Note hatter denn bekomm'?«

»Der hat sein Studium abjebrochn, Mensch!«, schrie meine Mutter.

Mein Vater blickte mich böse an. Ich deutete auf das umgedrehte Basecap auf meinem Kopf, um zu signalisieren, dass ich zur Notwehr bereit war.

»Und das erzählst du uns erst nach drei Tagen?«, rief meine Mutter. »Was fällt dir denn ein?«

»Na ja«, sagte ich, »eigentlich wollte ich damit noch drei, vier ... Jahre warten und in der Zwischenzeit meine Dokumentenfälschungskenntnisse auf Vordermann bringen.«

Mein Vater stand wortlos da und blickte mich verständnislos an. Das Toben übernahm meistens meine Mutter.

»DASDARFDOCHALLESNICHWAHRSEIN!«, rief sie, während Sylvester Stallone, der sich seine Zukunft ebenso verbaut hatte, gerade von der Polizei überwältigt wurde.

»Und was willst du jetzt machen? Rumsitzen und Filme gucken kommt ja wohl nicht infrage!«

»Ich weiß es nicht«, sagte ich. »Mein größtes Problem ist, dass ich meistens nur weiß, was ich nicht machen will. Und das ist leider immer 'ne ganze Menge.«

Im Film ist alles immer so einfach, dachte ich. Da gibt es Armdrückturniere. Da hatte so einer wie ich eben einen genialen Erfinder-Doktor als Freund, der einen auf Zeitreisen in die Vergangenheit schickt, und sobald man wieder zurück ist, hat sich alles verändert, man ist reich und muss sich über so Kleinkram wie die eigene Zukunft keine Sorgen mehr machen.

»ICHFASSESJANICH!, WASHAMMWERMITDIRNURFALSCHJEMACHT?, WASSOLLDENNNURMALAUSDIRWERDN?!«, schrie meine Mutter und hämmerte im Weggehen meine Zimmertür ins Schloss.

Kacke, dachte ich und drehte mein Basecap nach vorn. Mein Vater lehnte noch immer an der kleinen Bar, wo bis vor Kurzem mein Schreibtisch gestanden hatte.

»Deine Mutter macht sich halt Sorgen«, sagte er. »Und du hättest uns das ruhig gleich sagen können. Wir reißen dir doch nich'n Kopf ab.«

»Ich weiß«, antwortete ich.

»Du darfst niemals von der Welt da draußen Hilfe erwarten, vergiss das nicht. Du musst immer das tun, was für dich am besten ist. Das ist das Wichtigste«, sagte Sylvester Stallone von der Leinwand herab.

»Hat er recht«, grinste mein Vater. »Hauptsache du bereust es nicht morgen wieder.«

»Tu ich nicht«, log ich, und er ging.

Aufstehen, losgehen, nicht nachdenken

Ich saß auf der Pärchenbank und zog gerade einen chinesischen Pro-Gamer nach dem anderen ab. Wenn mir Potsdam schon in Sachen Germanistik kein Glück gebracht hatte, so hatte ich doch wenigstens nahezu übermenschliche Skills im Internet-Tetris entwickelt. Stundenlang konnte ich irgendwelche Highspeed-Asiaten abziehen, ohne dass es mir langweilig wurde. Und ich war verdammt gut. Zumindest, insofern die langen Vierer nicht immer allzu ewig auf sich warten ließen. Okay, manche Leute in meinem Alter spielten vermutlich in der Fußballbundesliga oder waren Weltmeister im Kampfjonglieren. Aber seit der Auflösung von Samajona war in meinem Leben eh nichts Krasses mehr passiert. Internet-Tetris war okay.

Ich hatte gerade eine riesige Wand aus Steinen aufgebaut, der nur ein paar lange Vierer fehlten, um meinen Gegner endgültig zu vernichten, als plötzlich meine Zimmertür aufsprang.

»So, es reicht!«, rief meine Mutter.

»Stimmt!«, rief ich. »Wieso kommt denn hier einfach kein langer Vierer?«

»Ich schau mir das nicht länger mit an, wie du hier in dir selbst versinkst!«

»Wie ich was?«, rief ich. »Boah, los! Vierer!«

»Seit Wochen sitzt du hier und machst gar nichts!«

»Zur Erinnerung, ich bin erst vor drei Tagen hier angekommen«, sagte ich.

»Seit Monaten sitzt du nur rum!«

»Um genau zu sein: Ich sitze hier seit vielleicht drei Stunden«, erklärte ich.

»Seit Jahren hast du keine Perspektiven!«

»Zu deiner Information«, rief ich, »wobei … Ja, stimmt!«

»Schon als kleiner Junge hattest du keine Ambitionen! Die anderen Kinder wollten Lokführer oder Pilot werden, aber du hast immer nur gesagt …«

»Arbeitlos, ich weiß, ich weiß«, sagte ich.

»Du musst dir endlich mal Gedanken machen, was du mit deinem Leben anfangen willst!«

»Jaja«, sagte ich, »ich bin doch dabei. Aber mein Leben hat sich ja auch erst vor ein paar Stunden auf radikale Art und Weise geändert. Stichwort Exmatrikulation, du erinnerst dich?«

»Morgenstund hat Gold im Mund«, rief meine Mutter.

»Was hat denn das damit zu tun? Es ist Abend!«

»Ein treuer Hund, ein braves Pferd sind mehr als tausend Männer wert!«

»Häh?«

»Holzauge, sei wachsam!«

»Ist ja schön, dass dir das Buch mit den Redewendungen gefällt, dass dir der Vater und ich zu Weihnachten geschenkt haben«, sagte ich, »aber …«

»Ein Spatz in der Hand ist besser als eine Taube auf dem Dach«, sagte meine Mutter.

»Ja und?«

»Was ich damit sagen will: Wenn du wieder einziehen willst, dann brauchst du'n Job!«

»Jaja, such ich mir doch auch!«, rief ich und wandte mich wieder dem Spiel zu.

Ein langer Vierer, meine Güte, ein langer Vierer, dachte ich.

Meine Mutter blieb unbeirrt im Zimmer stehen und verschränkte die Arme.

»Jaa-haa!«, rief ich.

»Jetzt!«

Ich blickte auf meine Uhr, es war neun.

»Äh, du weißt aber schon, dass man um diese Uhrzeit nur noch Drogen verkaufen oder hinter 'ner Bar arbeiten kann?!«

»Na, das ist doch was!«

»Aber da braucht man Startkapital, um sich erst mal ein bisschen Stoff zu besorgen. Den muss man strecken und dann verkaufen. Sonst macht man keinen Gewinn!«, rief ich.

Meine Mutter schüttelte den Kopf und drehte sich um.

»Manchmal glaub ich echt, ich spreche gegen 'ne Wand.«

»Du sprichst gerade gegen die Wand«, sagte ich.

»Hast du denn gar nichts mehr, was du dir für dich selbst wünschst?«

»Na ja, wenn sie bei DSF wieder diese Sendung zeigen würden, mit den Robotern, die sich gegenseitig zerhacken, das wär ...«

Meine Mutter seufzte: »Es ist echt schade, aber mit dir kann man nicht normal reden!«

»Oder mit Seife reich werden!«, rief ich. »So Seife aus menschlichem Fett! Und Fight-Clubs!«

Wutentbrannt machte meine Mutter kehrt und stürmte aus dem Zimmer. Ich blieb zurück auf der Pärchenbank und musste mit ansehen, wie ich gerade gegen einen dieser chinesischen Pro-Gamer verlor, weil noch immer kein langer Vierer gekommen war.

War ich zu hart zu ihr gewesen? Natürlich hatte sie recht. Aber das wusste ich doch selbst auch. Und dass ich das wusste, hätte sie sich doch wiederum denken können. Nach ein, zwei Wochen wäre mir das Tetris-Spielen vermutlich langweilig geworden. Und dann hätte ich auch ohne ihr Gezeter begonnen, nach Tony Soprano zu suchen, um in seiner coolen Mafia-Familie einen Job zu ergattern.

Ein paar Minuten blieb ich noch sitzen, dann fuhr ich den Computer runter, stand auf und holte meine Jacke. Als ich in die Küche kam, wischte sich meine Mutter eilig die Tränen weg.

»Weißt du, ich mein das nur gut, aber du kannst nicht mal eine einzige Sache ernst nehmen«, sagte sie.

»Tut mir leid«, antwortete ich und warf mir die Jacke über.

»Wo willst du hin?«, fragte sie.

»Zur …«, ich stutzte, »zur Fettabsaugeklinik!«, sagte ich. »Heute machen wir Seife!«

Verdutzt sah mich meine Mutter an.

»Also, äh, also das ist aus so einem Film, ist schwierig zu erklären.«

Sie musste grinsen.

Die kühle Luft tat mir gut, und ich konnte förmlich dabei zusehen, wie mein Ärger verflog. Niemand war auf der Straße, denn niemand hatte einen Grund, jetzt auf der Straße zu sein. Die meisten Läden, an denen ich vorbeikam, hatten geschlossen, und die Sternfahrten zur Bumsdisko im Nachbarort würden erst in zwei, drei Stunden beginnen. Alles war ruhig, als ich den Bahnhof erreichte, nur aus der Bahnhofskneipe drang schwaches Licht, während sich unter der Tür ein dicker Streifen aus Rauch nach außen drückte.

Shit, dachte ich, als ich vor der Tür stand. Ich war bereits auf der Türschwelle und hörte das dumpfe Grummeln vieler Männerstimmen, aber irgendetwas hinderte mich daran, einfach die Klinke nach unten zu drücken und reinzugehen.

Als Kinder hatten wir oft mit sechs, sieben Mann vor genau dieser Tür gestanden und versucht, durch die dicken Buntglasscheiben nach innen zu spähen, um zu erfahren, was alle Männer jenseits des achtzehnten Geburtstags hierherzog. Und manchmal öffnete sich sogar die Tür und ein Betrunkener fiel zu uns auf die Straße, gekonnt fingen wir ihn kurz vorm Aufprall ab und verdienten uns so zwei Mark, die wir sofort beim Eismann umsetzten.

Wir kannten alle Storys. Vom schiefen Ralf, den man, wie der Name schon sagte, nur schief angucken musste und schon fehlten einem die Schneidezähne. Vom alten Leibniz, der von sich behauptete, den Keks mit 52 Zähnen erfunden zu haben. Oder vom Hetzer, dessen Name allein bereits ausreichte, um uns angst zu machen.

Wie sollte ich das jetzt machen? Wie kam man dazu, hinter einer Bar zu arbeiten? Ging man einfach hin und sagte: »Hey, ich bin übrigens auch ungelernt, darf ich hinter der Bar arbeiten?«

Ach egal, dachte ich, einfach mal fragen. Und mehr als Nein sagen können sie doch nicht. Außerdem: Fragen kostet nichts.

Langsam öffnete ich die Tür, riesige Rauchschwaden kamen mir entgegen, es fühlte sich an, als würde ich mit jedem Atemzug automatisch eine halbe Stange Marlboro rauchen. Meine Augen begannen zu tränen, sodass es so wirken musste, als suche hier grade ein emotional instabiler Teenager nach Schutz vor der marodierenden Dorfjugend.

Krass, dachte ich, als ich meine Augen von den Tränen befreit hatte. Die Kneipe war voll, das Publikum war auf dem besten Weg dorthin. Die Tische waren alt, und in der Ecke standen ein paar Bundeswehrspinde, die wohl ein männliches Flair verbreiten sollten. Nur an der Bar, wo es besonders dunkel war, sodass man still am Tresen sitzen und ins schwarze Nichts starren konnte, waren noch ein paar Plätze frei. Wie in einem schlechten Western blickten mich von allen Tischen dunkel umrandete Augenpaare an, die allesamt ein rüdes »Was willst du, Fremder?« sprachen.

Niemand sagte ein Wort. Ungelenk durchschritt ich den Schankraum, ich traute mich nicht, meinen Blick schweifen zu lassen. Dann nahm ich auf einem Barhocker Platz, und sofort baute sich ein riesiger Barmann vor mir auf, den man offensichtlich auch gut als Türsteher hätte einsetzen können.

»Hey«, sagte ich und knetete unsicher meine Hände. »Ähm, ich wollte mal fragen …«

Wortlos zeigte der Barmann auf ein Schild, auf dem stand: *Fragen kostet 3 Euro. Bier kostet 2.*

Na prima, dachte ich.

Noch immer fixierten mich die Augen des Barhünen.

»Ein Bier«, sagte ich.

Der Barmann nickte und augenblicklich wurden an allen Tischen die Gespräche fortgesetzt. Es wurde lamentiert, diskutiert, erörtert, dazu gebillardet und natürlich Skat gespielt, während der Barmann ein Bier nach dem anderen über den Tresen reichte.

»Und ich sare noch, Lutz, 'n Zwölfer-Maulschlüssel, sonst verkniddelste die janze Schraube!«

»Ach gucke, mein Hübscher! Wenzel-Treffen auf der Wartburg!«, rief jemand vom Skat.

»Beim Grand spielt man Ässe, sonst hält man die Fresse!«, rief ein anderer Skatspieler.

»Haha, Ritschie, gucke! Der Ralf is' schon wüllor schief!«, bläkte ein Mann aus einer Ecke und zeigte dabei auf einen anderen, der sich mit beiden Händen an seinem Bier festhielt, während sein Körper sich bedrohlich Richtung Fußboden neigte.

Sollte das etwa der schiefe Ralf sein? Gefährlich war bei dem höchstens seine Nähe zum Boden.

»ÜAAH ÖÄÜÜH CHAA HOWA?«, keuchte es plötzlich direkt neben mir. Ich drehte mich um.

Nein, dachte ich, das wäre ja unglaublich! Nein, doch! Tatsache, dachte ich, das musste er sein!

»CHOO CHAA CHE CHÜÜÜHÜHÜH!«, gestikulierte der Alte auf dem Nachbarstuhl. Ich verstand kein einziges Wort von dem, was er da von sich gab. Kein Zweifel, dachte ich, das musste der Sabbel sein!

Der Sabbel war stadtbekannt, auch wenn nur wenige Erwachsene behaupteten, ihn jemals zu Gesicht bekommen zu haben. Es hieß, er hätte in seinem Leben schon so viel geraucht, dass er keine Stimme mehr besaß. Trotzdem nehme er noch immer rege an den Kneipendiskussionen teil. Man erzählte sich, wenn man ihn lang genug kannte, dann konnte man auch problemlos verstehen, wovon der Sabbel sabbelte.

»UAH ÖÖH ÄÄÄH UUUH!«, dozierte der Sabbel wieder.

»Nee nee, Rüdiger, da irrste dich, der Flächeninhalt vom Kreis is' immer Pi mal r Quadrat!«, rief jemand vom Nachbartisch.

»CHÜÜ MÜMÜMÜ OAHA!!«

»Nee, Rüdiger, ich sare dir, Pi mal d Quadrat durch 4 ist genau das Gleiche!«

Rüdiger, also der Sabbel, keuchte unbeeindruckt weiter, und alle im Lokal schüttelten die Köpfe.

»Piepsi, mach'm Rüdiger doch ma'n U-Boot, da beruhigt der sich!«, rief jemand anderes.

Der Barmann begann zu werkeln, Rüdiger winkte ab und drehte sich zu mir.

»CHCÜCHÜCÜÜ?«, keuchte er, wobei ein ätzender Geruch meine Nase umwehte.

»Ja, äh, das ist schwierig«, stammelte ich.

»Rüdiger, is' gut jetzt, das, was du meinst, ist der Satz des Pythagoras! Das is' ganz was anderes«, rief der riesige Barmann, während er ein Bier und einen Jägermeister vor den Sabbel stellte … und schlagartig war mir klar, warum sie ihn hier alle Piepsi nannten.

Offensichtlich war Piepsi in der Pubertät zwar mit einer doppelten Portion Muskeln, jedoch nie mit einem Stimmbruch gesegnet worden, was seinem hünenhaften Äußeren sofort alles Furchterregende nahm. Ich musste grinsen.

Als hätte Piepsi meine Gedanken gelesen, sah er mich sofort mit ernstem Blick an.

Wahrscheinlich passierte ihm das bei jedem Gast, der hier zum ersten Mal auflief.

»Ich hab dich hier noch nie jesehen«, piepste Piepsi mich glockenhell an.

Voll konzentriert ließ Rüdiger seinen Jägermeistershot in sein Bierglas plumpsen.

»Also, ja, äh, doch, ich bin oft hier!«, sagte ich etwas eingeschüchtert.

Piepsi blickte mich skeptisch an.

»Also, äh, und, ich wollte mal fragen, ob ihr vielleicht noch jemanden hinterm Tresen braucht«, murmelte ich vor mich hin.

»Ob wir was brauchen? Du musst ma bissl lauter sprechen, man versteht dich ja jar nich, wenn du wie'n Mäuschen redest.«

»Sorry«, sagte ich, und meine Stimme überschlug sich ebenfalls in hohem Ton. Piepsi ließ seine riesige Pranke auf den Tresen knallen. Augenblicklich verstummte ich.

»Ey Piepsi, was'n mit Mugge? Wieso läuft'n heute nur Scheiße?«, rief jemand von der Seite.

»Ja, der Chris, der sonst immer's Radjo bedient, der is' heute da bei'n Gümnasjumm und legt da so paar CDs ein!«, piepste Piepsi.

Ach stimmt, dachte ich und nahm einen Schluck Bier, das Klassentreffen. Ob da wirklich jemand hinging? Wobei, natürlich würde jemand hingehen, wenn sogar diese hässlichen Einladungen verschickt worden waren. Nee, dachte ich, nee, das musste ich mir echt nicht geben. Was hätte ich auch erzählen sollen? Dass ich der Einzige war, der seine letzten drei Monate mit Zu-Hause-Ausziehen *und* Zu-Hause-Wiedereinziehen verbracht hatte? Außerdem, wen interessierte es, wer jetzt eine fetzige Lehre zur Rechtsanwaltsgehilfin machte?

»Ich hab's!«, schrie jemand zwei Tische weiter. »Ich erfinde den Keks mit 52 Zähnen und Schokoladenüberzug! Piepsi, das isses! Das bringt mich zurück ins Geschäft!«

»Ach Leibniz, geh mir nich off de Ketten, der Schokokeks is' doch längst erfunden! Aber du mein Kleener«, Piepsi hatte sich wieder vor mir aufgebaut, »was wollste'n fraren?«

»Ich, äh, ich wollte ...«, stammelte ich.

Da schwang die Kneipentür auf – zuverlässig verstummten alle Gespräche.

Irgendwo begann jemand zu husten, wahrscheinlich weil er die hereinziehende Frischluft nicht vertrug. Im Türrahmen standen drei Typen in Uniform. Ein vierter hing, schiefer als der schiefe Ralf jemals hätte schief sein können, an der Türklinke und sah nicht gut aus.

»Ey Meester, mache ma'n Toastbrot für den hier, der braucht was zum Alkohol-Offsaugen!«

Och nee, dachte ich, bitte keine Bundeswehrleute. Sofort begann ich, meine Jacke und alles, was ich in den Taschen finden konnte, Mütze, Schal, Handschuhe, auf den freien Plätzen neben mir zu verteilen. Jetzt würde ich ihnen nur noch glaubhaft machen müssen, dass die vier Leute, die hier normalerweise saßen, nur mal kurz weg und die Plätze dementsprechend belegt seien.

»Und für uns dreie machste ma jeweils 'ne Kaltschale!«, rief einer der Bundis, während sie ihren Kollegen durch den Saal schleiften.

»Aber nich, dass der mir hier aufs Parkett ledert!«, rief Piepsi und begann zu zapfen.

Orrr nee, dachte ich, als sie auf mich zukamen und die Gespräche wieder aufgenommen wurden.

»Asse oder Lasse!«, schrie jemand.

»Piech bringt den Siech!«

»André?«, fragte jemand hinter mir. »Was machst'n du hier?«

»Ach, Tach!«, sagte ich, als ich Jörn endlich erkannt hatte.

Die kurzen Haare ließen sein Gesicht ganz anders aussehen. Noch dazu die Uniform. Wahnsinn, ich hatte nie darüber nachgedacht, dass einige der Jungs aus meiner Klasse genau jetzt ihre Zeit beim Bund oder Zivi abreißen mussten. Für mich hatte sich das mit der Musterung damals schnell erledigt gehabt: Rein, den Zettel vom Arzt gezeigt, fertig.

»Krass«, sagte Jörn, »du hier? Ich hätte schwören können, du würdest nie wieder freiwillig einen Fuß in die Stadt setzen.«

»Na ja«, sagte ich, »Weihnachten. Du weißt ja, keine Geschenke sonst und so.«

Schon komisch, dachte ich, wie man plötzlich miteinander umgeht, wenn man nicht mehr gemeinsam zur Schule geht, auch wenn man früher so gut wie nichts miteinander zu tun gehabt hatte. Jörn war einfach da gewesen, Standardinventar einer jeden Klasse. Nicht zu schlecht, nicht zu gut, kein bisschen auffällig.

»Mehr hab ich nich«, sagte Piepsi zu den anderen Bundis und stellte einen Stapel Toastbrotscheiben auf den Tresen.

»Los, festhalten«, rief der Bundi 1, während Bundi 2 dem Besoffenen Bundi 3 unter die Arme griff und ihn gerade rückte. Dann drückte Bundi 1 ihm eine Toastbrotscheibe nach der anderen in den Mund.

»Schöööön offessen!«, rief er. »Und runterschlucken, sonst bringt das nix!«

Bundi Nummer 3 quoll das Toastbrot aus dem Mund, doch er kaute artig. In gut einer Stunde, so dachte ich, würde er wieder halbwegs fit sein. Toastbrot enttäuschte nie.

»Was habt ihr denn mit dem gemacht?«, fragte ich Jörn.

»Ach, der is' hier schon so aus'm Bus gestiegen.«

»Kommt öfter vor?«, fragte ich.

»Kommt öfter vor, gehört zur Grundausbildung«, rief Bundi 1 und lachte dreckig.

Ich verzog das Gesicht, rief »Prost!« und ließ mein Glas gegen das von Jörn klimpern.

»Sare ma, Kamerad, wartest du ooch off'n Zug?«, rief mir Bundi 1 zu, nachdem ich mein Glas abgestellt hatte.

»Nee«, sagte ich kopfschüttelnd.

»'s bist du denn? Zivi?«

»Nee«, sagte ich, »ausgemustert.«

»Schwul, oder was?«

»Nee, nur nicht doof genug.«

»Häh?«

»Egal, Prost!«, sagte ich und unsere Gläser rasselten zusammen.

Keine Ahnung wieso, aber Leute, die freiwillig zur Bundeswehr gingen, waren mir schon immer äußerst suspekt. Warum ging man freiwillig irgendwohin, nur um jeden Tag im Morgengrauen aufstehen zu müssen und sich anschreien zu lassen? Dafür hätte ich auch gleich zu Hause bleiben und weiter zur Schule gehen können.

»Ey Meester, machste uns ma vier Jauchen klar! Und paar Kurze dazu«, kommandierte Bundi 1 in Richtung Bar und zeigte auf Jörn, mich, sich selbst und Bundi 2.

Bundi 3 kaute noch immer.

»Und ihr kennt euch, oder was?«, sagte Bundi 2 zu Jörn und mir.

»Ja, warn in derselben Klasse und so«, murrte ich. »Aber so richtig ...«

«MUSICBOX!«, brüllte Bundi 1 und packte Bundi 2 an den Schultern. Völlig überrumpelt ließ dieser sich quer durch den Saal zerren. Bundi 1 riss einen der Spinde auf, die in der Ecke standen, schubste Bundi 2 hinein und schlug sogleich die Tür zu, worauf Bundi 2 von innen dagegenhämmerte.

»Gib ma'n Euro, Jörn!«, rief Bundi 1 zu uns herüber.

»Ach, lass den doch«, sagte Jörn.

»EURO RAN!«, brüllte Bundi 1 und begann wieder zu lachen.

Widerwillig zog Jörn das gewünschte Geldstück aus der Tasche und warf es zu Bundi 1. Der ließ das Eurostück oben durch einen der Luftschlitze klimpern.

»ICH WÜNSCHE MIR LÄST KRISSMESS!«, brüllte er.

Nichts passierte.

Mit voller Kraft hämmerte Bundi 1 gegen den Spind, sodass sich alle zu ihm umdrehten.

»MACH!«, schrie er.

»Läst Krissmess, Ei geew ju mei hart«, klang es kläglich aus dem Spind.

»ÜÜÜ ÄÄÄ ÜEEEIIH EEH EEH, UUUH EEH EH EHEH!«, sang Rüdiger aka der Sabbel fröhlich keuchend mit.

»Ach Rüdiger, höre doche ma off, so blöde mitzusingen!«, bläkte Piepsi und schlug mit der Hand auf den Tresen. »Und ihr könnt euch ma zesammreißen. Jede Woche dieselbe Scheiße!«

Das Singen verstummte, Bundi 1 zuckte mit den Schultern und schnippte den Verschluss des Spinds auf, sodass Bundi 2 grinsend heraustrabte.

»Wieso bist du eigentlich nicht beim Klassentreffen?«, fragte Jörn, »Das ist doch heute.«

»Jaja«, sagte ich, »Keine Ahnung, ich glaub, das ist nichts für mich.«

»Ich glaub, ich wär mal hingegangen, aber wir müssen um zwölf in der Kaserne sein.«

»Das is' schlecht«, sagte ich. »Aber is' ja zum Glück nich so lang, oder?«

»Nee, ich hab mich verpflichtet!«

»Ach je«, sagte ich, »und jetzt musst du da ein ganzes Jahr hin oder so?«

»Acht«, antwortete Jörn.

»Acht Jahre?«, rief ich.

»Sieben Jahre, zehn Monate und drei Tage noch!«, riefen Bundi 1 und Bundi 2 unisono und entrollten gleichzeitig jeweils ein unendlich langes Maßband, auf dem jeder Zentimeter für einen noch verbleibenden Tag Bundeswehr zu stehen schien.

Als sie fertig mit dem Ausrollen waren, standen sie bis zu den Knien in ihren Maßbändern. Es mussten jeweils so um die 25 Meter gewesen sein, wenn ich richtig überschlagen hatte.

»Das is' ja schrecklich!«, sagte ich.

»Na ja«, sagte Jörn, »wenn die Grundausbildung vorbei ist, wird alles ein bisschen entspannter, glaube ich. Und es ist halt ein bombensicherer Job.«

»Im wahrsten Sinne des Wortes«, unkte ich.

»Ich brauch ers ma'n Bier«, kommandierte Bundi 1.

Piepsi hatte schon vorgesorgt und stellte uns jeweils ein Bier und einen Schnaps vor die Nase.

»Und ihr seid öfter hier, ja?«, fragte ich Jörn.

»Schon, immer wieder mal, wenn wir Ausgang haben.«

»Noch ein'!«, rief Bundi 1, und Piepsi füllte zuverlässig unsere Schnapsgläser.

»Was machst du denn jetzt?«, fragte Jörn, als wir getrunken hatten. »Studiern, oder?«

»Na ja«, sagte ich, »so in etwa. Ist kompliziert.«

»Ey Meester, jib ma vier Schüsseln!«, dirigierte Bundi 1 in Richtung Piepsi.

Bundi 2 schaute verwirrt.

Bundi 3 kaute und nickte. Das Toastbrot tat offensichtlich seinen Dienst.

»Und was seid ihr da beim Bund? Marine? Air Force?«

»Wir sind Brückenpioniere!«, rief Bundi 1.

Wortlos reichte Piepsi vier Schüsseln über die Theke, die Bundi 2 in Empfang nahm.

»Aha«, sagte ich. »Und das is'?«

»Wir stellen uns auf eine Brücke, schmeißen gleichzeitig jeder einen Zementsack ins Wasser und zack! Autobahn!«, rief Bundi 1 und begann zu grölen, Bundi 2 und 3 stimmten mit ein.

»Lass dir kein' Scheiß erzählen!«, sagte Jörn. »Wir sind Fußvolk. Wir robben durchs Feld und so'n Zeug.«

»Klingt langweilig.«

»Geht so. Unser Spieß sagt immer: Aufstehen, losgehen, nicht nachdenken!«

»Aufstehen, losgehen, nicht nachdenken«, wiederholte ich. »Das ist gut. Aber das is' doch nich cool beim Bund, oder?«

»Manchmal isses richtig scheiße«, nickte Jörn, »aber es gibt immer was zu trinken.«

Unterdessen hatten Bundi 1 und Bundi 2 den immerhin nur noch stark schwankenden Bundi 3 auf die Beine gestellt. Der packte mich bei den Schultern und schielte mich an.

»Alles klar bei dir?«, fragte ich.

»ÜÜÜÄÄÄÄHÄHÄH!«, sagte Bundi 3.

»ÜÄÄH CHÜÜÜ WÄÄÄH!«, lachte der sabbelnde Rüdiger nebenan.

»Und wie is' das«, fragte ich Jörn, während wir noch einen Schnaps leerten, »hören da viele wieder auf beim Bund?«

»Kannste nich«, sagte er. »Is' ja irgendwie Pflicht so. Die kommen dich sonst einfach abholen.«

»Jedes Mal?«

»Jedes Mal«, sagte Jörn.

»ACHTUNG!«, brüllte Bundi 1. »SCHILDKRÖÖÖTE!«

Ich sah mich um. Bundi 3 war verschwunden, Bundi 1 und 2 strahlten vor Glück, Bundi 3 kauerte am Boden, die Knie und Ellenbogen jeweils in einer der vier Schüsseln untergebracht.

Bundi 1 und 2 griffen ihn an den Schultern und riefen, während sie Schwung holten: »EINS! ZWEI! DREI!«

Dann ließen sie die menschliche Schildkröte los, die quer durch die Kneipe schlitterte.

»ÜÜÜÄÄÄÄ!«, machte Bundi 3, während er unter einem der Billardtischen hindurchschlitterte und die Leute verschreckt zur Seite sprangen.

»ÜÜÜÄÄ DADÜÜDAÜÜ!«, gestikulierte Rüdiger.

»Habter's balle!«, rief Piepsi hinterm Tresen. »Sammelt den wieder ein!«

Bundi 1 und Bundi 2 taten, was sie konnten, um Bundi 3 wieder einzusammeln, doch der rutschte einfach weiter.

»Siebzehn!«, rief jemand am Skat-Tisch.

»Jup.«

»Achtzehn!«

»Jup!«

In diesem Moment krachte Bundi 3 direkt in den Tisch.

»Alle neune!«, rief Bundi 2 und brach in ein heilloses Gelächter aus.

»Acht Jahre«, sagte ich zu Jörn, »das kann ich mir nicht mal vorstellen.«

»Jap«, sagte Jörn, »30. September 2013 is' mein letzter Dienst.«

»Ach du Scheiße«, sagte ich und dachte daran, dass ich nicht einmal wusste, was ich ab morgen den ganzen Tag über machen sollte. Tetris-Spielen war vermutlich nicht mehr drin.

»Jetzt erst mal 'ne Hülse!«, rief Bundi 1 und schlug Bundi 3 lachend auf die Schulter.

Schwankend stand dieser am Tresen und starrte mich irre an, vor ihm die vier Schüsseln.

»Alles gut?«, fragte ich.

Bundi 3 wollte etwas sagen, doch ehe ein Wort aus seinem Mund kam, verdrehte er die Augen und übergab sich mit lautem Getöse in die Schüsseln, bis sie alle vier zum Rand gefüllt waren.

»Respekt!«, sagte Bundi 1.

»Respekt!«, sagte Bundi 2.

»ÜÜÄÄÄH CHCHACHH«, keuchte Rüdiger.

Bundi 3 wischte sich mit dem Ärmel seiner Uniform über den Mund.

»Hallo, mein Name ist Christian, schön, dich kennenzulernen!«

»Respekt!«, sagte ich.

»Piepsi, mach dem Jungen doch ma 'ne Hülse!«, rief Bundi 2.

»Is' glei elfe, müsst ihr da nich irgendwann los?«

»Um elf? Oh Scheiße!«, rief Jörn und griff nach seinem Rucksack.

»Fuck!«, rief Bundi 1, und auch Bundi 2 packte die Sachen.

»Bist du öfter hier?«, fragte Jörn, als er schon halb zur Tür raus war.

»Nee«, sagte ich, »ich glaub nich.«

»Der Maik is' manchmal hier! Falls du den ma suchst!«, sagte Jörn.

»Und Sebastian?«, rief ich ihm hinterher, aber Jörn zuckte nur mit den Schultern.

Als die Kneipentür ins Schloss gefallen war, griff ich in meine Tasche und zog einen Stift heraus. Dann schrieb ich auf einen der Bierdeckel: »Aufstehen, losgehen, nicht nachdenken.« Vielleicht könnte ich das noch mal gebrauchen.

Im Schankraum hatte sich längst wieder der reguläre Betrieb eingestellt: Piepsi zapfte ein Pils nach dem anderen und reichte sie zwischen den stinkenden Schüsseln hindurch in den Saal.

»Ich mach dann auch mal los«, sagte ich zu Piepsi,

»Alles klar«, piepste er und durchwühlte die kleinen Rechnungszettel, die sich neben der Kasse stapelten: »Dann krie'ich noch 96 Euro für dich und deine Freunde!«

»96 Euro?«

»96 Euro!«

»Ach, komm, du hast doch genau gesehen, dass das die Bundeswehr-Spacken waren, die nich bezahlt hamm!«

»Hier sind noch 96 Euro offen«, insistierte Piepsi und stemmte die Arme in die Seiten.

Ich griff nach meinem Portemonnaie und schaute hinein.

»Ich hab hier'n Zwanni«, sagte ich.

Piepsi schob seine Ärmel ein bisschen weiter nach oben, sodass man seine zugehackten Oberarme sehen konnte. Na ja, dachte ich, dann würde ich eben die nächsten Tage im Krankenhaus verbringen. Besser als arbeiten.

Piepsi ließ seine Hand auf den Tresen donnern, ich zuckte zusammen.

Dann stellte er zwei Schnäpse vor sich hin.

Prima, dachte ich und griff nach einem der Gläser, jetzt würde es direkt noch weniger wehtun. Hauptsache es würde ganz fix gehen und ich so schnell wie möglich ohnmächtig werden, damit dieser Riese von mir abließ.

Piepsi hob sein Glas in die Luft und grinste.

»Alles klar, mein Hübscher, dann sehen wir uns morgen ab 18 Uhr zum Abarbeiten.«

Aha, dachte ich, so kommt man also an den Job, und trank.

2006

Piep!

Es war ein Mittwoch.

Ich eilte mechanisch durch die Halle, sammelte Produkte ein und brachte sie anschließend zur Verpackungsabteilung, stundenlang immer das Gleiche.

Seit Monaten arbeitete ich nun schon bei diesem Internetversandhandel, seit ich es nicht mehr hatte ertragen können, jeden Abend an Piepsis Seite zu stehen und U-Boote aus Pils und Kümmerling zu mischen. Und weil meine Eltern meinen Zukunftsplan, einfach bis zur Rente zu Hause zu sitzen und Internet-Tetris zu spielen, nicht teilen wollten, riss ich beim Pakete-Zusammenstellen täglich eine zweistellige Kilometerzahl runter, sodass mir meine schreckliche Zeit in Potsdam mittlerweile fast schon wieder erstrebenswert erschien.

Was hatten Maik, Sebastian, der Hausmeister und ich uns damals bei der Zeugnisausgabe geschworen? Hauptsache nie Lohnarbeit? Schon jetzt erschien mir unser letztes Zusammentreffen vor einem Jahr eine Ewigkeit entfernt. Ein paarmal hatte ich noch versucht, Sebastian zu erreichen, er musste jetzt längst irgendwo studieren. Maik war so ungreifbar wie eh und je, wahrscheinlich machte er irgendetwas zwischen Drogenkurier in Südamerika und Tankwart hier um die Ecke. Ich war zu müde zum Suchen. Und außerdem machte ich an sechs Tagen die Woche eine Arbeit, die nur deshalb nicht von Affen erledigt wurde, weil ein Affe als Erstes vermutlich einen Betriebsrat gründen würde. Trotzdem gab es einen sechsstündigen Bewerbertest, bei dem man Dutzende Papierbögen ausfüllen musste, auf denen Regale abgebildet waren, in denen verschiedene Waren lagen. Dazwischen waren Freiräume in Form eines Dreiecks, eines Quadrats und eines Kreises, und man musste ankreuzen, wo man beispielsweise. das quadratische Produkt einräumen würde. Nur ein völlig Betrunkener konnte das nicht. Aber da sich offensichtlich viele davon hier bewarben, gab es diese Hürde, die jeden Menschen, der sich selbst die Schuhe zubinden konnte, automatisch an seinem Intellekt zweifeln ließ. Der Minicomputer zeigte zuverlässig, wo das gesuchte Produkt lag, man ging hin, sammelte es ein, drückte auf den Minicomputer und bekam so lange das nächste Produkt angezeigt, bis man die Bestellung komplett und die Schnauze voll hatte und endlich kündigte.

Die Produkte an sich interessierten mich schon lange nicht mehr. Beißringe für Kinder, okay. Raumspray mit Pizzaduft, kein Problem. Eine Computertastatur auf Bayerisch, alles klar. Und dauernd Gesellschaftsspiele. Eben alles, was einem zu peinlich ist, um es in einem echten Laden zu kaufen. Am häufigsten bestellten die Leute jedoch Bodybuilder-Nahrung zum Muskelaufbau, traurige Esoterikratgeber à la *Ich brauchte Krebs, um zu meinem Ich zurückzufinden* und Wäscheklammern.

Was waren das nur für grässliche Menschen? »Oh, wenn ich achtzig Kilo Eiweißkonzentrat zum Muskelaufbau, einen Beißring und Scrabble bestelle, dann fehlen mir noch zwei Euro, damit es versandkostenfrei ist. Dann nehm ich hier noch die Wäscheklammern, so was kann man immer gebrauchen! Und wenn ich grad dabei bin, noch einen lebensgroßen T-Rex aus Plastik, Spitzenwitz, da wird sich die Jessica aber freuen, wenn ich ihr den zum Hochzeitstag schenke!« Pfui.

Um die Flut von Aufträgen zu bewältigen, wuselten Hunderte Männer und Frauen den ganzen Tag lang durch das Lagerhaus. So ziemlich alles war vertreten. Ungelernte Problemjugendliche, die sich in den Pausen beim Regal mit den Bushido-

CDs trafen, eine Mülltonne anzündeten und dann ein wenig vor sich hin rappten. Philosophiemagister, die sich das mit den Jobaussichten vor 48 Semestern sicher auch anders vorgestellt hatten. Und ehemalige Buchladenbesitzer, die vom Versandhandel niederkonkurriert worden waren, jetzt verbittert durch die Gänge schlurften und bei nicht eingeschweißten Büchern gern mal die ein oder andere Seite herausrissen, bevor sie sie zu den Einpackern brachten.

Wöchentlich wurden es mehr und mehr Mitarbeiter, weil das Bestellen im Internet gerade total in wurde. Leuten wir mir kam das eigentlich entgegen, endlich hatten die Demütigungen im Klamottenladen (»Versuch's doch mal in der Kinderabteilung, wenn dir die 32 zu lang ist!«) ein Ende, stattdessen bestellte man einfach alle Größen gleichzeitig, schickte acht von neun Hosen wieder zurück und warf beim H&M in der Innenstadt anschließend hysterisch lachend einen Molotow-Cocktail durchs Schaufenster.

»Morgen!«, tirilierte es hinter mir, als ich mir gerade einen riesigen Flatscreen auf die Schulter gewuchtet hatte. Ich zuckte zusammen, sodass mir die Kartonkante unbequem in die Schulter schnitt.

Mein Vorarbeiter war gerade einmal drei Jahre älter als ich, hatte aber schon einen Doktor in Logistikirgendwas und den ganzen Tag über nichts Besseres zu tun, als mit einem Klemmbrett hinter uns Pickern herzuschleichen und uns anzutreiben. Nur mich hatte er aus irgendeinem Grund völlig ins Herz geschlossen.

»Aaaach, Herr Herrmann, das ist ja toll, wie Sie das machen! Mit so viel Energie«, rief er.

»Du kannst mich ruhig duzen«, sagte ich.

»Wirklich, ganz toll, Herr Herrmann! Solche Leute wie Sie können wir in unserer Firmenfamilie gebrauchen!«

Er winkte in Richtung eines entfernten Regals.

»Komm' Sie mal her, unser bester Mann wird Sie höchstpersönlich einarbeiten!«, rief er.

Hinter dem Regal kam ein junger Kerl hervor, der bereits auffällig grinste.

Och nee, dachte ich, als ich ihn erkannt hatte, und schon in fünf Metern Entfernung streckte mir ein für diese Arbeit viel zu fröhlicher Jens die Hand entgegen. Und das obwohl ich mir so sicher gewesen war, von allen Orten auf dieser Welt gerade hier niemandem aus meiner alten Schulklasse zu begegnen.

»Hihi, das ist ja super!«, rief Jens. »Was machst'n du hier, Antreh?«

»Ich bin hier der Chef«, sagte ich.

»Na ja«, lachte der Vorarbeiter, »so weit sind wir noch nicht, aber das kann ja noch kommen!«

»Und du?«, fragte ich Jens.

»Ich studier hier an der FH Elektrotechnik und verdien mir was dazu.«

»Die spannende Welt der E-Technik«, sagte ich, aber niemand verstand meinen Witz.

Na klasse, dachte ich. Selbst Jens hatte nach der Schule etwas gefunden, das ihm gefiel. Und nur ich vergeudete hier meine Zeit.

»Und was studierst du?«, fragte Jens.

»Im echten Leben bin ich Pro-Gamer«, log ich, »das hier ist nur mein Ausgleichssport.«

»Cool, ich wusste gar nicht, dass du noch hier bist. Irgendwie war mir, als hättest du in Potsdam Germanistik ... Also, der Steffen, der Christian und der Carlo, die studieren ooch hier an der FH ... Was is' eigentlich mit Maik und Sebastian?«

»So!«, unterbrach ich ihn und deutete auf einen riesigen Haufen Bodybuilder-Nahrung, Selbsthilferatgeber und Wäscheklammern. »Du bringst dann erst mal das ganze Zeug hier, das ich zusammengesucht habe, dort drüben zu den Verpackungsdudes. Und dass du mir ja nicht zweimal gehst, das kann man alles mit einem Mal tragen!«

Jens trabte davon.

»Ihr Führungsstil gefällt mir wirklich, Herr Herrmann!«, sagte der Vorarbeiter.

Nicht weit von uns klirrte es plötzlich. Zwei Regale entfernt stand ein junges Mädchen, meiner Schnelleinschätzung nach zu urteilen entweder Rapperin oder Philosophiemagistra, vor einem zusammengedrückten Paket, das am Boden lag.

»Moment!«, nickte Doktor Logistik und eilte zu ihr.

Er zog einen Scanner aus seiner Tasche, hielt ihn an das Schild auf ihrem Arm, es machte *Piep!*

»Das war's!«, rief er. »Schönen Feierabend! Sie brauchen morgen nicht mehr zu kommen.«

Das Mädchen begann zu schluchzen.

Eine Firmenfamilie mit eintägiger Kündigungsfrist. Tolle Familie, dachte ich und zog eilig mein Notizbuch aus der Tasche.

Vor einer Weile hatte ich einfach mal angefangen, das alles aufzuschreiben, mittlerweile war ich schon beim dritten Buch. Günter Wallraff hätte sich vermutlich ein Bein abgesägt, um an all die Anekdoten zu kommen und die Bude hier ein für alle Mal dichtzumachen.

»Sag mal bitte Du zu mir, sonst fühle ich mich alt«, sagte ich, als mein Vorarbeiter wieder vor mir stand.

»Daran müssen Sie arbeiten, Herr Herrmann, man duzt keine Vorgesetzten, solang sie einem nicht das Du anbieten«, korrigierte er mich.

»Ich kann einfach keine Leute siezen, die ich problemlos umhauen könnte«, knurrte ich.

»Wie bitte?«

»Da haben Sie völlig recht!«, sagte ich.

Mit einem Kopfschütteln beobachtete ich, wie Jens mit jedem Produkt einzeln zu den Verpackungsmenschen tippelte.

»Sie sollten sich das wirklich noch einmal überlegen mit meinem Angebot. In fünf bis acht Jahren könnten Sie nach der Ausbildung schon fast so weit sein wie ich!«, unterbrach mich mein Vorarbeiter.

»Na geil!«, rief ich.

»Außerdem scheint das mit Ihrem Eventuell-wieder-Studieren ja eh nicht funktioniert zu haben, das Semester läuft ja längst!«

Autsch, er hatte meinen wunden Punkt erwischt. Ich war tatsächlich der einzige Mensch auf dem Planeten, der es geschafft hatte zu *vergessen*, sich rechtzeitig für einen neuen Studienplatz zu bewerben. Okay, wahrscheinlich war ich auch der einzige Mensch, der sein Studium nach drei Monaten abbrach, dann in einer Kneipe und anschließend in einem Versandhandel anheuerte, nur um am ersten Tag der Arbeit festzustellen, dass er wieder studieren wollte. So etwas machte kein normaler Mensch, so etwas tat nur ich.

»Nee nee nee«, rief der Vorarbeiter, als er sah, wie Jens gerade versuchte, ein rechteckiges Paket in ein kreisförmiges Fach zu stopfen.

Wie gut, dass Jens immerhin zu doof für all das hier war, da half auch kein Elektrotechnikstudium. Dummerweise war es bei mir etwas anders. Ich konnte ausschließlich jene Dinge, die mir entweder nichts brachten oder die ich abgrundtief hasste: Bowling, Programmieren und Pakete in das geometrisch passende Fach einsortieren. Es war zum Heulen.

Ungelenk schulterte ich erneut einen der Flatscreens und trabte zur Verpackung.

Ein dumpfes Dröhnen schallte durch die Halle, das Signal zum Feierabend.

»Feierabend«, sagte ich zu Jens, der wie ich gerade so ein monströses Fernsehgerät auf der Schulter balancierte.

»Cool«, sagte er, drehte sich um und ließ das Paket los. Es krachte zu Boden.

Sofort war der Vorarbeiter wieder da, blickte auf das zerbeulte Paket am Boden, dann auf Jens und dann auf mich.

»Er macht Feierabend«, sagte ich und zuckte mit den Schultern.

Der Vorarbeiter zog seinen Scanner aus der Tasche, hielt ihn an Jens' Arm. *Piep!*

So schnell ging das hier in der Firmenfamilie. Jens würde ab morgen einen neuen Nebenjob brauchen.

»Wenn doch nur alle so pflichtbewusst wären wie Sie, Herr Herrmann«, sagte der Vorarbeiter mit einem Kopfschütteln.

»Jaja«, sagte ich.

»Also, dann trag ich Sie jetzt als Azubi ein und Sie verpflichten sich morgen früh im Personalbüro für acht Jahre, ja?«

Ich sah mich um. Acht Jahre.

Dann ließ ich den Flachbildschirm fallen und machte Feierabend.

Melissa

Das war's dann also, dachte ich, als ich durch die Stadt lief. Es war gerade einmal 15 Uhr, aber schon jetzt wurde es dunkel, es war zum Kotzen. Aber immerhin, dachte ich mit einem Blick auf meine Füße, wenn ich in diesem Lagerhaus schon meine Würde gelassen hatte, so hatte ich doch wenigstens die Arbeitsschuhe mitgehen lassen.

Ich wusste nicht, woher es kam, aber aus unerfindlichen Gründen fühlte ich mich von irgendeiner Last befreit. Zwei, drei Tage würde es vermutlich so bleiben, und dann würde mir klar werden, dass ich jetzt schon wieder nicht wusste, womit ich mein Nichtstun rechtfertigen sollte. Meine Eltern würden mich nerven und fragen, wie ich mir meine Zukunft vorstellte und ob ich schon Pläne für Silvester hätte. Alles wie immer sozusagen. Schade nur um die ganzen guten Geschichten.

Im Fernsehen brach der Held an solch einer Stelle urplötzlich zu einer Weltreise auf und lernte in irgendeinem nepalesischen Kloster Martial Arts, um später in seiner Heimatstadt im Fledermauskostüm das Böse zu bekämpfen. In der Wirklichkeit trug jemand wie ich einen Beutel voller Bier, eins für den Weg schon in der einen, eine Zigarette in der anderen Hand, und war gerade auf dem Nachhauseweg, um mit sich selbst auf die gähnende Leere im eigenen Lebenslauf anzustoßen.

Ich passierte meinen früheren Stamm-Döner, grüßte durchs Schaufenster, ohne erkannt zu werden, als plötzlich eine Stimme schrie: »Nee! Antreh?«

Schon komisch, dachte ich, während ich mich umdrehte, dabei den massigen Kinderwagen scannte und in das verlebte, aber grinsende Provinzgesicht eines Mädchens starrte. Schon komisch, dachte ich, alte Schulkameradinnen treffe ich immer nur mit ihren Kindern, mich treffen sie hauptsächlich rauchend und trinkend. Aber so war das früher schon gewesen, die anderen hatten den Sex, ich hatte die Schuldgefühle.

»Du, des jibt's ja nich! Erkennste mich denn nich?«, schrie das Mädchen.

Doooooch, dachte ich, aber wenn ich jetzt möglichst ernst bleibe, nimmst du mir die Masche vielleicht ab.

Melissa, Melissa, Melissa, natürlich erkannte ich sie. Melissa. Das Mädchen, das so hieß wie potenzielle Billigtampons von Aldi. Neben dem ich jahrelang im Unterricht als Strafe für mein eisernes Schweigen hatte sitzen müssen, um das natürliche Redegleichgewicht wiederherzustellen. Melissa. Die gleich nach dem Abi begonnen hatte, Kind um Kind auszustoßen und jetzt die Haupt- und Nebenstraßen mit ihrem Kleinkindkreuzer unsicher machte.

»Du, des ist ja super, du, ich hab dich ja ewig nich jesehen, was machst'n du jetz so?«

»Äh, meist verbringe ich meine Vormittage damit, bis zum letzten Link in meinen Bookmarks zu scrollen«, sagte ich.

Und außerdem habe ich jetzt genügend Zeit, eine Möglichkeit zu finden, meine überragenden Internet-Tetris-Fähigkeiten in bares Geld zu verwandeln, dachte ich.

»Hihihihi! Maaann, ist das offregend, ich würd' so gern alles wissen, was du jetzt machst! Bei mir passiert ja nich so viel, siehste ja«, sagte sie und deutete grinsend und nach geheuchelten Komplimenten hechelnd in den Kinderwagen, aus dem mich ein pralles Baby heraus mit einem Lächeln verspottete.

»Jaja, wahrscheinlich stimmt etwas nicht, wenn der Höhepunkt des eigenen Tages *Großstadtrevier* heißt«, sagte ich, und ein barbarisches Wiehern ihrerseits erklang.

»Bist du über Weihnachten hier? Wie ist Potsdam so?«

Woher wussten plötzlich alle von Potsdam? Hatte man mir damals am ersten Studientag unbemerkt irgendein Kennzeichen in die Stirn geätzt?

»Ja, nee, na ja«, sagte ich, »also …«

»Hast du StudiVZ? Dann würd' ich dir einfach mal 'ne Freundschaftsanfrage … Bei StayFriends biste nich, oder? Des musste uuuunbedingt mal machen, man verliert sich ja soooo schnell aus den Augen! Und das wär ja wirklich schade!«

»Jaja«, sagte ich, »wirklich schade« und gratulierte mir innerlich dazu, wenigstens in dieser Hinsicht alles richtig gemacht zu haben.

»Also, die Luisa war ja grad in Südamerika und hat so Hilfe gemacht, uuund der Jens, der arbeitet nebenbei bei diesem Internethaus.«

»Jetzt nicht mehr«, grinste ich.

»Häh?«

»Nicht so wichtig.«

»Ja, und mit'm Maik und'm Sebastian hast du ja sicher eh Kontakt.«

»Nö«, sagte ich schulterzuckend.

Ich hatte mit niemandem Kontakt. Wie hätte ich auch Kontakt haben sollen, wenn ich erstens meine Teilnahme an all diesen verrückten Wir-bleiben-in-Kontakt-Seiten verweigerte und andererseits in den letzten neun Monaten sechs Tage die Woche in drei Schichten geschuftet hatte?

»Und du, du bist jetzt also erfolgreiche Börsenmaklerin?«, fragte ich mit Blick auf den Kinderwagen.

»Neeee«, rief Melissa todernst. »Na ja, ich hab ja gleich nach dem Abi die Elijah-Soraya bekommen, und dann war ich mit der Elijah-Soraya zu Hause, und daaaann kam vor Kurzem der kleine Bernd!«

»Bernd!« Ich musste lachen. Elijah-Soraya und der kleine Bernd, perfekt. Was Besseres konnte man sich als Aufkleber für die Heckscheibe gar nicht wünschen.

»Und was macht der Daniel so? Hört er immer noch Thunderdome?«

»Ach, der Daniel«, schnaubte Melissa, »der soll in seinem tiefergelegten Golf versauern!«

»Aber die Kinder?«, fragte ich.

»Das Kind!«, berichtigte mich Melissa. »Der kleine Bernd ist vom Steve! Erinnerst du dich?«

»Ach, der Steve!«, rief ich. »Der hatte 'nen tiefergelegten Polo, oder?«

»Weiß ich nicht«, sagte Melissa. »Ist mir auch egal, versauern sollen sie alle!«

»Ach so«, sagte ich und begriff, »hm, tut mir leid.«

Melissa langte in den Kinderwagen und zerrte das dralle Baby heraus. Sein Kopf baumelte willenlos hin und her, so als befände sich in seiner kleinen Trinkflasche dieser besondere Eistee aus Long Island. Ich musste grinsen.

»Trotzdem süß, der kleine Bernd, oder?«

»Hmm«, sagte ich und versuchte, nicht allzu begeistert zu klingen.

Keine Ahnung, wieso alle Welt derart auf Kinder abfuhr. Bei mir würde das Baby nach zwei Wochen in der Ecke herumliegen, weil ich es längst durchgespielt hätte.

»Bubububububu!«, machte Melissa, so als glaubte sie, dass das Baby sie vermittels dieses Kauderwelschs besser würde verstehen können.

»Bibibibibi«, machte Melissa weiter, »sag mal Hallo! Ja! Sag mal Hallo! Sag mal Hallo zum Onkel Antreh!«

Das Baby blickte mich skeptisch an, ich streckte meine Hand zum High Five aus, aber es reagierte nicht.

»Es ist kaputt«, sagte ich.

»Wiiiihihihi«, lachte Melissa, »kaputt, wie lustig!«

»Halt mal!«, sagte ich und zog mein Notizbuch aus der Tasche. Man konnte ja nie wissen, wozu das alles mal gut sein würde.

Ich notierte und steckte das Notizbuch wieder ein. Als Melissa das Baby wieder zurückgelegt hatte, sah ich, wie sich auf ihrem Parka ganz langsam zwei kreisrunde feuchte Flecken in Brusthöhe bildeten. Ich versuchte, nicht hinzugucken, keine Ahnung, was mit ihr los war, vielleicht explodierte sie gleich, oder vielleicht schwitzte sie nur auf ganz, ganz komische Art und Weise?

Doch noch ehe ich den Gedanken verwerfen konnte, hatte Melissa meinen Blick aufgefangen. »Och nee!«, rief sie. »Das darf doch nich wahr sein! Andauernd passiert mir das, ehrlich!«

Sie packte sich mit voller Kraft an die Brüste, so als könnte sie die Leckage auf diese Weise stoppen.

»Steinhart!«, rief sie. »Und immer, wenn ich grad mal rausgehe, passiert das! Du kannst dir gar nicht vorstellen, wie schlimm das ist.«

Wortlos, aber sichtlich irritiert, blickten uns vorbeiflanierende Passanten an. Wie das Ganze wohl auf sie wirken musste? Ein junger Mann mit Bierflasche und Kippe in der Hand, davor eine Frau mit Kinderwagen, die sich die tropfenden Brüste hielt. Eigentlich ganz normal in Sachsen-Anhalt, sollte man denken.

Noch immer hielt Melissa ihre leckenden Brüste in fester Umklammerung.

»Du, ich muss noch schnell in'n Schlecker, du kommst doch sicher heute Abend zum Ehemaligentreffen, oder? Büttöö!«

»Nee, das ist nichts für mich«, sagte ich.

»Ich hab dir schon letztes Jahr extra 'ne Einladung schicken lassen!«

»Ja, danke, hat nicht gepasst«, sagte ich.

»Maaann, du glaubst gar nicht, wie traurig wir da waren. So eine lustige Runde. Und grad die Luisa hätte dich echt gern mal wiedergesehen!«

»Luisa?«, fragte ich mit großen Augen.

»Ja, na weil du ja auch nicht beim Abiball warst und den Preis für den besten Abizeitungsbeitrag nicht annehmen konntest …«

»Ja, das war kompliziert an dem Abend«, sagte ich, »der Maik und ich, wir hatten …«

»Erzähl's mir einfach heute Abend!«, rief Melissa, während sie mit dem einen Arm ihre Brüste festhielt und mit dem anderen den Kinderwagen Richtung Schlecker zerrte.

»Nee, das wird nix«, rief ich.

»Och büttöö! Wenn du dann erst mal wieder in Potsdam bist, dann sehen wir uns ja erst recht nicht!«

»Tja«, rief ich, »dann …«

»Oder hast du Sjeip? Wenn du Sjeip hättest, dann könnten wir ja auch mal sjeipen!«, erörterte Melissa fachmännisch.

»Jaja, neenee«, rief ich und winkte, während ich rückwärtsging.

Das hier war schwieriger, als diese Mädchen loszuwerden, die einem in der Innenstadt mir nichts, dir nichts eine Rose in die Hand drückten, und fünfzig Meter weiter wartet die ganze Family und will eine kleine Spende von achtzig Euro dafür haben.

»Du kannst dich ruhig mal blicken lassen!«, rief Melissa von Weitem, aber ich deutete auf meine Ohren und schüttelte den Kopf, so als könnte ich sie schon gar nicht mehr verstehen.

Klassenkampf

Es war schon dunkel.

Ich lag auf der Pärchenbank und ließ den Tag Revue passieren. Warum in aller Welt hatte ich ausgerechnet Melissa begegnen müssen? Schon jetzt spürte ich deutlich, wie die ganze Provinzmacht auf mich abzufärben schien und mich ein unstillbarer Drang überkam, einen riesigen Flachbildfernseher oder irgendetwas mit goldenen SCART-Anschlüssen zu kaufen.

Plötzlich wurde meine Zimmertür aufgerissen und meine Mutter stürmte ins Zimmer: »Och, des ist ja klasse, gehste endlich mal zum Ehemaligentreffen, ja?«

Was? Woher wusste sie davon? Die Telekom würde sich niemals dazu bereit erklären, endlich DSL in diese verfluchte Stadt zu legen, wenn sich Informationen auch ohne Breitbandanschlüsse schon in Lichtgeschwindigkeit verbreiteten.

»Ach, vorhin, da hab ich die Melissa beim Bäcker getroffen, so ein nettes Mädchen, sar' ich dir, du hast ja gar nicht erzählt, dass ihr euch getroffen habt!«

Melissa. Natürlich. Die sich bestimmt *so richtig gefreut* hat, mal etwas erzählen zu können, das nicht mit ihren tausend Kindern oder dem Brotpreis zu tun hatte.

»Die freut sich schon so auf heute Abend«, sagte meine Mutter. »Und wenn du doch sowieso hier bist, dann geh doch ruhig ma hin! Ma erfahren, was die jetzt alle so machen.«

»Mutter!«, rief ich und überlegte, wie ich ihr schonend, aber deutlich beibringen sollte, dass sie gekonnt so viele Fakten ignorierte, dass ihr die Schauergeschichte meiner Schulzeit mittlerweile wie ein wunderschönes Märchen vorzukommen schien. »Mutter!«, sagte ich, »nein.«

»Wie nein?«

»Wie, ›Wie nein‹?«, fragte ich. »Was gibt's denn da nicht zu verstehen? Warum bitte sollte ich zum Ehemaligentreffen, wenn es mir doch schon reicht, Ehemaliger zu sein, und ich überhaupt niemanden treffen will? Lasst die Toten ruhen! Die Wunden sind gerade erst verkrustet. Schule war scheußlich! Lauter picklige Egomanen, gefüllt mit Halbwissen, man könnte meinen, ich wäre in einer Klasse voller SPD-Kinder gewesen, so wie die sich alle gegenseitig in den Rücken gefallen sind. Ins Dschungelcamp geht man auch nur einmal und dann nie wieder!«

Der Blick meiner Mutter verfinsterte sich. Hinter ihren Augen konnte ich die Flammen der soeben verbrennenden schönen Vorstellungen, die sie sich von meinem Abend gemacht hatte, lodern sehen. Ihre Augenbrauen zuckten wild, sie starrte mich böse an.

»Also ehrlich! Ich hab ein Blog, sechs E-Mail-Adressen und bin bei ICQ! Als ob das nicht genug soziales Engagement ist!«, rief ich.

Meine Mutter kochte innerlich. Sie drehte sich um und ging, um jede Tür, durch die sie kam, lautstark erklingen zu lassen. So würde es nun weitergehen, wochen-, monatelang, so lange, bis ich endlich nachgeben würde.

Und obwohl ich mir geschworen hatte, erst dann zu einem Ehemaligentreffen zu gehen, wenn ich mit einem Privathubschrauber auflaufen könnte, stand ich am Abend tatsächlich im Foyer der Turnhalle und zahlte Eintritt. Ich hatte meinen Schal möglichst hoch ins Gesicht gezogen, um bis zum letzten Augenblick immer die Möglichkeit zu haben, unerkannt fliehen zu können, da rief schon eine Frauenstimme begeistert vom Halleneingang herüber: »Ach gucke, der tleene Herrmann! Des jibts ja nich!«

In ungelenken Schritten kam sie auf mich zugewankt, auf halbem Weg erkannte ich Frau Pleier, meine alte Biolehrerin. Eilig kam sie angehumpelt und schlug ihre Pranken direkt in meine reflexartig nach oben gerissenen Hände.

»Na des is' aber wirklich schön, dich, Sie, also, des wir uns nach sooo langer Zeit ooch mal wieder sehen. Wie geht's Ihnen denn? Also, dir, Sie, ich darf doch Du zu Ihnen sagen, oder?«

In Anbetracht dessen, dass Frau Pleier nie Luft zu holen schien, aber trotzdem in der Lage war, ununterbrochen zu reden, musste sie so etwas wie ein physikalisches Wunder sein. Zwar war ich nie sonderlich nachtragend gewesen, dafür aber mit einem ziemlich guten Gedächtnis geplagt und wusste deshalb im Gegensatz zu Frau Pleier nur zu gut, in welchem Verhältnis sich unsere Wege damals getrennt hatten. Wie oft hatte sie mich aus dem Klassenzimmer verbannt mit dem Vorwurf, ich würde ihrem Unterricht nichts als Desinteresse beisteuern, dabei hatte sich mein Interesse nur recht schnell von Biologie auf das Zählen vorbeifahrender Autos verlagert.

Die Halle jedenfalls war voll. Überall waren Tische aufgebaut, auf denen kleine Pappschilder den jeweiligen Jahrgang auswiesen. Auf der Querseite hatte man aus Bierkästen und MDF-Platten eine wackelige Bühne gebaut, auf der sich *DJ Chris*, wie das Schild vor seinem CD-Player verriet, gerade an den Glitzerscheiben verausgabte. Vor ihm die ausgelassene Meute von Zwanzig- bis Siebzigjährigen, die Molle für Molle in ihren Hälsen versenkten. Ganz hinten waren die Absolventen aus diesem Jahr, und je älter die Gäste wurden und je weiter die Abschlussjahre zurückgingen, desto näher saß man passenderweise schon wieder am Ausgang. Frau Pleier geleitete mich an den Tisch des 2005er-Jahrgangs.

Und mit einem Mal schien alles wie früher, es fühlte sich an, als hätte ich gerade die Tür zum Klassenraum aufgestoßen.

»Heeeeey, wir dachten schon, du kämst gar nicht mehr!«, rief Melissa vom anderen Endes des Tischs zu mir herüber. »Jetzt sind die Buletten aber schon alle!«, was sie mit einem Gesichtsausdruck, der wohl einem traurigen Smiley möglichst nahekommen sollte, unterlegte. Ich hatte die Ansage *19 Uhr* fälschlicherweise für einen Witz gehalten, aber schon am Eingang hatte man mich getadelt, erst um 21 Uhr hier aufzulaufen, schließlich sollte um Mitternacht die Veranstaltung mit der großen Auslosung der Tombola ihr Ende finden.

Im Hintergrund wummerten Songs von Mr. President und Captain Jack aus knirschenden Alleinunterhalterboxen. Auf dem Tisch fanden Mixbier, kleine Schnäpse mit abscheulichen Namen und Crèmeliköre zu einer zweifelhaften Ehe zusammen.

Nun gut, beruhigte ich mich, ein paar Stunden würde ich das doch aushalten, einfach nur Präsenz zeigen und fliehen, sobald die Feiglinge, Zipfelklatscher und Brandlöscher die Anwesenden endlich ins Delirium befördert hätten. Meine Mutter würde begeistert sein

Melissa saß mir gegenüber am Kopfende und winkte, ich reagierte nicht. Zu ihren Seiten saßen Jenny und Elisabeth, die eifrig auf sie einredeten. Letztere schien von der Umsetzung ihres schon in der Schule gefassten teuflischen Plans, alles Make-up der Welt in ihrem Gesicht zu vereinen, nicht mehr weit entfernt. Jenny hingegen schien nach dem Tod von Lolo Ferrari alles daranzusetzen, die Leerstelle als traurige Plastikblondine mit Brüsten in 70 G einfach selbst auszufüllen und hatte dementsprechend vorgesorgt. Ich versuchte, mir die Vorurteile aus dem Kopf zu schlagen, aber da waren nur Brüste. Dicke, glänzende Fußbälle, und ich konnte nicht anders, als mich immer wieder zu fragen, ob Jenny in die Aufrechte zurückfedern würde, wenn sie aus Versehen frontal auf den Turnhallenboden aufschlüge. Welche hochrangigen Positionen die beiden wohl mittlerweile bei H&M bekleideten? Obwohl, Elisabeth traute ich es durchaus zu, Leidenschaft und Beruf miteinander vereint und mittlerweile Anstellung in irgendeinem Solarium gefunden zu haben.

Krrrr, Kzzzzz, Kccchhh, »Hallo? Hallo!«, krächzte es laut aus den Boxen und alle drehten sich gleichzeitig zur Bühne. Melissa erhaschte kurz meinen Blick und bedeutete mir mit einer Geste, die man auch als Androhung von Zwangsfellatio hätte verstehen können, dass ich mich an den Getränken bedienen sollte.

»Mach' ma meins ooch glei off«, sagte jemand und packte mich am Arm.

Vor mir stand ein riesiger Typ, das Hemd bis zum fünften Knopf geöffnet, dabei einen ganzen Wald aus Brusthaaren offenbarend. Entweder ich hatte mich spontan in einen Baumarkt teleportiert oder vor mir stand …

»Ey Maik!«, rief ich begeistert.

»Antreh? Aldr, ich dacht' du wärst schon längst tot!?«

»Was machst'n du hier?«

»Nu ich wohn doch glei um de Ecke, und wenn de 'n bissl offpasst, kannste dich hier mit'm Pfand dumm und dusslig verdien'! Win-win-Situation, Aldr!«

Ach, Maik. Man mochte ihn vielleicht ein wenig rustikal finden, aber wenn man ihn ab und zu darauf hinwies, dass es beim Biertrinken nicht das Ziel war, so viele Flaschen Fünfprozentiges zu trinken, bis man die hundert voll hatte, dann war er einer der solidarischsten Typen, die ich kannte.

Seit der siebten Klasse waren Sebastian, Maik und ich quasi unzertrennlich gewesen. Damals war Maik einfach von einem Tag auf den andern in unserer Klasse aufgetaucht. Zwar hatte er beteuert, schon immer da gewesen zu sein, aber ein Kette rauchender Dreizehnjähriger, der 1,90 Meter groß und dabei noch im Wachstum war, stolz seine Jeansjacke und Brusthaare trug, wäre mir bestimmt schon mal aufgefallen. Wahrscheinlich hatte sich Maik einfach zufällig aus einer verloren auf der Erde umherirrenden Bikerseele und einem alten Opel Manta zusammengesetzt und lebte jetzt als so eine Art Neunzigerjahre-Wachsfigur in dieser Stadt.

Ein Räuspern kam aus dem Boxen.

»Nu ja, meine Damen und Herren, wie schön, dass wir Sie ooch in diesem Jahr zu unserm jährlichen Jahrgangstreffen hier in der Jahrhunderthalle begrüßen dürfen«, begann der kleine Mann auf der Bühne.

»Mach dich ma logger, Alder!«, brüllte Maik und stupste mir mit dem Ellenbogen in die Seite.

Von überall her konnte man es kichern hören.

»Es erfüllt mich mit Stolz, seit so vielen Jahrn … Sie hier jährlich bekrüßen zu dürfen. Aber alles hat ein Ende …«

»Genau! Was lang gefräst, wird endlich Nut!«, schrie Maik, Applaus wurde laut.

»Ja, äh. Leider muss ich Ihnen heute mitteilen, dass unser Gymnasium, unser schönes Gymnasium in den kommenden Jahr voraussichtlich nach so vielen Jahren …«

»Kontrolliert gesprengt wird!«

Der Saal tobte. Männer aller Altersklassen schlugen ihre Bierhumpen vor Lachen auf die Tische, Wellen weibischen Gegackers brandeten in kurzen Intervallen an die Bühne. Maik erhob sich wie ein Preisboxer und reckte die Arme in die Luft. Noch ein paar Sekunden lang versuchte der kleine Direktor Herr der Lage zu werden, aber es half nichts. DJ Chris kickte schnellstmöglich die nächsten Hits, um ihm die Peinlichkeit zu nehmen.

Nicht weit von Melissa saß Enno und spielte die ganze Zeit mit seinem Handy, einem dieser krassen Handys mit Drehdisplay, mit denen sich die reichen Kids neuerdings von denen mit Verstand unterschieden. Man sagt, die unscheinbarsten Gestalten entwickeln sich nach der Schule manchmal zu den blendendsten Schönheiten, aber Enno war einfach hässlich geblieben – da barg so ein fesches Handy der neuesten Generation natürlich die besten Chancen, sich plötzlich als Chickmagnet zu erweisen.

Ich schaute weiter. Manchen stand der Lehramtsstempel so riesengroß auf der Stirn, die armen Kinder irgendwann. Normalerweise versuchte ich, nicht nach Aussehen zu urteilen, aber so eine Wein-Nipp-Trink-und-Grinsetechnik verriet manchmal schon eine ganze Menge.

Auf einmal spürte ich eine Hand an meinem Oberschenkel. Ich zuckte zusammen, als ich Melissa neben mir erblickte. Saß sie nicht gerade eben noch am anderen Ende des Tischs? Zweifelsohne, hier ging es nicht mit rechten Dingen zu. Bald würden die Gläser anfangen, von allein über den Tisch zu rutschen, und irgendeine Lehrerin würde sich in orgiastischem Tanz nackt dem Satan hingeben. Ich blickte auf, die versammelte Tischgemeinschaft schaute mich erschrocken an, und ich überlegte kurz, ob ein mit den Fingern geformtes Kreuz jetzt noch helfen könnte.

»Ich hab was für dich«, flüsterte Melissa mir ins Ohr und tätschelte weiter an meinem Oberschenkel herum.

»Nee nee, da war noch nie Bedarf vorhanden«, sagte ich und schüttelte eifrig den Kopf.

»Du Dussel«, lachte sie, und mit ihrem wiehernden Lachen zog der Duft von Buletten und dem ein oder anderen Promill' zu viel an meiner Nase vorbei.

Sie drückte mir eine kleine Flasche in die Hand.

»Los jetzt!«, rief sie, und alle am Tisch begannen, wie blöd ihre Fläschchen aufs Holz zu schlagen, sodass sich die halbe Turnhalle zu uns umdrehte.

Melissa erhob sich, stand schwankend, ihr Fläschchen hoch erhoben, und brüllte: »Aus trock'ner Kehle dröhnt ein Schrei!«

Und die Halle antwortete brüllend: »Schütt's nei! Schütt's nei!«

Ich war in der Mallorca-Hölle.

Zwei Stunden später

»Jetzt trink ich nur noch im Plus«, freute sich Maik, als das achte Bier den Weg seine Kehle hinuntergefunden hatte.

»Na, habt ihr auch schön Spaß?«, wehte es in meinen Nacken und ein bromartig-ätzender Geruch umschlang meine Nüstern. Entweder Frau Pleier hatte schon verdächtig lange direkt hinter mir gehockt oder sich gerade spontan aus Zigarettenkippen und feuchter Luft zusammengesetzt. Wahrscheinlich würde sie sich gleich wieder *LOST*-mäßig zu einer schwarzen Wolke dematerialisieren und mit lautem Getöse zur Hallentür hinausfliegen, um das Raum-Zeit-Kontinuum zu manipulieren und alle in der Halle Versammelten für immer an diesen Ort zu bannen.

Maik und ich beobachteten ungläubig, wie Farbdisplay-Enno, der mittlerweile sein Handy beiseitegelegt hatte, nun die dralle Jenny auf seinen dünnen Oberschenkeln balancierte.

»Ooch so 'ne Form von Gottes Zorn«, kommentierte Maik. »Ey Aldr, stell dir vor, wenn die Kinder kriegen. Wenn die Glück haben, wird's vielleicht grad noch 'n Transformer! Ey! Milch kommt bei der sowieso nich mehr, höchstens Bauschaum.«

Die Bar war längst zum beliebtesten Ort der Halle avanciert, gierig schütteten sich Mann und Weib die Spirituosen in die Visagen. Bald würden auch sie glückselig miteinander nach Hause wanken und sich blutrünstiger Körperliebe hingeben, um dem Bevölkerungsschwund dieser Lande entgegenzuwirken. Jetzt, da es politisch ein wenig zu negativ konnotiert war, Winter- und Sommersonnenwende in ausschweifenden Orgien zu zelebrieren, war man anscheinend aufs Stadtfest und das Ehemaligentreffen umgestiegen.

»Soooo, liebe Freunde, jetzt wird aber mal 'ne heiße Sohle aufs Parkett gelegt, jetzt lassen wir die Beine fliegen, jetzt geht die Party ab ab ab aaaab!«, grölte DJ Chris, und Dutzende Paare stürzten auf den Dancefloor. Jung und Alt drängte sich vor der winzigen Bühne, die Lackschuhdichte war beängstigend. Still sammelte Maik so viele Gläser und Flaschen ein, wie er tragen konnte.

»Was'n? Nich nur Gärtnereien sind florierende Geschäfte!«, grinste er und wankte zur Bar.

Im selben Moment hatte ich wieder eine Hand auf meinem Oberschenkel.

»Na?«, grinste Melissa. »Wir komm' wohl gar nicht mehr zum Quatschen?«

»Guck dir das Elend doch mal an«, sagte ich und deutete zur Seite, wo gerade Hochzeitsbilder kursierten.

»Ach, das ist doch niedlich. Vielleicht hab ich ja irgendwann auch mal das Glück. Irgendwann treff ich bestimmt noch den Richtigen!«

Ich grinste, sah, dass sie nicht grinste, und grinste nicht mehr.

»Wie läuft's denn bei dir so?«, fragte sie.

»Ach, ich organisiere mein Leben nach dem *DSDS*-Prinzip. Ich bleib ewig auf dem gleichen niedrigen Niveau und hoffe darauf, dass die Jury irgendwann Mitleid bekommt und mich eine Runde weiter lässt.«

»Aber deine Mama hat gesagt, dass du immer so ganz viel schreibst. Du wirst bestimmt mal Schriftsteller! Weißt du, seit ich mein Mutterschaftsjahr mit Elijah-Soraya hatte, da hab ich auch angefangen, so ein bisschen zu reimen.«

»Soso«, sagte ich.

»Hab ich dir eigentlich schon von Elijah-Soraya und ihrem Geschwisterchen erzählt?«

»Ja, nee, erzähl ruhig, ich hab dann nur die Augen zu und antworte nicht mehr«, sagte ich.

»Wer weiß, vielleicht stehen unsere Bücher ja irgendwann mal in der Buchhandlung nebeneinander!«, ereiferte sich Melissa.

Ich glaube kaum, dass der Mülleimer so nah bei den Bestsellern steht, dachte ich und sagte: »Kann sein, wer weiß!«

»So Germanistik hilft einem da bestimmt, oder? Ich hab auch schon mal überlegt, so von wegen Fernuni, ich komm ja nicht so weg, weißt du?«

»Ich hab mein Studium abgebrochen«, sagte ich, »schon Anfang des Jahres. Und ich mach eigentlich überhaupt nichts.«

»Was?«

Ein paar Plätze weiter hatte ich ein Gesicht bemerkt, das mir bekannt vorkam. Ich schaute ein paar Sekunden länger als normal, die Karteikarten in meinem Kopf flogen durch die Gegend, aber das Gesicht wollte nicht richtig passen. Kurze Haare, Scheitel, Anzug. Es flimmerte, dann wurde das Bild klarer. Was zur Hölle?

Melissa sagte irgendetwas, aber ich war schon aufgestanden, hatte zwei herumstehende Biergläser gegriffen und war dabei, den Platz zu wechseln.

»Alter«, sagte ich, »wie siehst du denn aus?«

Sebastian betrachtete seinen Anzug und schwieg.

»Schon wieder der Statue den Kopf abgesprengt, oder was?«, lachte ich.

Sebastian sah mich verständnislos an.

»Och, wieso?«, fragte er. »Ich find's eigentlich ganz hübsch.«

Sein Hemd saß auffallend gut, die Hose rutschte beim Sitzen gerade so hoch, dass man die dünnen, schwarzen Socken in den glänzenden Halbschuhen sehen konnte, und in seinen Haaren erkannte man sogar einen Schnitt. Ich erinnerte mich an zerrissene Hosen und dosenweise Haarlack, und deshalb erschien mir das Bild so unwirklich.

»Hmm«, machte ich, wir stießen an, und ich stürzte die erste Hälfte des Bieres in mich hinein.

Keine Ahnung, wie sich der Kontakt verloren hatte. Sebastian hatte Zivi gemacht, und ich war dank der Ausmusterung direkt nach Potsdam gezogen. Ich wusste nicht, wieso, aber irgendwie hatte ich das Gefühl, dass es sich noch häufen würde, das Sich-aus-den-Augen-Verlieren.

»Wieso bist du eigentlich nie ans Telefon gegangen?«, fragte ich.

»Weiß nicht, neue Nummer?« Sebastian tippte auf seine Hosentasche.

»Und wieso hast *du* dann nicht mal angerufen?«

»Ach weißt du, ich hab viel zu tun«, sagte Sebastian. »Das Studium, you know?«

»Mhm.«

Maik hatte unterdessen Melissa in Beschlag genommen und redete unaufhaltsam auf sie ein: »Ey, über hundert Profisportarten und für keene bin ich doof genug, es ist so unfair, Aldr!«

»Komm mal mit rüber zu Maik«, sagte ich und deutete in dessen Richtung. »Der freut sich, wenn er dich sieht.«

Sebastian strich sich über die Hose.

»Später vielleicht«, sagte er und nippte an seinem Bier.

»Ey! Die *Gilmore Girls* hamm' mir 'ne völlig falsche Vorstellung von Arbeit vermittelt«, hörte ich Maik von nebenan. »Heute würd' ich wahrscheinlich sogar aus 'ner Ich-AG rausfliegen, weeßte?«

Wir hingegen spielten das Was-machst-du-so-was-mach-ich-so-Spiel, erstaunlicherweise interessierte es mich wirklich …

»Ich studiere Biochemie, die Aussichten danach sind top! … Ach ja, früher, was man halt so macht als Jugendlicher, hm? … Weißt du, ich glaub, ich hab einfach rausgefunden, was ich vom Leben so will«, sagte Sebastian.

Ich erzählte von Piepsi und der Bahnhofskneipe, wo es nach elf keine Sitzordnung mehr gab, und von halben Litern für anderthalb Euro, dem Lagerhaus und meinen Schreibversuchen nebenbei, davon, dass ich einfach keine Ahnung hatte, womit ich die Zeit bis 65 halbwegs überbrücken sollte.

»Was, da gehst du hin? Oh Gott … Und was macht man später damit? … Kann man davon leben?«

Über die Jahre hatte ich mir einen dicken Panzer aus blank poliertem Zynismus zugelegt, der gegen jede Art von heiler Welt bestand, aber bei ihm traf mich jeder Satz. Unfassbar. Das Schiff, dessen Sinken sich schon mit dem Abi angekündigt hatte, befand sich nun endgültig in Schräglage und ging unaufhaltsam unter.

»Ey! Ey!«, rief mir Maik zu, als er mich zur Bar fliehen sah.

»Hast du auch schon Sebastian getroffen?«, fragte ich.

Maik winkte ab. »Ich wollt's dir nich erzählen«, sagte er, »'s bricht ehm's Herz!«

»Mannomann«, nickte ich, »der Sebastian.«

Maik stupste mich an: »Ey! Guck dir die ma an!«

Er deutete zur Tanzfläche.

Drei Viertel des Lehrerkollegiums hatten sich zur Polonaise formiert, DJ Chris hinterm CD-Player dampfte vor Ekstase. Langsam, aber motiviert schunkelnd, schlängelte sich die branntweinbetriebene graue Raupe über die Tanzfläche. Mein ehemaliger Wirtschaftslehrer Herr Kaiser packte der Dame vor sich schon einmal vorsichtshalber an die Brüste, denn man konnte ja nie wissen, wann DJ Chris den entsprechenden Titel endlich kickte. Einige Pärchen waren sich nicht zu schade, die Schmach des Tanzkursbesuchs öffentlich zur Schau zu stellen, und diskofoxten in zackigen Bewegungen übers Plastikparkett, sodass man sich wünschte, wenigstens für solche Momente eine beliebige Motorradgang hinter sich zu wissen.

Krrrr, Kzzzz, Kchch, »So, Herr Disk Tschokeh, ich bitte mal kurz um Ruhe!«, kam es wieder von der Bühne, aber DJ Chris reagierte nicht, denn die Menge verlangte nach Neunziger-Hits. Ich konnte es nicht genau erkennen, aber es schien sich ganz vorn bereits ein Moshpit gebildet zu haben.

Irgendwann schließlich hat jede Maskerade ein Ende – wann würden sie es öffentlich zugeben, dass hier der Teufel höchstpersönlich angebetet wurde?

Der kleine Direktor ließ sich nicht aus der Ruhe bringen und schickte sich an, DJ Chris' Beschwörungsmusik schlichtweg zu übertönen: »Meine Damen und Herren, ich freue mich außerordentlich, auch in diesem Jahr« … *TAAAAAAAAKE ME TO THE MAGIC OF THE MOMENT* … »wieder die jährliche Tombolaauslosung« … *ON A GLORYYYY NIGHT* … »auszulosen!«

Bei den Preisen hatte man sich wahrlich nicht lumpen lassen. Zwar hatte ich eher den sauber gekochten Schädel eines Ziegenbocks erwartet, aber mit feschen Weinbrandbohnen konnte das taumelnde Volk sicher mehr anfangen.

Der Direktor fuhr fort: »Ich werde nun …«

»… stagediven!«, schrie es aus dem Moshpit.

»'ch werde nun aus diesem Topp hier, welcher die Nummern aller Eintrittskartennummern enthält, werde ich die Nummer einer Eintrittskarte ziehen, welcher … deren Besitzer heute Abend diesen schönen Preis in Besitz nehmen wird!«

Die Meute applaudierte und grölte.

»Moment! Gewonnen hat, Achtung …«

Sechs sechs sechs, dachte ich, los, lasst es endlich raus!

»Nummer 6-8-0-9-3!«

Achtundsechzigtausenddreiundneunzig. Alle schauten sich um, achtundsechzigtausend verkaufte Karten, wo waren die Ghostbusters, wenn man ein PKE-Messgerät brauchte, um endlich beweisen zu können, dass die Geisterwelt heute Abend mitfeierte?

»JA!«, schrie es plötzlich aus der Menge. »JA!«

Im gleichen Moment sah man meinen Wirtschaftslehrer Herrn Kaiser auf die Bühne klettern, der Anstieg entblößte seinen erdballgleichen Bauch. Er riss dem Direktor die Pralinenschachtel aus der Hand und reckte sie trophäengleich in die Luft.

Er war der King. Wie viele Frauen würde er mit dieser Schachtel Pralinen heute Nacht wohl abfüllen können?

»Nu ja, herzlichen Glückwunsch, sarich ma«, sprach der Direktor und wies auf die kleine Treppe, die zurück in den Pit führte. Aber Herr Kaiser hatte sich bereits für den direkten Weg entschieden. Gerade konnte ich noch seinen Kopf über der Menge der Zuschauer sehen, dann mit einem Mal nicht mehr, dafür aber den dumpfen Aufprall hören, der besser klang als jeder Bass, den DJ Chris seinen Boxen je hätte entlocken können.

Maik sprang sofort auf und zog mich am Arm Richtung Bühne. Als wir näher kamen, drehten sich verschreckte Tanzwütige zu uns um.

»Sind Sie Arzt?«, fragte ein langer Kerl.

»Nee nee, wir woll'n nur kucken!«, rief Maik und schob mich vor sich.

Herr Kaiser lag regungslos am Boden.

»Tja! Klassischer Facesplash!«, erklärte Maik fachmännisch.

Als sich neben Herrn Kaisers Kopf eine kleine Blutlache ausbreitete, musste ich auf die Toilette fliehen.

Fünf Minuten später

»Warst ganz schön lange da drinne, mein Freund!«, sagte Maik, der vor der Toilettentür gewartet hatte. »Aber ich weeß schon …«, er schlug sich mit der Hand in die Armbeuge, »Nadel verpflichtet!«

Ich holte meine Jacke und ging vor die Tür. Ich blieb noch kurz unter dem großen Vordach stehen und steckte mir in Ruhe eine an.

»Weißt du«, sagte Melissa, »ich glaube, du bist der Unglücklichste von uns allen.«

»Wenn ich nicht der Erste bin, der hier mit einem Hubschrauber aufläuft, dann ja.«

»Du ziehst alles ins Lächerliche und meckerst über alles, aber am Ende machst du es dann trotzdem, das ist doch inkonsequent.«

»Irrtum«, sagte ich, »das habe ich von den Grünen gelernt, das nennt sich Politik.«

»Siehst du.«

»Wenn man mit 18 noch Fotografin werden wollte und mit 25 plötzlich zufrieden in einer Werbeagentur arbeitet, das meine ich! Dass der einzige Unterschied zu deinen Eltern bald nur noch darin besteht, dass deren Möbel nicht von IKEA sind und deine Mutter niemals Chucks tragen würde.«

»Unsere Generation …«

»Quatsch, was denn für 'ne Generation? Stell dir vor, du bist 16 und deine Eltern sind auch bei StudiVZ. Es gibt keine Generationen mehr!«

Dann warf ich meine Zigarette weg, fingerte eine neue aus der Schachtel und sah Melissa an.

»Ist alles nicht so einfach«, sagte ich.

»Natürlich ist es einfach. Glück ist, was glücklich macht. Und die Zufriedenen sind tolerant.«

»Keiner hier ist der Bessere«, sagte ich. »Aber diese Einreihung zu sehen, das macht mich fertig. Dass genau das, was da ist, ausreicht. Gerade Sebastian!«, rief ich.

Vielleicht sind es ja auch nur die Floskeln, die mich wie schnelle, harte Jabs treffen, vielleicht ist es jede neue Eigenschaft für sich, dachte ich und hob wieder an: »Ich weiß nicht, warum es mich immer noch so fassungslos macht. Dass sich so etwas ganz nebenbei vollzieht, wegen des Sich-aus-den-Augen-Verlierens, und man es erst merkt, wenn es passiert ist.«

»Ey, sorry, wenn ich mich da jetzt so einmische, in euer Jespräch. Ich bin ooch nicht so der philosophische Typ, aber wenn ich meine Lehre auf een Satz zesammfassen müsste, dann wäre das: Komm ma klar, Aldr!«

»Ja«, lachte ich, »wahrscheinlich umreißt das alles ziemlich genau.«

Dann schnippte ich meine Kippe weg und grüßte zum Abschied.

»Ey!«, rief Maik, als ich schon einige Schritte gegangen war.

»Ja?«

»Bist du nächstes Mal wüller dabei?«

»Auf gar keinen Fall.«

»Super, ich hol dich ab!«

2007

Und alles nur wegen Victory-Micha

Es war Donnerstag.

Ich lag in meinem Bett, während meine Mutter wieder und wieder mit dem Staubsauger gegen meine Zimmertür fuhr, um mir ihren Todeswunsch zu signalisieren.

Seit Jahren führten wir diesen Krieg. An jedem freien Tag rammte die kleine Frau ihren kiloschweren Staubsauger gegen meine Tür, nur um mich zum Frühstück zu animieren und mir sofort nach dem Aufstehen Phrasen wie »Na so was, wir sind ja heute schon so früh wach?« entgegenzuschleudern.

Ich hasste Frühstück. Frühstück war für mich seit jeher das G-Star RAW unter den Mahlzeiten, das in puncto Grässlichkeit nur noch von Brunch übertroffen werden konnte. Wenn mich jemand fragte: »Hey André, kommst du mit zum Brunch?«, antwortete ich nicht umsonst: »Ja, ich finde dich auch bescheuert!« Es war unmöglich, einen normalen Menschen begreiflich zu machen, dass man kein Frühstück mochte. Wer so etwas schaffte, der konnte intelligenten Menschen auch Scientology schmackhaft machen.

Ich lag also in meinem Bett und plante wieder einmal das perfekte Verbrechen, als sich ein zweites Hämmern zu dem des Staubsaugers gesellte.

Missmutig tappte ich zum Fenster. Mit einem Ruck riss ich die Jalousie nach oben. Vor meinem Fenster wedelte ein stark behaarter Arm, an dessen Handgelenk ein Goldkettchen lustig auf und ab sprang. Was war geschehen? Hatten die Zombies über Nacht die Welt übernommen und wedelten jetzt mit dem abgerissenen Arm eines Truckfahrers vor meinem Fenster herum?

Ich öffnete das Fenster und sah nach draußen.

»Aldr! Antreh! Du pennst wohl immer noch? Willst du denn gar nich frühstücken?!«, rief eine Stimme.

Maik, wer sonst. Ich kannte niemanden außer Maik, der noch heute Magnums Style nachahmte.

»Jaja«, sagte ich. »Was soll der Blödsinn? Gibt es in deinem Jahrhundert keine Klingeln?«

»Ich wollt doch deine Eltern nich offwecken!«, flüsterte Maik.

»Es ist 11.30 Uhr, meine Eltern sind seit Ewigkeiten wach!«

»Hey Maik«, grüßte mein Vater, der im Schneetarnanzug nahezu unsichtbar direkt hinter Maik mit einer Schaufel vorbeilief.

»WAAAHH!«, schrie Maik.

Ich wusste nicht, was mir mehr Angst machen sollte: Dass ich einmal mit vier Jahren im Unterwäschefach meines Vaters einen Schlüpfer mit Rüssel gefunden hatte oder dass er sich neuerdings beim Schneeschippen tarnte.

»Ey!«, unterbrach Maik mein Sinnieren. »Wir müssen los!«

»Ich hab dir tausendmal gesagt, ich brenn' nicht mit dir durch!«, rief ich.

»Tnaller!«, bläkte Maik und hielt mir einen Prospekt entgegen. »Es gibt wieder Tnaller!«

Ach richtig, Knaller. Wobei man in Sachsen-Anhalt stets darauf zu achten hatte, das K als T auszusprechen. Tnaller!

»Nee, vergiss es. Ich kauf keine Knaller mehr, du weißt doch!«

»Ey, die hamm sich neu formiert! Der, der, der Victory-Micha ist zurück!«

Die, das waren die Jugendlichen aus einem der umliegenden Dörfer. Früher hatten wir uns wahre Schlachten mit ihnen geliefert, nur um pünktlich zum Knallerverkauf die Briefkästen ihrer Häuser in Schutt und Asche zu legen. So lange, bis sich der Anführer der Dorfjugend beim Bombenbauen Daumen, Ring- und kleinen Finger weggesprengt und sich damit auf ewig den Spitznamen Victory-Micha gesichert hatte.

»Nee«, sagte ich noch mal.

»Aldr! Du musst! Silvester ohne Tnaller, das, das, das is' wie Victory-Micha mit zehn Fingern, das is' wie Melissa und Verhütung, das geht eenfach nich, Aldr!«, gestikulierte Maik.

Ich seufzte.

»Außerdem verkoofen die mir keene Tnaller mehr, ich war heute schon dreimal da!«

Eine Dusche und mehrere angsterfüllte Minuten auf Maiks Beifahrersitz später standen wir vor der Kaufhalle. Der Ansturm war atemberaubend. Hunderte Menschen drängten sich vor dem Supermarkt. Krass, dachte ich, als ich die ganzen hässlichen Daunenjacken, die Stiefel und Mützen beäugte. Krass, dachte ich, wie fließend sich der modische Übergang von Wintersportler zu Hofnarr vollzieht. Wie viele Menschen hatten heute Morgen wohl gedacht: »Ach, zur Hölle mit sozialer Anerkennung, ich find die Hörner auf meiner Mütze richtig schön!«

Maik spurtete sofort los in Richtung Tnaller. Ich tappte vorbei an den Gemüseauslagen in Richtung meiner heimlichen Leidenschaft, den Hygieneartikeln, und schaute mir das muntere Treiben an. Ohnehin konnte man nahezu überall Maiks schallenden Bass hören.

»Ja, was kann ich für Sie tun?«

»Lassen Se mich ma überlejen. Hmm, ich hätt' gern ALLE Tnaller!«

Wahllos knipste ich eine elektrische Zahnbürste nach der anderen an und wieder aus. Anfangs nervten mich noch die Verkäufer, die alle zwanzig Sekunden neben mir auftauchten und fragten, ob sie mir irgendwie behilflich sein könnten. Aber seit ich einfach leise »Töten, hihi, töten, töten, hihihi!« vor mich hin murmelte, ließen sie mich glücklicherweise in Ruhe.

Plötzlich erklangen Polizeisirenen.

Ich zuckte zusammen und ging in Deckung. War es jetzt tatsächlich so weit? Hatten Sie es wirklich herausgefunden? Hatte die Polizei nach fünfzehn Jahren doch noch herausbekommen, dass ich es gewesen war, der in der zweiten Klasse diesen riesigen Penis an die Tafel gemalt hatte?

Vorsichtig schielte ich zwischen den Deos hindurch.

Mehrere Polizisten stürmten auf mich zu. Reflexartig riss ich die Arme nach oben, doch die Uniformierten rannten einfach an mir vorbei.

»Neee! Ich zeije Ihnen nich, was ich inner Tasche hab!«, schrie jemand von den Kassen her.

Ach je, dachte ich, da hat wohl wieder irgendeine arme Seele versucht, ein paar Dosen Pennerglück mitgehen zu lassen.

»Ganz ruhig, junger Mann!«, versuchte einer der Polizisten zu deeskalieren.

»Na Hauptsache, er lässt de Finger von mein' Tnallern!«, rief Maik dazwischen.

Langsam drehte ich mich um, nahm unterwegs einen tiefen Atemzug aus einer Weichspülerflasche und schaute in Richtung Kasse. Doch der Typ, den ich dort erblickte, war keiner aus der stadtbekannten Fünf-Promille-Gang. Auch Maik schien bemerkt zu haben, welche Lokalberühmtheit dort an der Kasse stand.

»Aldr, Aldr, Aldr!«, beschrieb er die Situation äußerst treffend.

Und ja! Umzingelt von mehreren Polizisten, die Hand zum Schutze von sich gestreckt, dabei mit nur zwei Fingern ein unfreiwilliges Peace-Zeichen formend, stand dort der Victory-Micha.

»Ey komm, Meikel, lass ma fünfe grade sein, oder zweeje, je nachdem«, plärrte Maik, und selbst die Polizisten mussten lachen.

»Lasst mich in Ruhe!«, schrie Victory-Micha.

»Jetzt bleiben Se mal janz ruhig!«, rief ein Polizist.

Mit einem Mal griff Victory-Micha in die Süßigkeitenablage an der Kasse, riss eine Mentos-Stange heraus und richtete sie unvermittelt aufs Cola-light-Regal. »Wenn ihr mich fertigmachen wollt, spreng ich hier alles in die Luft! Alles!«

Alle hielten den Atem an.

»Dassde mir ja meine Tnaller in Ruhe lässt, Freundchen!«, rief Maik.

Fassungslos schaute ich an mir herunter. Was sollte ich tun? Den Helden spielen und Micha überwältigen? In meiner linken Hand hielt ich eine Packung Ohrenstäbchen, in der rechten eine dieser krassen Elektrozahnbürsten. Damit hätte selbst MacGyver nicht viel anfangen können.

»Psst!«, kam es von der Seite. »Psst!«

Ich schaute mich um.

»Aldr! Hier jibt's Hornhautschäler!«, hörte ich Maik ein paar Regale weiter rufen.

Was würde geschehen, wenn Victory-Micha hier alles sprengen würde?

»Ich mach Ernst!«, schrie Victory-Micha.

»Ey, hobeln die sich damit de Hacken ab, oder was? Was geht'n?«, lachte Maik, aber ich hörte gar nicht mehr zu. Denn in meinen Gedanken war ich längst zum Helden des Tages avanciert, war aufgesprungen, hatte den eisenharten Wasserstrahl eines Oral-B Professional Care Mundpflege Centers auf Victory-Micha gerichtet, der sogleich zu Boden ging, sodass ich mit einer Oral-B Vitality Sensitive Clean nachsetzte und begann, seinen Kopf so hart zu bürsten, dass der Druckanzeige-Smiley auf dem Zusatz-Display zu schreien schien.

Mit einem Mal brach ein ohrenbetäubender Lärm los. Mehrmals hintereinander krachte es laut, und binnen Sekunden war der gesamte Kassenbereich in Rauch gehüllt.

Als sich der Rauch verzogen hatte, erkannte ich Maik, der inmitten einer aufgerissenen Packung Superböller stand, ein Feuerzeug in der linken, drei frische Böller in der rechten Hand.

»Hoho«, lachte er, »haste jesehen? 'em Victory-Micha ma richtig 'n Arsch offjerissen, Aldr! Wie in den juten alden Zeiten!«

Sofort stürmten einige Vermummte auf Victory-Micha zu und rissen ihn zu Boden, blockierten mit Schraubstockgriff seine Mentos-Hand und sicherten so unser aller Leben.

Krass, dachte ich, als ich sah, wie sie den verrußten Victory-Micha abführten, der uns mit grimmigem Gesicht zum Abschied das Friedenszeichen zeigte.

Fünf Minuten später war der Spuk vorüber.

Wir sammelten unser Zeug ein und gingen zur Kasse.

Vor uns ein Kind, das die ganze Zeit nach Schokobons bettelte, aber bei seiner Mutter auf Granit biss. Mit traurigen Augen schaute mich der Kleine an, dann griff ich ins Regal und packte mir, ohne eine Miene zu verziehen, acht Packungen Schokobons aufs Band.

»Swag!«, sagte ich und ging.

Umgekehrte Gentrifizierung

»Und nu?«, fragte ich mit Blick aufs Maiks Auto. »Wo soll ich sitzen?«

Maik kam um das Auto herumgelaufen und beäugte sein Werk. Das ganze Auto steckte voller Böller, pardon, Tnaller, nur eine kleine Nische für den Fahrersitz war frei geblieben.

»Ja, das … das'jetz schwierig«, sagte Maik und schaute sich um. »Also, entweder wir machen jetzt glei 'n paar Briefkästen klar, bis offn Beifahrersitz wüller Platz is', oder …«

»Nee, is' gut«, sagte ich. »Ich laufe.«

»Feiner Zug, mein Guder!«, nickte Maik. »Aber heude Ahmd biste dabei, odr?«

»Ich werde versuchen, bis dahin zu sterben.«

Maik schien gar nicht darauf zu achten, was ich sagte. Stattdessen zündete er gelangweilt einen Böller an und steckte ihn ganz beiläufig in einen herumstehenden Glascontainer.

Ich zuckte zusammen.

»Also, ich geh dann mal«, sagte ich.

»Mach ma«, sagte Maik und warf einem Jungen, der gerade auf seinem Fahrrad vorbeifuhr, einen Böller hinterher.

Ich bog gerade um die Ecke, als Maik vom Parkplatz aus schrie: »Ey, Aldr!«

Ich hielt an und drehte mich um. Etwas Rotes und Längliches kam auf mich zugeflogen.

»DECKUUUUUNG!«, lachte Maik, und schon war da dieser Tinnitus.

Ich hörte es noch ein paar Mal knallen, während ich weiter lief. Offensichtlich brauchte Maik noch ganz schön viel Platz im Auto.

Mann, Mann, Mann, dachte ich, wäre ich doch nur in Leipzig geblieben. Aber mein Wohnheim war auch keine probate Alternative. Auch nach drei Monaten hatte ich noch keinen meiner drei sogenannten Mitbewohner zu Gesicht bekommen, und die Wohnheimsasiaten zuckten bereits zusammen, wenn man sie auf dem Gang nur grüßte.

Immerhin, ich studierte nun schon seit drei Monaten Politikwissenschaft und hatte es damit in Leipzig schon länger ausgehalten als in Potsdam. Tatsächlich fühlte ich mich seit Langem mal wieder halbwegs wohl mit dem, was ich mir ausgesucht hatte. Die Hauptsache war, überhaupt einen Grund zu haben, nicht mehr in dieser Stadt in Sachsen-Anhalt zu wohnen, wo man mit Eigenheim, tiefergelegtem Auto und festem Einkommen bereits alles erreicht hatte, was es zu erreichen gab. Nur um dann genau so weiterzumachen, bis man endlich in Rente gehen konnte, und sich in der Zwischenzeit die Einfahrt mit geklauten Pflastersteinen zu pimpen, weil man die DDR-Maxime vom Volkseigentum bis heute verinnerlicht hatte.

Okay, so richtig ausgegoren waren meine Pläne vom freien und selbstbestimmten Leben in der Großstadt nun auch wieder nicht. Ich hatte ja nicht einmal eine Ahnung, was ich mit Politikwissenschaft später einmal machen sollte. Aber wenn ich mir meine Kommilitonen so anschaute, dann schien sich der Hauptgrund für das Politikstudium sowieso auf »Ich lese gern Zeitung« reduzieren zu lassen.

Ob Maik auch studierte? Und wenn ja, was würde jemand wie Maik studieren? Wrestling? Facility Management? Innendesign? Wir wussten so wenig voneinander. Maik wusste nicht, dass ich Anfang des Jahres so lange in Irland gewesen war, bis ich genug Übung im Biertrinken hatte, dass ich heute locker jeden 19-jährigen Ersti unter den Tisch saufen konnte. Und ich wusste ja nicht einmal, was dieser Kerl mit der Jeansjacke den Rest des Jahres über so machte. Wahrscheinlich, dachte ich, hatte es mit Pflastersteinen zu tun.

Ob Maik tatsächlich am Abend vorbeikommen würde? Vielleicht klingelte er ja schon seit 2005 jeden Abend bei meinen Eltern und sie hatten nur vergessen, mir davon zu erzählen.

Ich bog in die Hauptstraße. Der kleine Buchladen an der Ecke, der mich über Jahre hinweg mit Lesematerial versorgt hatte, hatte geschlossen. In der Tür baumelte eine melancholische Abschiedsnotiz mit der Überschrift »André, wo bist du?«. Und ich hatte durch meine Arbeit beim großen bösen A mit an seinem Grab geschaufelt, na prima. Und ich war sogar doppelt schuld daran. Denn immerhin war sein einziger Kunde einfach nach Leipzig gezogen.

So gut ich konnte schlängelte ich mich durch die davorgelegene Baustelle. Ich war schon fast über die hölzerne Behelfsbrücke hinweg, die die Fußgänger davor bewahrte, in die freigelegte Kanalisation zu stürzen, als ein Auto um die Ecke raste. Mit quietschenden Reifen hielt ein Kombi direkt vor meinen Füßen. Heraus sprang ein Mann, der sogleich anfing, mit bloßen Händen das Pflaster aufzureißen und einen Stein nach dem anderen in sein Auto zu laden.

»Äh, bitte?«, erkundigte ich mich.

»Mache dich fort, Junge, das sinn meine Steene! Such dir deine eijenen!«

»Also, äh, ich wollte ja gar nicht, ich …«

»Spiel nich 'n Sherrif! Entweder du packst mit an oder du haust ab!«, rief der Mann atemlos.

Irgendwie war es anders hier geworden. Gab es überhaupt noch Polizei? Oder hatte die Große Koalition schon längst ganz

Ostdeutschland sich selbst überlassen und zu einem ganz eigenen Wildweststaat erklärt?

Immerhin, das Dönergeschäft schien bis heute zu florieren. Was nicht zuletzt daran liegen mochte, dass das Fleischbrötchen jetzt sage und schreibe drei Euro kostete. Wahnsinn, wenn man bedachte, dass ich zu Schulzeiten fast jeden zweiten Tag hier gespeist hatte. Jetzt parkte ein dicker Mercedes vor dem Laden, und ich war mir sicher, dass ich das Auto mindestens zur Hälfte mitfinanziert hatte.

Meine Güte, alles hatte sich verändert. Anstelle des Fleischers gab es jetzt einen Dönerladen. Der Blumenhändler war durch einen Base-Laden ersetzt worden. Der Schneider war ein Vodafone-Laden, und beim Fotografen gab es zur Abwechslung jetzt Lahmacun.

Erstaunlich, dachte ich. Eine Stadt geht zugrunde, und was übrig bleibt, sind Döner- und Handyläden. Wahrscheinlich würden die Soziologen dieses Phänomen als umgekehrte Gentrifizierung bezeichnen.

Ich ging weiter. Der alte Klamottenladen verkaufte nun auch Döner. Der Gemüsemann verkaufte noch immer Gemüse, auch wenn hinter der Kasse zusätzlich ein Drehspieß tanzte.

Mannomann, dafür war vermutlich niemand ’89 auf die Straße gegangen. Kein Wunder, dass die Leute glaubten, früher wäre alles besser gewesen, dabei war es heute nur auf eine andere Art scheiße. Und jetzt klammerte man sich also an alles, was noch irgendwie an den ach so goldenen Osten erinnerte, an Nudossi, Filinchen und Pflastersteine, und nutzte jede Gelegenheit, sich irgendwo in eine ganz lange Schlange einzureihen.

Vor dem Reisebüro, das neuerdings auch Dürüm und iPhones verkaufte, bemerkte ich eine riesige Menschenschlange. Direkt daneben standen ein paar Jugendliche und gingen der einzigen Perspektive nach, die man in Sachsen-Anhalt als junger

Mensch noch haben konnte: Gangster-Rap. Dazu trugen sie Fishbone-Pullover, wie wir sie 1999 schon getragen hatten. Es war seltsam: Wissenschaftler rätselten, wie Zeitreisen realisierbar waren, dabei war Sachsen-Anhalt doch so nah.

Ich ging näher, um zu erfahren, was es hier wohl zu ergattern gab.

»Hey, drängeln Sie nicht so! Ich stand hier zuerst!«, schnauzte mich ein älterer Herr an.

»Was gibt's hier zu kaufen?«, fragte ich.

»Nüscht, weswegen man sich vordrängeln muss!«, rief eine alte Frau hinter mir.

»Janz ruich, meine Dahm und Herrn, es is' Platz für alle!«, rief ein Mann aus dem Laden.

»Da hinten gibt's jedenfalls alles zwanzig Prozent billiger«, sagte ich und zeigte in Richtung Buchladen.

Sofort humpelte eine Traube alter Menschen davon und eröffnete mir die Sicht auf das Schild. *Thale, Busreise für 2 Personen, 39,90 Euro, 2 Döner und 100 Frei-SMS inklusive.*

Na klasse, dachte ich, Thale. Im Harz. Wie oft wurde ich auf Wandertagen und Klassenfahrten in den Harz verschleppt? Und wie wenig hatte es mich interessiert, auf dem blöden Hexentanzplatz zu stehen, nur weil Goethe seinen doofen Faust dort hatte auftreten lassen.

Ich wollte gerade abdrehen, als ein riesiges Handy-Maskottchen, das eben noch epileptisch vor den Rentnern auf und ab gesprungen war und jeden angetanzt hatte, wie es in der hiesigen Großraumdisko üblich war, auf mich zugehüpft kam.

»Nee nee nee!«, sagte ich. »Ich brauch keine Flyer!«

Doch das Handy kam unentwegt näher. Als es direkt vor mir stand, begann es, mich zu umarmen, was die übrig gebliebenen Rentner sichtlich irritierte und die Jugendlichen immerhin zu amüsieren wusste.

»Lass mich!«, sagte ich. »Ich hab schon 'n Handy!«

Das Handy ließ los und wirbelte wie wild mit den Armen vor meinem Gesicht herum.

Dann zeigte es auf ein Schild direkt auf seiner Brust: *Hallo, mein Name ist Jens. Ich könnte Ihr neues Handy sein.*

»Ach je«, sagte ich verdutzt, »Jens? Bist du das?«

Das Handy wirbelte zustimmend mit den Armen.

»Oha«, sagte ich, »verdienst du dir wieder 'n bisschen Geld für dein E-Technik-Studium?«

Zustimmendes Fuchteln.

»Ob Sie bitte offhören, mit dem Handy zu sprechen?! Das ist nämlich nich zum Reden hier!«, schrie jemand aus dem Handyladen-Döner-Reisebüro.

Das Handy gestikulierte irgendetwas, das wie Eurythmie aussah, aber ich verstand nicht.

»Du fragst, ob so ein Job gegen die Genfer Menschenrechtskonvention verstößt?«, riet ich.

Doch das Handy schüttelte abwehrend seine Hände.

»Ob ich noch im Lagerhaus arbeite?«

Abwehrendes Wedeln.

»Ach«, sagte ich und verdrehte die Augen, »ob ich heute Abend zum Klassentreffen komme?«

Das Handy fuchtelte zustimmend.

»Ja«, sagte ich, »ich werde versuchen, nicht da zu sein!«

»Junger Mann, Sie sollen nich dis Handy vollquatschen!«, schrie wieder jemand.

Handy-Jens hob entschuldigend die Arme, winkte und hüpfte in Richtung der Jugendlichen.

»Hau ab, Opfer!«, rief der Anführer der Rapper, die sofort begannen, Jens herumzuschubsen.

Ungelenk taumelte er in seinem riesigen Kostüm umher.

»Ob Sie bitte offhören könnten, dis Handy rumzuschubsen?!«, schrie es aus dem Laden.

Die Jugendlichen schubsten weiter. Jens fiel auf den Boden, rappelte sich wieder auf und wurde erneut umgeschubst.

»Vielleicht rufen Sie einfach mal die Polizei!«, rief ich zurück.

»Nur weil wir ooch Handys verkoofen, heißt dis nicht, dass bei uns die Freiminuten off'n Bäumen wachsen!«, schrie es wieder aus dem Döner-Handyladen-Reisebüro.

»Genau Diggi, ruf doch mal die Bullen!«, lachte einer der Rap-Jugendlichen.

Sofort holte ein anderer aus und schlug mit der Faust genau so auf Jens' Kostüm ein, dass er dabei die Tasten 1, 1 und 0 traf.

»Huh, huh, huh!«, wimmerte Handy-Jens.

Nach kurzer Wartezeit hielten die Jugendlichen lachend ihre Ohren an Jens' Kostüm, während dieser sich vor Schmerzen krümmte: »Hallo? Hallo? Polizei? Hallo?«

In diesem Moment kam ein Polizeiauto um die Ecke gerast, seine Reifen quietschten und das Blaulicht rotierte.

Krass, dachte ich, als sich das Auto direkt vor dem Reisebüro-Döner-Handyladen querstellte. Perplex ließen die Jugendlichen von Jens ab. Sofort sprangen zwei Beamte aus dem Wagen, die Hände fest auf ihre Pistolenhalfter gelegt.

»Ey, easy, Digger, wir hamm gaaaar nix gemacht!«, rief der Anführer der Jugendlichen, während die Polizisten auf ihn zurannten.

Geil, jetzt gibt's Ärger, dachte ich und sah, wie die Polizisten bei Jens ankamen. Dann zogen sie ein Brecheisen aus der Tasche, hebelten das Kopfsteinpflaster rund um sein Kostüm auf und begannen, so viele Steine sie konnten, in ihren Kofferraum zu laden.

Als sie Sekunden später fertig waren, sprangen sie zurück ins Auto und rasten mit Blaulicht davon, wahrscheinlich zum nächsten Kopfsteinpflasternotfall.

Irritiert schauten die Jugendlichen auf Jens, dann auf mich, dann auf das Kopfsteinpflaster.

»Irgendwie witzig«, murmelte ich, »dass die Polizei jetzt tatsächlich gekommen ist.«

»Voll geil Diggi, lass mal die Jacky anrufen!«, rief einer der Jugendlichen begeistert, ein anderer zerrte Jens zurück in die Aufrechte.

»Warte Diggi, ich geb Nummer: 01517 442 76 89 96 53.«

»Okay«, rief der andere Jugendliche, während er ausholte, »ich wähle!«

Let's be lonely together

Es war bereits dunkel. Ich lag auf meiner Couch im Hause meiner Eltern und versuchte darüber hinwegzukommen, dass ich zu Weihnachten eine Heizdecke geschenkt bekommen hatte. Eine Heizdecke. Ich wusste, es hatte sich irgendwann rächen müssen, dass ich meinen Eltern davon erzählt hatte, dass ich in Leipzig lieber stilles Wasser trank, weil mir das Gesprudel zu krass war. Auch dass sich die Rentner in der Straßenbahn nicht mehr automatisch von mir wegsetzten, hätte mir eine Warnung sein sollen.

Mit einem Mal klatschte etwas Gefiedertes gegen mein Fenster. Ich stand auf, um nachzusehen. Draußen auf meinem Fensterbrett räkelte sich ein kleines geflügeltes Tier und hob wieder ab. War ja irgendwie klar, dass Hogwarts die blödeste Eule zu mir schickt, dachte ich.

Ich ging in die Küche, um meiner Mutter davon zu berichten, dass ich nun bald nach England aufbrechen müsste, um endlich zum Zauberer ausgebildet zu werden. Als ich gerade verkünden wollte, sie solle doch bitte den Kamin anfeuern, ich hätte da noch etwas mit Onkel Sirius zu klären, winkte sie ab.

Wie gebannt klemmte die kleine Frau vorm Radio und hörte einen Song, der offensichtlich von einem gerade sterbenden Elch gesungen wurde.

»Psscht!«, machte sie. »Erkennste was?«

»Das arme Tier muss ganz schön gelitten haben«, sagte ich. »Warum erlöst es denn niemand?«

»Fällt dir nichts Besonderes auf?«

Ich versuchte, mich auf den Text zu konzentrieren. *Maybe this love won't be forever, so let's just be lonely together.* Wahnsinn! Da hatte aber jemand wahrlich seinen gesamten Englisch-Wortschatz der siebten Klasse zusammengekratzt, um diesen Hit zu fabrizieren.

»Ist das von Jamba?«, fragte ich.

»Das ist doch der Wetzlaff-Rico«, sagte meine Mutter begeistert. »Des läuft jetz üüberall!«

Aufgeregt kramte sie einen Zeitungsausschnitt hervor, ich überflog den Artikel. Tatsache. Rico Dream, unter uns besser bekannt als der Wetzlaff-Rico, stand im Halbfinale einer zweifelhaften Fernseh-Castingshow. Rico Dream, der schon in der Grundschule dadurch aufgefallen war, dass er gern einen beherzten Schluck aus seinen Tintenpatronen genommen hatte, war auf dem besten Wege, das Herz meiner Mutter zu erobern.

»Ach, ich freu mich richtig für'n Rico!«, sagte sie. »Dass der ma so erfolgreich wird!«

Hätte ich gewusst, dass alle Leute, die wir damals in der großen Hofpause verprügelt hatten, heute mit Schmusesongs brillierten, ich hätte mir jeden Faustschlag bezahlen lassen.

»Jaja, voll super«, sagte ich und machte kehrt.

Ich hatte wahrlich Wichtigeres zu tun. Herausfinden, wie ich in die Winkelgasse kommen könnte, zum Beispiel, um mich mit den besten Zauberer-Supplys einzudecken. Oder einfach nur lesen und heimlich meine neue Heizdecke einweihen.

»Vielleicht triffste den ja sogar beim Ehemaligentreffen?«

»Was soll ich denn da? Vielleicht ruf ich lieber den Zahnarzt an, ich habe so eine spontane Lust auf eine Wurzelbehandlung«, rief ich.

»Aber da gehst du doch immer hin!«

»Ich bin auch jeden Tag zur Schule gegangen, allerdings nur aus reiner Neugierde, ob al-Qaida meine Fanbriefe endlich erhört und das Ding zerbombt hat!«

»Ach, der Rico geht da bestimmt hin«, tirilierte meine Mutter.

»Der Rico ist damals schon am dreidimensionalen Zeichnen in Geometrie gescheitert. Ich bezweifle, dass der sich in einer echten 3D-Welt zurechtfindet.«

»Lets bi lohnli tugeser«, sagte meine Mutter. »Was heißt das eigentlich?«

»Frei übersetzt in etwa: Hätte ich damals doch mal lieber öfters in mein Mathebuch geschaut.«

»Ach, du wieder! Jedenfalls machter richtig fesche Musik«, rief meine Mutter.

Eigentlich hatte ich sie immer für einen relativ ernst zu nehmenden Menschen gehalten. Ok, mal abgesehen von ihrer Kombucha-Phase, in der sie täglich den braunen Sud eines schleimigen Pilzes soff, den sie in einem riesigen Glasballon herangezüchtet hatte. *Richtig gesund* hatte sie sich damals nach eigener Aussage gefühlt und erst damit aufgehört, als das Pilzding über Nacht sein Glas gesprengt hatte, um anschließend ein Leben in freier Wildbahn zu beginnen.

Meine Hoffnung auf einen geruhsamen Abend schwand, als sich einen Moment später ein VW Golf in unsere Einfahrt schob. Heraus stieg ein Mann, der, seiner Jeansjacke und den Cowboystiefeln nach zu urteilen, gerade mit seiner Zeitmaschine aus dem Jahr 1992 hier angekommen war.

»Och gucke, der Maik!«, rief meine Mutter und rannte zur Tür.

»Orr, Spitzenhit, Frau Herrmann!«, hörte ich Maiks Stimme durch den Flur donnern. »Und die neuen Pflastersteine in Ihrer Einfahrt, Herr Herrmann, ein Traaaaum!«

»Siehst du, der Maik mag die Musik vom Rico ooch!«

»Maik ist kein Eichmaß«, rief ich, »Maik lebt im Manta-Manta-Land!«

Missmutig zog ich mich um, während meine Mutter Maik in Beschlag nahm.

»Uiuiui«, sagte sie, »was hast du denn da Feines an der Hand? Ist das Schmuck?«

»Das'n Stimmungsschlagring«, erklärte Maik stolz. »Kann man hier so über die Faust ziehen. Hat mir meine liebe Mutti zu Weihnachten geschenkt. Geil, oder?«

»Stimmungsschlagring?«, wiederholte meine Mutter.

»Off jeden!«, rief Maik. »Jetzt isser blau, das heißt glücklich!«

»Aha, das ist ja toll. Und wenn du traurig bist, dann wird er rot?«

»Nee, rot heißt, dass Hippies in der Nähe sind! Gelb heißt Nazi, grün sind allgemein Feinde und lila sind Veganer!«

Ich schüttelte den Kopf. Es waren einfach alle verrückt hier.

Und obwohl ich mir geschworen hatte, erst dann zu einem Ehemaligentreffen zu gehen, wenn mir der Laden gehörte und ich die Party mit einem Fingerschnippen würde beenden können, stand ich kurze Zeit später wieder vor der Turnhalle.

Maik parkte seinen Golf drei Meter neben dem Eingang, sodass die Raucher verschreckt zur Seite sprangen. Anschließend stieg er lässig aus dem Auto und exte auf dem Weg zur Tür noch schnell eine Literdose Faxe.

Wie eh und je schienen die Karten heiß begehrt zu sein. Bis zur Straße hatten sich die Leute aufgereiht und tippelten unruhig auf der Stelle, wie sie es sonst nur taten, wenn bei Aldi marode Elektroartikel verscherbelt wurden.

Ohne zu zögern zog mich Maik an den Wartenden vorbei. Als wir in Sichtweite der Kasse kamen, griff er mir mechanisch unter die Arme und stemmte mich nach oben.

»Ey!«, rief ich. »Was soll'n der Blödsinn?«

»Aaaaach gucke, der gute Herr Herrmann! Ist das nicht schön!«, rief jemand von Weitem. »Kommse ruhig mal vor hier!«

Wie schon beim letzten Mal saßen Frau Pleier und Frau Stamm an der Kasse und winkten uns nach vorn.

Maik ließ mich runter und grinste: »Das ist wie mit Tierbabys. 's funktioniert einfach!«

Warum behandelten mich eigentlich alle wie einen Glücksbärchi? Warum wurde ich ausgerechnet in dieser Kleinstadt in Sachsen-Anhalt auf mysteriöse Art und Weise kultisch verehrt?

Alles, was ich bisher für sie getan hatte, war, mir im betrunkenen Zustand keinen Zugriff auf Benzinkanister zu erlauben.

»Ach, herrlich, dass Sie wieder da sind!«, rief Frau Pleier. »So schön!«

»Jaja«, sagte ich und verkniff mir jeden Kommentar.

Widerwillig zahlte ich Eintritt.

Die Halle war brechend voll, und der Situation an der Bar nach zu urteilen, musste das Arbeitsamt in diesem Jahr sogar Weihnachtsgeld gezahlt haben. Gierig sogen Mann und Frau an ihren Bierflaschen, als wollten sie gleich für die kommenden drei Wochen auf Pegel bleiben.

Wie schon in den Jahren zuvor hatte man die musikalische Gestaltung an den hiesigen Gott der Alleinunterhaltung abgegeben. DJ Chris, der Grabschänder unter den DJs, der selbst die aus gutem Grund in den Tiefen der Popwelt vergrabenen Leichen wie Skiiii-Ba-Bop-Ba-Dop-Bop!-Scatman John wieder auferstehen ließ. Es war gerade einmal halb neun, aber schon jetzt schien DJ Chris etwa ein halbes Fass Bier ausgeschwitzt und mit seinem Batikhemd für schlechte Zeiten aufgesogen zu haben.

Wir drückten uns vorbei an den Tischen der 1950er-Abiturjahrgänge, wo man auf natürliche Art und Weise frei gewordene Plätze einfach mit Rollatoren besetzte, und drangen tiefer in das Geschehen. Da waren die 1960er-Tische, an denen man gleichzeitig die baldige Rente feierte. Da waren die 1990er-Tische, an denen alle die Köpfe hängen ließen, weil Eurodance heutzutage einfach nicht dasselbe war. Und da die 1980er-Tische, die demonstrativ das Rauchverbot ignorierten, weil die Welt damals auch ohne Katalysator nicht zusammengebrochen war. Und dann die 2000er, die noch Schonfrist hatten und langsam mit ansehen durften, wie sich alle so im Leben installierten.

»Heyyyyyyyyyyy«, kreischte eine Stimme.

Na klar, Melissa, wer sonst?

»Ich wusste doch, dass ihr wieder da seid!«, grinste sie.

»Ich komme nur, um mir wieder ins Gedächtnis zu rufen, warum sich das Wegziehen gelohnt hat«, rief ich.

»Hihihi! Mensch, klasse! Hast wohl meine E-Mails gar nicht gekriegt?«

Doooch, dachte ich, du hast sogar deinen ganz persönlichen Spam-Ordner.

»Neee«, sagte ich. »Weißt ja, wie das mit'm Internet so ist. Ständig kommt was weg und so.«

»Aber die Kommentare auf deinem Blog liest du schon, oder?«

»Was für ein Blog?«, fragte ich.

»Na komm, so schwer ist nnamrreherdna.de nun auch nicht zu finden.«

»Jaja«, sagte ich, »die Frage ist nur, wie kommt man darauf, danach zu suchen? Stalkst du mich?«

»Hihihihihi, nein nein«, sagte Melissa. »Ich google dich nur ab und zu.«

»Ach so«, sagte ich.

»Manchmal sitze ich unter deinem Zimmerfenster.«

»Warte mal.«

»Durchstöbere eure Mülltonne.«

»Du machst was?«

»Fang den Briefträger ab oder erkundige mich mal bei deinen Nachbarn, so Zeug halt. Ich interessier mich eben für dich.«

»Alter!«, rief ich, wandte mich von dieser verrückten Stalkerin ab und sah mich um. Jenny und Enno saßen ineinanderverkeilt auf einem Stuhl, während Enno mit den freien Händen einen dieser fetzigen Nokia-Communicator bediente, wobei seine Lieblingsfunktion offenbar das Auf- und Zuklappen des Mobilfunkriegels war. Jörn hatte schon wieder eine beachtliche

Zahl leerer Biergläser vor sich aufgereiht. Offensichtlich war er also noch immer bei der Bundeswehr.

Jens, Luisa und die anderen fehlten, was mich irgendwie wurmte. So musste sich Data gefühlt haben, als ihm die Borg menschliche Haut auf die Schaltkreise gepflanzt hatten. Eine widerliche Gefühlsregung, die ich normalerweise durch exzessiven Konsum von Filmen mit Sylvester Stallone zu unterdrücken wusste.

»Und daaaas ist übrigens der Martin«, begann Melissa erneut, »mein Mann.«

»Oh«, sagte ich, als ich den alten Mann mit den grauen Haaren erblickt hatte.

»Guten Abend! Schön, Sie kennenzulernen«, schnulzte Martin und stellte zwei Wassergläser auf den Tisch.

Oje oje oje, dachte ich, wie alt war Martin? Fünfzig? War er vielleicht schon Rentner? Oder schlimmer noch, vielleicht arbeitete er in einer Bank oder so. Melissa hatte also recht behalten und doch noch jemanden gefunden. Oder Martin war während der Trauung bewusstlos gewesen, wer wusste das schon. Ob er auch Thunderdome hörte?

»Ich habe schon viel von Ihnen gehört«, sagte Martin.

»Und Sie müssen auch schon waaaahnsinnig viel erlebt haben«, sagte ich.

Melissa verdrehte die Augen.

»Dass Sie Schriftsteller sind, zum Beispiel.«

»Student«, nickte ich.

»Die Jenny und der Enno, die sind jetzt auch verlobt! Die hat einen wuuuunderhübschen Ring«, ereiferte sich Melissa.

»Oh«, sagte ich.

»Wie, oh?«

»Oh klasse!«, rief ich und riss meine Arme in die Luft, so wie man es beim Achterbahnfahren tut, wenn es ganz doll Spaß macht.

»Ich weiß, dir ist das alles zu blöd«, sagte Melissa.

»In meiner Welt schenkt man sich zur Verlobung halt einfach einen McRib und gut is'. Nur, dass es keine Verlobungen gibt. Also nur McRib, aber das ist okay«, sagte ich.

»Und daaaaaaaas ist unser Luke-Lukas.«

»Ich dachte, der heißt Elisa-Nirwana?«

»Nee, das ist der Elijah-Soraya ihr Brüderchen, der kleene Luke-Lukas, 'm Martin sein Sohn!«

Melissa zeigte quer über den Tisch. Dort saß auf einem Stapel Kissen ein kleiner Junge.

»Was geht?«, rief er.

»Roocht der?«, fragte Maik.

»Der is' fünf!«, rief Melissa.

»Ob er roocht, hab ich gefragt!«, rief Maik und machte ein paar Rauchgesten.

Melissa wandte sich ab.

»Versteh schon«, sagte Maik, zog ein Butterfly-Messer aus der Tasche und reichte es Luke-Lukas. »Aber immer schön vorsichtig mit den Fingern, mein Kleener. So'n Messer geht schnell kaputt!«

»Wir haben ihn mitgenommen, weil er so ein großer Rico-Dream-Fan ist.«

Kch, Krrz, Kchkch, »Meine Damen und Herren, ich bitte mal kurz um Ihre Aufmerksamkeit.«

Die Gespräche verstummten, alle drehten sich zur Bühne. Der kleine Direktor hatte Aufstellung genommen. Aufgeregt fummelte er in seiner Tasche herum.

»*hust* Schon wieder ist ein Jahr vergangen, drum lasst ein neues uns anfangen!«

»ALTER, MACH DOCH MAL BEATBOX!«, rief Maik und hievte Luke-Lukas auf seine Schultern. Die Leute begannen zu kichern.

»Nu ja, meine Damen und Herren, Sie fragen sich mitunter gar, was mache ich im nächsten Jahr?«

»EINSCHULUNG!«, schrie Luke-Lukas.

Maik brach in Gelächter aus. Melissa rief irgendetwas, aber er hörte nicht zu und gab dem kleinen Luke-Lukas zur Belohnung eine Dose Red Bull.

»*hust* Doch um das alte Jahr nun zu beschließen, lasst uns heut auch mal ein Glas genießen!«

»ALS WÄRS VON SCHILLER, HERRLICH!«, brüllte Maik.

Meine Herren, dachte ich, da wären die vom Leipziger Literaturinstitut aber neidisch geworden.

»Rico Dream! Rico Dream! Rico Dream!«, begannen die jüngsten Abiturjahrgänge zu rufen und alle stimmten mit ein.

»*hust* Ja, auch Rico Dream wird heute noch einige Schangsangs zum Besten geben.«

Die Halle tobte.

»Rico Dream! Rico Dream!«, schrien alle.

»Rico Dream!«, schrie Luke-Lukas und lachte.

»Rico Dream!«, rief Melissa.

»Nikotin!«, schrie Maik und steckte sich fröhlich eine Kippe an.

Luke-Lukas rammte das Butterfly-Messer mit voller Kraft in die Tischplatte.

Ich ahnte Böses.

Dreißig Minuten später

»Ach komm, hör mir off!«, hörte ich Maik vom anderen Ende des Tischs rufen. »Mein erstes Geld hab ich verdient, als ich die Milchzähne meiner Grundschulfeinde an die Zahnfee verhökert hab.«

Aufmerksam ritzte sich Luke-Lukas Notizen in den Tisch.

Gleichzeitig beobachteten Martin und ich, wie sich Melissa ein paar Tische weiter mit meiner Ex-Mathelehrerin unterhielt.

Wahrscheinlich ließ sie sich noch mal die Sache mit der Punkt- und Strichrechnung erklären.

Maik schien sich bestens mit dem kleinen Luke-Lukas zu amüsieren: »Los, mein Kleener, sprich mir nach: Wenn du zu fleißig Spargel frisst, dein Sperma ungenießbar ist.«

Martin zog einen Schreibblock hervor: »Soo, und du studierst also«, sagte er.

»Der Antreh ist eigentlich Schriftsteller!«, rief Melissa.

»Politikwissenschaft«, nickte ich.

»Sooo tolle Geschichten. Im Internet!«, rief Melissa.

»Jaja«, sagte ich.

»Hast du dir schon einmal Gedanken über deine Altersvorsorge gemacht?«, sülzte Martin.

»Was?«

»Am besten du trägst hier oben mal deine Rentenversicherungsnummer ein.«

»Häh?«

»Das rentiert sich! Haha! Kleiner Wortwitz! Nach fünf Jahren kriegt man schon zwanzig Euro pro Monat!«

»Nee nee, den Trick kenn ich. Ich unterschreib irgendwas und plötzlich bin ich SPD-Mitglied! Kannste vergessen!«, rief ich.

»Oder Vermögenssparen, das machen wir auch für den Luke-Lukas«, sagte Martin.

Eilig kippte ich mein Bier hinunter.

»So, liebe Partypeople, jetzt legen wir noch 'ne Schippe drauf, jetzt lassen wir die Beine fliegen, jetzt heißt es Dance, Dance, D-D-D-Dance«, schmetterte DJ Chris im besten Autoscooteransagerstil durch die Boxen. Dann nahm er Aufstellung und versuchte, die Leute zum Rave zu animieren. »Auf geht's Freunde, macht's mir nach!« Er hüpfte auf seine kleine Bassbox und fuchtelte dabei so mit der Hand in der Luft herum, als würde er sich sehr umständlich ein Butterbrot zubereiten: »YEAH!

SCHNEIDEN! SCHMIEREN! AUSTEILEN! YEAH! DAS GEHT AB! UHOO!«

Unterdessen hatte Maik einige Kronkorken zusammengeknickt und brachte Luke-Lukas gerade das Krampenschießen bei. Ganz ordentlich spannte der Kleine ein Gummiband zwischen Daumen und Zeigefinger. Mit einem gezielten Schuss ließ Luke-Lukas das Metallplättchen durch die Halle sausen und fegte den halben Tisch des 1950er-Jahrgangs leer.

»Strike«, brüllte Maik und gab Luke-Lukas High Five.

»Zwei Bier«, sagte ich, während ich in meiner Tasche nach Geld kramte.

»Ein Wasser«, sagte jemand hinter mir.

»Ey!«, rief ich, als ich mich umdrehte. »Was machst'n du hier?«

»Es ist doch Klassentreffen«, sagte Sebastian.

»Ja, aber wo sitzt du denn? Maik und die anderen sitzen da drüben!« Ich deute in die Richtung, aus der ein erneutes »Strike!« erklang.

»Ach so, ja«, sagte Sebastian, »ich sitz da grad ganz nett mit ein paar Lehrern.«

»Wieso denn das?«, fragte ich entgeistert und tippte auf seine Schulterpolster. »Ist deine Krawatte zu eng, oder was?«

»Sehr witzig.«

»Kommste nachher mal rüber, 'n Bier trinken oder so? Musst dich aber beeilen, die sind alle schon gut dabei!«, grinste ich.

»Ich guck mal.«

»Ich studier jetzt übrigens auch wieder«, sagte ich.

»Ah ja«, sagte Sebastian und bezahlte.

»Willste wissen, was?«

Sebastian sah sich um. »Du, ich muss dann mal wieder zum Tisch, war schön dich wiedergesehen zu haben!«

»Was soll das denn? Sind wir dir peinlich, oder was?«, rief ich ihm hinterher, schüttelte den Kopf und ging zurück an unseren Tisch.

Die Tanzfläche war längst voll mit alkoholbetriebenen Partygästen. Und wie in jeder normalen Dorfdisko war auch hier der Dancefloor klassisch dreigeteilt. Da gab es die, die Figuren machten, mit denen man in fremden Kulturen die Götter um Fruchtbarkeit für Feld und Vieh bat. Des Weiteren waren da die Kopfnicker, die den für Männer typischsten Tanzstil geradezu perfektioniert hatten. Und dann gab es noch die Jumpstyler, bei denen man nie genau wusste, wer von ihnen nun am Veitstanz-Syndrom litt und wer diesen Quatsch tatsächlich freiwillig machte.

Maik winkte in meine Richtung, zeigte grinsend auf die Jumpstyler und dann auf seinen Stimmungsschlagring, der in bunten Farben schimmerte.

»Und du hast dein Studienfach gewechselt, hat deine Mama gesagt? Was machst'n du jetzt?«, fragte Melissa, nachdem ich mich wieder gesetzt hatte.

»Ich studiere Politikwissenschaft. Nein, ich werde kein Politiker. Es kommt mir einfach nur halb so sinnlos vor wie Germanistik. Ich mag's irgendwie.«

Melissa sah mich skeptisch an. Dann begann sie zu lachen: »Hihihi, na du wieder! Nee, sag mal ehrlich!«

Ich seufzte.

»Armdrücken«, antwortete ich und nickte, »auf Lehramt.«

»Hihi, dann musst du aber aufhören mit Rauchen!«

»Ach«, sagte ich, »ich glaube, ich rauche meist nur aus Langeweile. Also wenn ich mir im Gespräch plötzlich eine Kippe anzünde, dann gib dir etwas mehr Mühe.«

»Der Martin, der trinkt nicht mal Alkohol«, sagte Melissa.

»Jaja, aber an LSD kommt man in Leipzig so schlecht«, sagte ich.

»Und wie lang geht dein Studium jetzt?«

»Fünf Jahre«, sagte ich.

»Wow, in fünf Jahren krieg ich schon mehr als den Mindestsatz Rente«, sagte Melissa.

»Genau!«, rief Martin.

»Arschlecken«, sagte ich.

Währenddessen hatte Luke-Lukas einen neuen Kronkorken in sein Gummiband gespannt und zielte quer über den Tisch.

»Du solltest dir das wirklich mal überlegen, hier, ich geb dir einfach mal meine … AUA!«, rief Martin.

»Strike!«, rief Maik.

»Luke-Lukas, so etwas macht man nicht! Das tut nämlich weh«, rief Martin, während sich ein dünnes Rinnsal aus Blut von seiner Stirn bis zum Kinn bildete.

Maik reichte Luke-Lukas einen Fünf-Euro-Schein und erzählte irgendwas von Blutbonus.

»Und nach dem Studium?«, fragte Melissa.

Ich zuckte mit den Schultern. »Crystal Meth vielleicht.«

»Ach duuuu.«

Was wollte sie denn hören? Mein größtes Problem war, dass ich gleichzeitig keinen Bock auf Zukunftspläne hatte und andererseits total unspontan war. Wenn man charakterlich derart gepolt war, konnte man wahrscheinlich nur in der Faultierszene richtig Karriere machen. Keine Ahnung, was ich später mal machen sollte. Professioneller Menschen-mit-Ed-Hardy-Klamotten-vor-die-Straßenbahn-Schubser vielleicht.

Krz, Kch, Krch, Krr, »*hust* Äääähh, ja«, kam es von der Bühne. Die Musik stoppte, die Jumpstyler hüpften einfach weiter. Also doch Veitstanz-Syndrom, dachte ich.

»*hust* Meine Damen, meine Herren, wir alle haben lange drauf gewartet, doch jetzt ist er da.«

»JUSTIN BIEBERS STIMMBRUCH!«, grölte Maik.

Die Menge applaudierte.

»Nu ja … äh … *hust* Äh, Sie dort vorn, mit dem Blut im Gesicht, brauchen Sie Hilfe?«

»ES JIBT NISCHT JUTET, AUSSER MAN BLUTET!«, schrie Maik.

Die Meute johlte.

»*hust* Ja, äh, wie dem auch sei. Wir alle freuen uns auf das, worauf wir uns jetzt freuen, äh. Ja, es jibt nischt Jutet, Quatsch!«, faselte der kleine Direktor. »Deshalb singt jetzt unser Sänger!«

Maik reckte seine Faust in die Luft: »UND JETZT ALLE!«

»Rico Dream! Rico Dream!«, begannen die Ersten.

»Nikotin, Nikotin«, bläkte Maik.

Und wie auf Knopfdruck strömten die Massen nach vorn. Die Jumpstyler hüpften unbeeindruckt weiter, die Barfrauen ließen ihre Getränke stehen, der 1950er-Jahrgangstisch sattelte die Rollatoren, sogar das Lehrerkollegium hatte sich auf den Weg gemacht, der Performance des neuen Stadtstars so nah wie irgend möglich zu sein.

Rico Dream betrat die Bühne, gekleidet in eine mit Strasssteinen besetzte Jeansjacke, für die man normalerweise so dermaßen auf die Fresse gekriegt hätte, dass man sich die eigenen Zähne gleich auch noch aufs Revers hätte packen können.

Das Licht wurde gedimmt und die Schwarzlichtstrahler auf Rico Dream gerichtet. Unglücklicherweise bekam auch DJ Chris ein wenig Schwarzlicht ab und reagierte irgendwie irritiert, als er die vielen weiß leuchtenden Flecken in seiner Unterleibsgegend entdeckte.

Der Beat setzte ein. Ganz hinten erkannte ich Frau Pleier und Frau Stamm, die gemeinsam vor sich hin schunkelten. Überall wurden Feuerzeuge in die Luft gereckt, hier und da gab es kleinere Stichflammen, wenn ein Feuerzeug der Haarsprayfrisur einer Frau zu nahe gekommen war, begleitet von melodischen »Aaahs« und »Ooohs« aus dem Publikum.

Es war atemberaubend.

»Maybe this love won't be forever«, trällerte Rico Dream, und ich konnte nicht anders, als mir sein Mikrofon als riesige Tintenpatrone vorzustellen, aus der er mit jedem Satz einen tiefen Zug nahm.

»So let's just be lonely together«, grölte die Halle zurück.

Meine Güte, dachte ich. So hatte es sich damals auch beim Konzert der Kelly Family angefühlt, zu dem mich meine Cousine mitgeschleppt hatte. Und zehn Minuten später hatten sich die ganzen Ökomädchen heulend in den Armen gelegen und sich gegenseitig in die verfilzten Haare geschnäuzt, als der goldgelockte Angelo den Hit für seine tote Mutter angestimmt hatte.

»Maybe this love won't be forever«, trällerte Rico Dream erneut, »Soooo leet's …«

Für die meisten Leute unhörbar zischte etwas durch die Luft in Richtung Bühne.

»Just beeee lonelyyyy AUA FUCK AAHHHHHHH«, schrie Rico Dream urplötzlich und hielt sich die Stirn.

Mit einem Mal wurde es still. Ungelenk, wie eine zweihundert Kilo schwere Frau beim Hinsetzen taumelte Rico Dream über die Bühne, während sich ein dicker Streifen Blut auf seiner Strasssteinjacke verteilte. Hätte ich es nicht besser gewusst, hätte man meinen können, Rainald Goetz hätte gerade seine denkwürdige Lesung beim Bachmannpreis wiederholt.

»Strike!«, rief Maik und erntete Erstaunen.

»Abwarten!«, mahnte Luke-Lukas.

Sofort stürmten ein paar Leute auf die Bühne und versuchten, Rico Dream nach unten zu bringen. Doch noch ehe sie ihn erreicht hatten, torkelte er wie ein angeschossenes Gnu zum Bühnenrand, formte mit dem Mund ein tonloses »Together!«, kippte von der Bühne und begrub unter sich die Jumpstyler.

»Strike!«, rief Luke-Lukas.

»Alter Falter!«, pflichtete Maik bei und begann, mit einem Taschentuch seine Fingerabdrücke am Tisch zu beseitigen.

»Luke-Lukas! Muss das sein!«, rief Martin.

»Martin, also ehrlich ma. Sei doch froh, dass ich des Luftgewehr nicht dabeihatte!«, rief Maik und wandte sich an Luke-Lukas: »Komm, mein Kleener, wir gehen mal lieber raus, ich hab noch Tnaller im Auto!«

Alles war in Aufruhr und rannte durcheinander. Als sich der Trubel ein wenig gelegt hatte, griff ich nach meiner Jacke, grüßte in Richtung Melissa und Martin und machte mich auf den Weg. Draußen vor der Tür steckte ich mir eine Zigarette an.

»Scheiße, Mann!«, sagte jemand.

Rico tupfte sich mit einem Tuch an der Stirn herum.

»Sah übel aus«, sagte ich.

»Ach du weißt doch, Antreh, Schläge auf den Hinterkopf erhöhen das Denkvermögen.«

»Das da ist vorne«, sagte ich und zeigte auf die Kerbe in seiner Stirn.

»Stimmt.«

»Und du bist jetzt so Popstar, ja?«

»Ich mach grad mein Abi in der Abendschule nach.«

»Machste richtig«, sagte ich.

»Aber die Prozentrechnung macht mich fertig«, sagte Rico.

»Hm.«

»Du studierst bestimmt, oder? Wie weit bist'n?«

»Zehn Prozent«, sagte ich.

»Häh?«, fragte Rico.

Ich winkte ab. »Noch nich so weit.« Ich deutete auf die Turnhalle. »Die heiraten jetzt alle und kriegen Kinder.«

»Ist doch cool«, sagte Rico.

»Ich hoffe, ich werde nie rausfinden, wo meine Rentenversicherungsnummer steht«, sagte ich.

»Im Sozialversicherungsausweis«, erklärte Rico.

»Scheiße«, sagte ich.

Dann drehte ich mich um und ging.

Ich war ein paar Meter weit gekommen, als mir plötzlich ein Knaller vor die Füße flog.

»Ey Digger!«, rief Maik und stellte sich mir in den Weg. Luke-Lukas exte eine Dose Red Bull.

»Wir machen noch'n paar Briefkästen klar, biste dabei?«

Ich überlegte.

»Jo«, sagte ich.

2008

Bad+Mad

Es war Samstag.

Ungelenk erhob ich mich von der Pärchenbank und blickte auf die Uhr: 10 Uhr morgens.

Im Dunkeln tastete ich mich zum Computer und rüttelte an der Maus, bis die Leinwand ansprang. Meine Güte, dachte ich, die Klickzahlen des Blogs waren schon wieder gestiegen. Irgendjemand hatte den Link zu dem Text über meine Zeit beim großen A in einem komischen Forum gepostet, und jetzt kamen mehr und mehr Leute auf die Seite.

»Ja, ja, ja, ja, ja, nee, nee, hmhm, ja, neeeee!«, hörte ich meine Mutter in der Diele vor sich hin reden.

»Ja, ja, in Leipzig, ja, Politikwissenschaft, ja, nee, keen Politiker, nee! Jaaa, so als Hobby, jaa, richtig schöne Geschichten schreibt der, wie aus'm echtn Leben, musste ma lesen, ja, ja!«

Ich seufzte. Wem offenbarte meine Mutter denn jetzt schon wieder mein gesamtes Leben? Seit Heiligabend, erstem und zweitem Weihnachtsfeiertag und zahlreichen Besuchen bei allen Omas und Opas, Tanten und Onkels hörte ich nichts anderes, als dass meine Mutter stolz davon erzählte, dass ich mittlerweile »schon über ein Jahr lang« in Leipzig wohnte und abgesehen von der Schule »noch nie etwas so lang durchgehalten« hatte. Und irgendwie hatte sie ja auch recht damit. Es überraschte mich bis heute noch selbst, dass sich Leipzig so gut aushalten ließ und ich nur deshalb zu Weihnachten hier aufgekreuzt war, weil es irgendwie von mir erwartet wurde und sowieso alle meine neuen Freunde auf Heimatbesuch waren.

»Nee, im Internet«, kam es aus der Diele. »Kann man alles nachlesen, richtig lustig, jaja!«

Ich tastete mich zu meinem Rucksack, um mir frische Klamotten zu holen. Scheiße, dachte ich. Wo war der saubere Pullover, den ich extra rausgelegt hatte? Und wo die zweite Hose? Ich durchsuchte alle Taschen, fand aber nichts. Scheiße, dachte ich noch mal und befühlte die zwei Hemden und die Hose der Vortage. Bäh, dachte ich, als ich die verkrusteten Soßenreste ertastete und mir der eklige Duft von Karpfen in Braunbiersoße in die Nase stieg. Warum gab es ausgerechnet in meiner Familie an Weihnachten ausschließlich diesen stinkenden Fisch, der einem zur Hälfte immer auf den Klamotten landete? Und das sogar, obwohl ich ihn gar nicht aß, sondern mich mit einer Tomatensuppe begnügte?!

Ich öffnete meine Zimmertür und trat in die Diele.

»Ja, also den Thermo-Duo Sieb-Servierer auf jeden Fall, dann die Allegra-Schale in 750 Milliliter, ach das Salat-Karussell gibt's da kratis dazu, ja?«

Oje, dachte ich, als ich meine Mutter nicht, wie ich es erwartet hatte, am Telefon, sondern in der geöffneten Haustür stehen sah.

»Ach gucke! Wer ist denn da aufgestanden? Guten Morgen!«, tirilierte sie.

Sofort schob sich ein Kopf durch die Tür herein, und die Nachbarin schaute mit großen Augen auf meine Boxershorts, wobei ihr einige Tupperware-Behälter aus den Händen fielen.

Ich hätte echt die weiten Boxershorts einpacken sollen, dachte ich.

»Ach, des is' der Antreh?! Nee, aaach! Den hätt ich auf der Straße aber nich wiedererkannt!«

»Tag, Frau Zigulla«, nickte ich höflich.

»Na Mensch, wie kroß der geworden ist! Des is' ja fast 'n richtiger Mensch jewordn«, sagte sie.

Fast ein richtiger Mensch, dachte ich, so schmeichelhaft war ich schon lange nicht mehr beschrieben worden. Danke, Frau Zigulla, dachte ich, danke.

»Äh, hier, sag mal, hast du irgendwelche Sachen aus meinem Rucksack genommen?«, fragte ich meine Mutter.

»Da geh ich doch nich ran!«, rief meine Mutter und wandte sich an Frau Zigulla. »Nee, also so was würd' ich nich machen, das geht mich doch gar nix an!«

»Jaja«, sagte ich, »so mein ich das auch gar nich, aber ich dachte, ich hätte einen Pullover ...«

»Du hast doch alles mit nach Leipzig genommen! Ich weeß doch nich, was du mit herbringst. Du bist do alt jenuch!« Sie wandte sich wieder an Frau Zigulla. »Ich mein, der is' do alt jenuch! Der hat 'n eigenen Haushalt! Guck mal da im Schrank, ich glaub, 'n Pullover und 'ne Hose sind noch da, die kannste ja anziehen!«

Ich trottete zurück in mein Zimmer.

»Nee, das weiß ich nich«, rief meine Mutter und streckte dabei den Kopf so sehr in den Flur, dass ich es auf jeden Fall mit anhören musste. »Nee, vielleicht hat der ja in Leipzig 'ne Freundin, aber der erzählt ja nichts, nee, nee, nee!«

Klasse, dachte ich, als ich den Inhalt des geöffneten Schranks betrachtete, ganz ausgezeichnet.

Vor mir lagen eine orangefarbene Pash-Hose und ein beigefarbener Bad+Mad-Pullover, auf dessen Brust ein lächelnder Rastamann gerade einen dicken Joint weitergeben wollte.

Wie passend, dass ich mit zwölf diesen Pullover wirklich getragen hatte. Davon ausgehend, dass ich damit sogar ziemlich oft in der Schule gewesen sein musste, war mir urplötzlich klar, warum ich hier von überhaupt niemandem ernst genommen wurde.

»Na ja, unsre Sandy hat ja ooch keen', nee, nee«, hörte ich plötzlich Frau Zigulla aus der Diele. »Ja, na ja, Speditionskauffrau hat die gelernt, was Solides, jaja, 'ne kleene Wohnung, bei uns in' Keller, natürlich, ja, soll, soll ich, ma, ja? SAAAAANDY!«

»ANTREH, komma bitte!«, rief meine Mutter.

Nein, dachte ich, nein, nein, nein und trabte in die Diele.

»Na siehste, das passt ja sogar noch alles.«

Ja, die Klamotten passten tatsächlich. Allerdings nur deshalb, weil ich sie vor zehn Jahren mehrere Nummern zu groß bestellt hatte, damit sie auch richtig baggy aussahen. Eine Baggy-Hose, die plötzlich nicht mehr baggy war, sondern passte, sah direkt noch bescheuerter aus.

Die Tür unseres Nachbarhauses klappte und ein Mädchen kam herbeigeschlurft. Krass, dachte ich, lange nicht mehr gesehen, die Sandy. Hatte sie schon immer einen Fanschal des örtlichen Fußballvereins getragen? Und war die Nase gemacht oder einfach nur ein paarmal glücklich gebrochen?

»Hier Sandy, du kennst doch den Antreh«, sagte Frau Zigulla.

Sandy blickte mich mit fragenden Augen an.

Ich zuckte mit den Schultern, dachte an Zwangsverheiratung und nickte in Richtung meines Zimmers.

»Na, das klappt doch schomma!«, hörte ich meine Mutter in der Diele flüstern.

Sofort blitzten die Erinnerungen auf. Sofort saß ich wieder im Zeichenunterricht in der dritten Klasse. Ich war gerade dabei, ein schönes DIN-A3-Blatt komplett schwarz zu streichen, als ich den Brief bemerkte. Diesen schrecklichen, parfümierten Brief, den mir die schöne Anika in einem Augenblick teuflischer Unaufmerksamkeit heimlich in den Schulranzen geschmuggelt hatte. Und darin stand nichts weiter als: »Ich liebe dich. Deine Anika.« Kein Satz mehr, kein »Beruht das vielleicht auf Gegenseitigkeit?«, kein »Ja, nein, vielleicht, kreuze an!«, sondern nur diese Aussage. Erschüttert ließ ich den Pinsel fallen. Wie kurz vor einem schweren Autounfall sah ich mein Single-Leben an mir vorbeiziehen. Das Träumen von rassigen Sechstklässlerinnen, Um-die-Häuser-Ziehen mit den Kumpels und Fußball – alles passé. Die Pokémon-Serie war noch nicht einmal erschienen, aber trotzdem war sie für mich in diesem Moment bereits Geschichte.

Ohne Zweifel, Anika war die Schönste von allen gewesen, die braunhaarige Perle mit porzellanener Haut, deren Schneidezähne im Gegensatz zu all den anderen Frauen in meiner Klasse mal nicht absonderlich lang waren. Aber war ich bereit für eine langjährige Beziehung, womöglich bereit für Kinder? Ich bekam fünf Mark Taschengeld pro Woche, minus drei Mark für das Abo der Micky Maus, was kaum ausreichen würde, um die Alimente für ein uneheliches Kind zu bestreiten. Aber unehelich, ach was, die Ehe würde natürlich auch auf dem Fuße folgen, denn ihr Vater war strenger Katholik. Diese Frau hatte es faustdick hinter den Ohren, sie wollte mich, und sie würde mich auch kriegen.

Völlig zweitrangig, dass mein eigentlicher Lebenstraum zu dieser Zeit war, einen Darkwing-Duck-Comic zu zeichnen und diesen an den *Disney Club* zu schicken, nur um dafür vor Augen der Weltöffentlichkeit im Fernsehen von Antje, Stefan und Ralf namentlich gelobt zu werden. Für eine Frau an meiner Seite war da natürlich kein Platz.

»Ich war doch erst acht!«, schrie ich Sandy an. »Ein Steppenwolf, ein einsam Suchender, der sich wagemutig den Prüfungen eines Drittklässlerlebens stellen, hin und wieder scheitern, aber im Endeffekt doch gestählt aus dieser harten Zeit hinaus und in die Pubertät eintreten sollte.«

»Is' alles okay bei dir?«, fragte Sandy. »Ich finde das irgendwie unheimlich, wenn Leute einfach so zusammenhangloses Zeug schreien.«

»Oh, sorry«, sagte ich und versuchte die dunklen Gedanken fürs Erste beiseitezuschieben.

Natürlich hatte sich bis heute nichts an meinem Trauma geändert. Zu tief waren die Narben, die mir Anikas Bruder verpasst hatte, nachdem ich mich zwei Wochen später in der Hofpause etwas unsanft von ihr getrennt und damit für immer ihr kleines Herz zerstört hatte. Wahrscheinlich arbeitete sie heute bei der CDU. Oder sie war Werbetexterin. Oder Werbetexterin für die CDU, herrje.

»Glaubt man gar nicht, dass die Leute in Leipzig so bekloppt rumlaufen wie hier vor zehn Jahren«, sagte Sandy und zeigte auf meinen Bad+Mad-Pullover und die Pash-Hose.

»Jaja«, erwiderte ich und sammelte eilig all die bereits getragenen Klamotten zusammen.

»Los«, sagte ich, »komm mit! Ich muss das waschen!«

Wortlos folgte mir Sandy in den Keller. Als wir an der Diele vorbeikamen, hörte ich meine Mutter rufen: »Och ja, gucke Steffi, jetzt zeigt er ihr sogar schon unseren Keller! Ja, ja, ein Hobbyraum, ja, ja, mein Mann, ja, ach deiner auch, ja? Ja, ja, das UltraPro Gartöpfchen is' auch schön, ja.«

»Okay«, sagte ich, während ich die Waschmaschine belud, »vielleicht klären wir das einfach gleich. Das mit uns, das wird leider nichts. Ich hab da schlechte Erfahrungen gemacht.«

»Pass ma off!«, sagte Sandy und ließ ihre Halswirbel knacken. »Keine Ahnung, was bei euch Studenten so abläuft, aber du kannst gleich mal aufhören, hier alles auf dich zu beziehen, mein Freund!«

»Jaja, genau das mein ich«, sagte ich, »›mein Freund‹!«.

»Du läufst echt nich mehr ganz reene!«, rief Sandy und wirbelte ihre flache Hand vor ihrem Gesicht herum.

Dann griff sie sich ein Bier aus dem Kasten und öffnete es mit den Zähnen.

Krass, dachte ich, als sie den Kronkorken einfach in die Ecke spuckte und die Flasche ansetzte. Ich wusste, dass sie früher jedes Wochenende mit ihren Ultra-Freunden unterwegs gewesen war. Und wenn ich ihre Pose mit den verschränkten Armen und dem Fanschal um den Hals richtig deutete, dann arbeitete sie nur tagsüber in einer Spedition und machte abends dann die Tür in irgendeinem Club.

»Falls es dir weiterhilft, ich hab 'n Freund, aber des weeß meine Mutter nich.«

»Ah, äh, okay, sorry, das wusste ich auch nicht«, stammelte ich und verkniff mir die Frage, ob sie es nur deshalb nicht erzählte, weil ihr Freund noch im Knast saß.

»Du bist doch genauso wie unsere Mütter, unterstellst ständig Sachen, anstatt einfach mal nachzufragen. Ihr Studenten ey, echt ma!«

Betreten warf ich das Bullauge der Waschmaschine zu und drückte auf Play. Sofort rumpelte die Maschine los.

»Ja, sorry, das war nicht so gemeint«, sagte ich.

»Und wehe, du schreibst so einen komischen Text darüber, so geil sind die nämlich nicht!«

»Du kennst meine Texte?«, fragte ich.

»Schrecklich ey, die ganzen Jungs von den Ultras lesen den Stuss im Internet ey!«

»Also alle außer du?«, fragte ich.

»Kriechst dlei eene, mein Freund!«

»Du hast schon wieder ›mein Freund‹ gesagt!«, sagte ich und duckte mich, um Sandys Schlag auszuweichen.

Wortlos gingen wir wieder nach oben.

»Na, ihr beiden Hübschen«, kam es gleichzeitig aus den Mündern unserer Mütter.

Dann folgten mehrere Lichtblitze.

»Fürs Fotoalbum«, erklärte meine Mutter. »Mein weiß ja nie!«

»Also, ich bin mir da ziemlich sicher«, murrte ich.

Sandy ließ schon wieder ihre Halswirbel knacken.

»Viel Spaß bei der Heimfahrt«, unkte sie mit Blick auf mein dämliches Outfit. Dann deutete sie auf den vielen Schnee, der mittlerweile fiel. »Wobei ich bezweifle, dass die Züge bei dem Wetter überhaupt fahren.«

»Hauptsache die Klamotten werden sauber«, sagte ich.

»Na ja, sauber schon, aber vielleicht hättest du sie nicht bei neunzig Grad waschen sollen.«

Fuck, dachte ich und sprintete zurück in den Keller.

Was machst du an Silvester?

»Was macht ihr eigentlich an Silvester?« fragte meine Mutter, während ich am Fenster stand und in das Schneegestöber starrte.

»Was macht ihr am 6. Januar?«, fragte ich zurück.

»Häh?«

»Eben«, sagte ich und ballte meine Hände zur Faust.

Das durfte doch alles nicht wahr sein. Als ob es nichts Wichtigeres gäbe. Den verdammten Schnee zum Beispiel, die ausgefallenen Züge Richtung Leipzig, meine in der Waschmaschine auf die Hälfte geschrumpften Klamotten und so weiter.

Keine Ahnung, was ich Silvester machen sollte. Es war doch eh immer das Gleiche. Entweder man ging zu einer privaten Feier und schwieg sich beim Jenga-Spielen so lange an, bis es endlich Mitternacht war, oder man wagte sich in irgendeinen Club, auf dessen Tanzfläche es meist nicht mal eine Steckdose für den mitgebrachten Sandwichtoaster gab.

Ich wusste nicht, was mich mehr nervte. Diesen einen völlig überschätzten Tag des Jahreswechsels zu überstehen, an dem es absolut nichts zu feiern gab, oder dass man ab Juni dauernd gefragt wurde, was man denn an Silvester so mache.

Ich hatte keine Lust auf irgendjemanden, weder hier noch in Leipzig. Klar, ich könnte mit Maik auf der Couch sitzen und Sylvester Stallone zitieren. Oder ich könnte die Einladung der WG über mir annehmen, aber auch beim Gedanken daran verkrampfte sich mein Kopf. Denn spätestens an so einem Punkt offenbarte sich immer die schmerzliche Wahrheit, dass ich durch meine Querelen schon zwei Jahre älter als die meisten meiner Kommilitonen und Kommilitoninnen war. Und irgendwo in diesen zwei Jahren verlor man wohl das, was man brauchte, um so richtig Spaß an Weinflaschen für unter zwei Euro und fetzigem Twister-Spielen zu empfinden. Nein, vermutlich wäre es das Beste, so dachte ich, einfach um 22 Uhr schlafen zu gehen und dann nicht mehr aufzuwachen.

Draußen im Garten rannte mein Vater hin und her, schleppte einen Haufen Kabel von einer Seite zur anderen, dann wieder zurück, verknotete sie, zurrte sie wieder auseinander und winkte dann aufgeregt in unsere Richtung.

»Was hat er?«, fragte ich. »Hat er noch nichts von WLAN gehört?«

»Wir sollen in die Garage kommen!«, sagte meine Mutter und zerrte mich zur Haustür.

Was hatte mein Vater vor? Hatte ihn meine Mutter so oft gefragt, was er Silvester machen würde, bis er vollends den Verstand verloren und beschlossen hatte, die Blumenbeete ins Internet zu bringen?

»So«, sagte mein Vater, als wir vor einem riesigen Schalter standen. »Na, wie sieht das aus?«

»Sieht ganz nach Versicherungsbetrug aus«, murmelte ich.

»Ab heute ist das Haus der Familie Herrmann vollständig energie-autark«, rief mein Vater begeistert. »Wärme aus der Erde, Strom von der Sonne und Wasser aus den Wolken!«

»Glückwunsch!«, sagte ich. »Jetzt fehlt uns nur noch ein Krieg oder die Zombie-Apokalypse, damit wir das Ganze auch richtig genießen können!«

»Du wirst sehn!«, rief mein Vater. »In fuffzn bis zwanzich Jahrn haben sich die Kosten vollkommen amortisiert.«

»Soso«, sagte ich, »ihr wollt mir also Schulden vererben! Na klasse!«

»Achtung!« Mein Vater legte den Schalter um. Einige Sekunden blieben wir still. Nichts passierte.

»Es funktioniert!«, rief mein Vater begeistert.

»Das hätte ich mir echt krasser vorgestellt«, sagte ich. »Man sieht ja gar nichts!«

»Wie toll!«, rief meine Mutter und drückte meinem Vater einen Kuss auf die Wange.

»Richtig geil, Herr Herrmann!«, hörte ich eine Stimme vom Garageneingang.

Maik, natürlich. Wobei er sich dem Stirnband nach zu urteilen das Spektakel wohl auch etwas anders vorgestellt hatte. Oder weil er mal wieder zu viele Filme mit Sylvester Stallone geschaut hatte, wer wusste das schon.

»Ey Maik!«, rief ich.

»Keene Zeit, Aldr! Wir hamm zu tun!«

»Was gibt's?«

»Hast du dir schon überlegt, was du Silvester machen willst?«

»Fang nicht du auch noch so an!«, mahnte ich.

»Ehrlich ma, wir müssen uns ein bissl beeilen, wenn wir noch rechtzeitig zum Klassentreffen wollen!«

»*Wir* wollen überhaupt nicht!«, sagte ich.

»'s ernst!«, rief Maik, während er einen riesigen Rucksack auf die Werkbank hievte und einen nicht enden wollenden Strom aus Superböllern auskippte.

Offensichtlich wusste er schon ganz genau, dass er Silvester in diesem Jahr in U-Haft verbringen wollte.

Maik zog einige Fotos aus seiner Armeehose und hielt sie in die Höhe.

»Das«, sagte Maik, »ist der Briefkasten vom Micha. Der muss weg!«

Maik hatte es dem Victory-Micha nie verziehen, dass dieser im letzten Jahr seinen Briefkasten zerlegt und dabei die limitierte Jahresendausgabe des Kronkorkensammler-Magazins vernichtet hatte.

»Wieso gehst du nicht einfach vorbei, steckst ihm drei Böller rein und gut is'?«, fragte ich.

»Weil's nich so einfach ist, mein Freund!«, ereiferte sich Maik. »Der hat Sicherheitsvorkehrungen! Der kennt Tricks! So jemand wie Micha, der ist mit allen Wassern jewaschen! Der klebt seinen Briefkasten über Silvester eenfach zu, und dann stehste da!«

»Und jetzt willst du ihm stattdessen einfach alles um den Briefkasten drumherum wegsprengen, oder was?«, fragte ich mit Blick auf die tausend Superböller, aber Maik beachtete mich gar nicht.

»Das is' richtig amtlich, was Sie hier mal wieder gebaut hamm, Herr Herrmann!«

»Danke!«, sagte mein Vater stolz.

»Nein, nein und nochmals nein!«, rief ich, als mir klar wurde, worauf Maik hinauswollte, aber er hatte schon längst ein Papprohr aus seiner Tasche gezogen und grinste: »Stichwort Rohrbombe, Herr Herrmann, was mein' Se? Sie war'n doch an der Grenze!«

Das Gesicht meines Vaters hellte sich auf.

»Nein, nein, nein!«, sagte ich noch mal.

Mein Vater griff das Papprohr und wog es prüfend in der Hand.

»Na ja«, sagte er und überflog noch einmal die Briefkastenfotos, »könnte reichen! Aber ...«

»Nein!«, rief ich. Ich wusste, was für ein fanatischer Bastler mein Vater war. Und ich wusste, wie gern er es hatte, wenn es knallte oder irgendetwas mit Geräten zu tun hatte, die sonst nur der Mörder aus den SAW-Filmen benutzte. Einhändig und oberkörperfrei mit der ungesicherten Kreissäge Holz zerteilen, das war seine Welt.

»Was aber?«, fragte Maik.

»Na ja, so ein Papprohr reicht schon. Aber ...«, er schlenderte zum Fahrrad meiner Mutter und tippte auf die dickste Stelle des Rahmens, »es geht ja auch um den psychologischen Effekt! Ein bisschen rumsen soll's ja schon.«

Maiks Augen funkelten vor Glück. Aufgeregt begann er zu nicken.

»Na dann!«, rief mein Vater voller Freude. »Frisch ans Werk!«

Zwei Stunden später hatten mein Vater und Maik zwei große Stücke aus dem Fahrradrahmen meiner Mutter herausgesägt. Draußen wurde es langsam dunkel. Zwar wusste ich nicht, wie mein Vater gedachte, meiner Mutter beizubringen, dass sie zum Wohle von Maiks Rachephantasien in Zukunft auf ihr Fahrrad würde verzichten müssen, aber na ja. Glücklich brachen die beiden Superböller um Superböller auseinander und sammelten das Schwarzpulver in einer riesigen Schüssel. Wie Vater und Sohn witzelten sie, als sie die Rohre zuerst an der einen Seite zusammenknickten, falteten, dann von innen mit Watte und Schwarzpulver füllten und schließlich die andere Seite fest verschlossen.

»So«, sagte mein Vater, als er die fertigen Rohre auf die Werkbank legte und die Bohrmaschine zur Hand nahm, »jetzt nur noch die Lunte!«

»Hätte man das nicht lieber vorher machen sollen?«, fragte ich.

»Das geht auch so«, murmelte mein Vater. »Man muss nur ein bisschen vorsichtiger sein!«

»Wenn's schiefgeht, wissen wir wenigstens janz jenau, was wir Silvester machen«, unkte Maik.

Mir wurde mulmig.

Vorsichtig setzte mein Vater die Bohrmaschine an und bohrte jeweils ein Loch mitten in das Schwarzpulver-Watte-Gemisch, sodass jedem Sprengstoffexperten Hören und Sehen vergangen wäre. Dann befestigte er die Lunte. Als er fertig war, betrachtete er stolz sein Werk.

»Das sollte reichen!«

»Geil!«, rief Maik, der sich wahrscheinlich schon ausmalte, wie er pünktlich um Mitternacht die materielle Existenz von Victory-Micha in Schutt und Asche legen würde.

»Wie sieht's aus?«, fragte mein Vater. »Wir hamm ja zwee Exemplare. Wir könnten ja einen kleinen Testlauf machen?!«

»Wir könnten die Teile auch über einem beliebigen Nachbarstaat abwerfen und den Dritten Weltkrieg provozieren«, rief ich. »Habt ihr sie noch alle?«

Maik zuckte mit den Schultern. »Was'n mit dem Feld bei euch hinterm Haus? Der Strommast soll doch eh weg, oder?«

Mein Vater klatschte fröhlich in die Hände. Dass dieser Mann an der Grenze mal den Schießbefehl verweigert hatte, schien mir mittlerweile nur noch sehr schwer vorstellbar.

Zehn Minuten später hatten die beiden ein Loch am Fuße des riesigen Freileitungsmastes ausgehoben. Behutsam legte Maik eines der Rohre hinein und schaufelte Erde darüber, bis nur noch ein winziges Stück Lunte aus dem Boden ragte.

»Nein, nein, nein!«, sagte ich noch mal. »So hat das bei der RAF sicher auch angefangen. Erst übertreibt man ein bisschen beim Briefkastensprengen und zack! brennt das erste Kaufhaus!«

»Jetzt hab dich ma nich so!«, rief Maik und zog ein Feuerzeug aus seiner Tasche.

»Wehe!«, sagte ich, aber Maik hatte die Lunte schon angesteckt.

»Lauft!«, brüllte er, und wir rannten so schnell wir konnten.

Nach zwei Minuten hinterm Gartentor wurden wir unruhig. Wie lang war die Lunte? Wie schnell brannte sie runter? Zwei weitere Minuten vergingen, aber nichts geschah. Kein Rauch, kein Knall, nichts.

»Das ist jetzt schlecht«, versuchte es mein Vater diplomatisch auszudrücken.

»Schlecht?«, rief ich. »Seid ihr bescheuert? Da liegt jetzt 'ne astreine Rohrbombe mitten auf dem Feld! Was meint ihr, was da losgeht, wenn da irgendwelche Wildschweine rumbuddeln!«

»Ich hasse Wildschweine!«, rief Maik.

»Genau, die machen einem den ganzen Garten kaputt!«, nickte mein Vater.

»Ihr habt sie doch nicht mehr alle!«, rief ich.

Das war's dann also, dachte ich. Direkt hinter unserem Haus lag jetzt ein Blindgänger von unbekannter Stärke. Spätestens beim Abriss des Strommastes würden wir es mit dem FBI zu tun bekommen. Es sei denn, irgendeiner der Pilzesammler, die immer im Frühling die Wiese nach psychoaktiven Pilzen absuchten, würde aus Versehen drauftreten und den größten Trip seines Lebens auslösen.

»Aldr, wir können da jetzt eh nichts mehr machen, jetzt wo's schon wieder dunkel ist«, versuchte Maik mich zu beschwichtigen.

Mein Vater stupste ihn an: »Ich hab mir zu Weihnachten 'ne neue Kreissäge gegönnt. Willste mal sehen?«

»Klar!«, rief Maik.

In diesem Moment brach mitten auf dem Feld die Erde auf, begleitet von einem immensen Knall. Mit einem grausamen Knacken riss der Fuß des Strommastes auseinander, ein Wildschwein flog in hohem Bogen durch die Luft, und mit einem Mal war das ganze Viertel in Dunkelheit gehüllt. Bis auf eine Ausnahme: Das Haus der Familie Herrmann erstrahlte noch immer in voller Weihnachtspracht.

»Es funktioniert!«, rief mein Vater begeistert. »Es funktioniert!«

»Oha«, sagte Maik, als er die monströse Rauchwolke hinter unserem Haus betrachtete.

Überall schrien die Alarmanlagen, Hunde bellten und Kinder weinten.

»Ich gloob, Antreh, heute haste keene Wahl, heute musste mit zu'n Klassentreffen, allein schon wejen dem Alibi!«

»Ihr seid so scheiße!«, sagte ich und ging.

Ausweis und Abschuss

»Fahr doch einfach mal geradeaus«, rief ich, während ich auf dem Beifahrersitz versuchte, mein Notizbuch auf den Knien zu balancieren.

»Geht nich, Aldr! Wir müssen unsere Spur verwischen!«, rief Maik und riss das Lenkrad nach rechts, sodass wir mit quietschenden Reifen in eine Seitenstraße einbogen.

Wir waren schon gut einen Kilometer vom Haus meiner Eltern entfernt, als ich endlich wieder Laternen und Häuser erblickte, in denen Licht brannte. In der Ferne hörte ich Polizeisirenen, sicher war längst eine Streife auf die Idee gekommen, bei meinen Eltern nachzufragen, warum gerade ihr Haus von diesem mysteriösen Stromausfall verschont geblieben war.

So schnell und ordentlich ich konnte, kritzelte ich ein paar Satzfetzen auf das Papier.

Wie in einem Actionfilm parkte Maik seinen Golf vor dem Eingang der Mehrzweckhalle, zog behände zwei Bierflaschen aus dem Handschuhfach und hieß mich aussteigen. Keine Menschenseele stand unter dem Vordach, und nur ganz leise drang die Musik aus dem Inneren des Gebäudes nach draußen.

»'s geht'n hier, Aldr?«, fasste Maik unsere Verwunderung zusammen. Dann holte er aus und ließ die Kronkorken so elegant an der Fassade entlangschrammen, dass sie mit einem lauten Plopp-Geräusch von den Flaschenhälsen sprangen.

»Nee nee!«, rief Frau Pleier, die an der Tür saß und die Eintrittsgelder kassierte. »Nee nee! Das dürfen Sie hier aber nicht mit reinnehmen!«

»Kee Ding!«, erwiderte Maik, setzte an und ließ den Gerstensaft gnadenlos in sich hineinlaufen, bis die Flasche leer war.

»Das gilt auch für Sie, Herr Herrmann!«, rief Frau Pleier und zeigte auf meine noch volle Flasche.

»Ich trink das nur aus, dann kauf ich eh drinnen«, sagte ich.

»Nee nee! Das hier ist eine anti-alkoholische Veranstaltung!«

»Was'n das für 'ne Hippiescheiße?«, echauffierte sich Maik, griff nach meinem Bier und stürzte es sich in den Hals.

»Der Förderverein des Gymnasiums hat in diesem Jahr beschlossen, dass beim Ehemaligentreffen keine alkoholischen Getränke mehr ausgeschenkt werden dürfen.«

»Ja, ich sare ja, was'n das für 'ne Hippiescheiße?«, rief Maik erbost.

»Sie wissen doch ganz genau, dass das hier in den letzten Jahren *immer* eskalieren musste!«

»Na, 's doch geil!«

»Das Ehemaligentreffen soll eine schöne Möglichkeit sein, einander mal wiederzusehen und in alten Erinnerungen zu schwelgen.«

»Oah, ich kotz glei!«, motzte Maik, und ich wusste nicht, ob er nicht vielleicht den Liter Bier meinte, den er gerade in sich versenkt hatte.

»Wir hamm keine Lust, dass das hier immer mit Ärger enden muss!«

»Tlar! Nur die Harten sparen das Taxigeld und fahren mit'm Krankenwagen!«, lachte Maik.

Ich musste mir das Lachen verkneifen. Maik würde schon einen Weg finden, dieses Verbot zu umgehen, dachte ich, dafür kannte ich ihn einfach zu gut.

»Nee, is' gut«, sagte ich zu Frau Pleier, »zwei Karten bitte.«

Die Halle war nicht einmal viertelvoll, ganze Tischreihen standen leer, kein DJ stand auf der Bühne, nur leises Playback dudelte vor sich hin, und es hätte mich nicht gewundert, wenn in diesem Moment so ein Western-Strauch vorbeigekullert wäre. Nur ein einsamer Mann stakste durch die spärlich besetzten Reihen und machte hier und da ein Foto.

Gelangweilt standen Maik und ich in der riesigen Eingangstür. Man konnte sagen, was man wollte, aber ohne Alkohol funktionierte das einfach nicht. Selbst am Lehrertisch stand den Anwesenden der Unmut tief ins Gesicht geschrieben. Mein ehemaliger Wirtschaftslehrer Herr Kaiser verbarg sein Antlitz in den Händen, Frau Stamm gähnte unablässig, und nur mein alter Klassenlehrer Herr Ronny nippte gut gelaunt an seiner Virgin Piña Colada und winkte mir zu.

Eine mies gelaunte Kellnerin, deren Gesicht bereits »Sprich mich nicht an!« sagte, kam vorbeigeschlurft und sah mich fragend an.

»'n Bier«, sagte ich schulterzuckend.

»Bier gibt's heute nur alkoholfrei«, nölte sie.

»Aldr, die meinen des ernst!«, rief Maik und schlug die Hände überm Kopf zusammen. »Aldr, ich kann doch hier nich die ganze Zeit Cola saufen, bis das Koffein kickt, Aldr!«

Verzweifelt rannte Maik hin und her und murmelte unablässig vor sich hin. Überall sah man Leute nervös auf ihren Fingernägeln kauen oder entnervt den Heimweg antreten. Klassentreffen ohne Alkohol, das war wie Cola mit Vanillearoma, so etwas ging einfach nicht, dachte ich.

»Ich hab's!«, brüllte Maik plötzlich.

»Was hast du?«, fragte ich.

»Jasmin Wagner! Blümchen! Jasmin! Jetzt wird mir alles klar!«, rief Maik und stürzte nach draußen.

Oje oje, dachte ich, die zwanzig Minuten ohne Aussicht auf Bier schienen den armen Maik ganz schön mitzunehmen.

Auch der Tisch des 2005er-Jahrgangs war nahezu leer. Smartphone-Enno saß auf einem Stuhl, eines dieser neuen und total dünnen iPhones in der Hand und checkte unablässig seine E-Mails, ohne dass er je eine bekam. Daneben saß Jenny, deren Körpervolumen sich langsam, aber sicher der Größe ihrer Plastikbrüste anzupassen schien, und bediente sich an den Knabbereien. Jens hielt die ganze Zeit ein kleines Gerät in die Luft, rannte mal hierhin, mal dorthin und belästigte jeden, der ihm in den Weg kam, mit seiner Lebensgeschichte. Melissa winkte wie eine Irre, als sie mich näher kommen sah.

»Haha«, lachte sie, »wie läufst du denn rum?«

Ach fuck, dachte ich. Erst jetzt wurde mir klar, dass ich noch immer meine orangefarbene Pash-Hose und den Bad+Mad-Pullover trug. Mit diesem Outfit hätte ich vermutlich mein 16-jähriges Ich beeindrucken können, heute aber sah es einfach nur noch bescheuert aus.

»Ja, äh«, sagte ich, »lange Geschichte. Was ist denn hier los?«

»Die meisten sind schon wieder gegangen. Aber ich find's irgendwie ganz muckelich, wenn nich so viele Leute da sinn. Da kommt man wenigstens ma zum Reden.«

»Ich mache übrigens Geocaching!«, rief Jens dazwischen. »Hört ihr, Geocaching! Das ist so eine Art moderne Schatzsuche, bei der man nur mithilfe von Koordinaten …«

»Halt die Klappe«, rief ich Jens zu, der seinen GPS-Empfänger anstarrte und davonlief.

»Wo hast du denn Maik gelassen?«

»Och, der war grad noch da und ist jetzt weg!«, erklärte ich schlüssig.

»Is' richtig schön, dich auch mal alleine zu treffen. Erzähl mal, wie ist es in Leipzig? Was macht das Studium?«

»Ja, na ja«, sagte ich, »ist ganz gut eigentlich. Leipzig ist super, und es fühlt sich tatsächlich ganz okay an.«

»Ich mache übrigens Geocaching!«, schrie Jens, der gerade an einer der Kletterstangen hing und im Dunkeln nach einem ominösen Schatz tastete.

»Is' ja gut, Jens!«, rief Melissa und wandte sich wieder mir zu: »Und was machst du dann so die ganze Zeit über in Leipzig?«

»Ähm, ich geh manchmal zu so einer Veranstaltung und les da was von mir vor.«

»Wow, so ein echter Dichterzirkel, ja?«

»Na ja«, sagte ich, »es gibt Freibier, wenn man mitmacht.«

»Ach, ich stell mir das klasse vor! So was müsste's hier mal geben! Ich kenne so viele Frauen, die auch grad im Mutterschutz sind, das könnte richtig toll werden.«

»Also, ich glaub, du stellst dir das anders vor, als es in Wirklichkeit ist. Das ist in 'nem Club und mit Publikum … wieso eigentlich Mutterschutz?«, fragte ich.

»Hat dir deine Mama nicht erzählt, dass wir jetzt zu sechst sind?«

»Oha«, sagte ich, »zu sechst?«

»Der Martin, Luke-Lukas, Elijah-Soraya, Bernd, ich und der kleine Lussjeng!«

»Lucienne?«, fragte ich.

»Nee, Lussjeng! L-U-S-S-J…«

«Gückwunsch!«, unterbrach ich sie, um nicht lachen zu müssen.

»Ach, das ist schon drei Monate her!«, winkte Melissa ab.

»Ach so, da verfliegt natürlich die Euphorie«, unkte ich. »Wo sind denn überhaupt Martin und Luke-Lukas?«

»Hah!«, rief sie. »Die kommen mir so schnell nicht mehr hierher! Der Kleene bekommt doch von Maik nur Blödsinn beigebracht, und der Martin kriegt's dann wieder ab und muss genäht werden, nee nee nee nee nee!«

»Hey hey hey! Keine Fotos!«, rief Jens, der immer noch an der Kletterstange hing. Unten stand der komische Mann mit der Kamera und knipste unablässig.

»Keine Fotos von meinem Cache!«, rief Jens und wedelte abwehrend mit der Hand umher. Dann verlor er den Halt und rutschte quietschend mit lauten »Aua! Aua!«-Rufen gen Erdboden.

Krz, Kch, Kccccch, »Äh, meine Damen und Herren«, kam es von der leeren Bühne. Der Direktor stand sichtlich verloren dort oben und hielt sich an seinem Mikrofon fest.

»Äh ja, liebe Ehemalige, liebe Ehemaliginnen, äh, wie schön, dass der Abend bisher so schön ist, trotz Alkoholverbot, also, äh, natürlich nich trotz, sondern, also trotz wegen …«

»Fand ich übrigens super, die Geschichte auf deiner Seite, die über das Klassentreffen!«, sagte Melissa.

Oh oh, dachte ich. Warum hatte ich die Seite nicht schon letztes Jahr dichtgemacht? Ja, es wurden immer mehr Leser, aber sobald die eigene Mutter mitlas, sollte man wahrscheinlich gar nichts mehr öffentlich schreiben. Außerdem hatte ich mich vielleicht das ein oder andere Mal ein wenig unvorteilhaft über Melissa geäußert.

»Diese Clarissa, haha, die ist so herrlich doof!«, lachte Melissa. »Haha! Super geschrieben, als hättest du's selbst erlebt! Haha!«

»Jaja, Fantasie ist eine meiner Stärken«, erklärte ich.

»Und wie sie alle glücklich sind in ihrer blöden Kleinstadt, haha, wie aus'm echten Leben!«

»Ja«, sagte ich, »ich bin auch sehr dankbar für diesen, äh, Einfall.«

Jetzt nichts wie weg, dachte ich, und wollte gerade aufstehen, als ich ein dumpfes Pochen vernahm. Auch die anderen in der Halle schauten sich um. Entweder spielte jemand draußen vor der Halle das Intro von *Die Dinos* oder der Shredder würde sich gleich mit seinem Turbinenfahrzeug durch den Hallenboden bohren. Die Gläser auf den Tischen begannen zu vibrieren, der kleine Direktor hielt sich verschreckt am Mikrofonständer fest. Los, dachte ich, ein Meteoriteneinschlag, dann muss ich wenigstens nie arbeiten gehen. Mit einem Mal sprangen die Hallentüren auf, »I'm blue DABADIDABADEI« donnerte es durch die Halle. Ein einsamer Mattenwagen kam hereingerollt, über und über mit braunen, bauchigen und unleserlich etikettierten Flaschen beladen. Es sah aus, als hätte jemand das Chemiekabinett, nein, das war das Chemiekabinett! Ein weiterer Wagen folgte, darauf ein wackeliges Podest, auf dem ein dünner Kerl im Batikhemd herumzappelte. Ich fragte mich, ob er nur deshalb so krass abrockte, weil sich sein Pult so gefährlich nah an all den Chemikalien befand. Vor ihm ein handbemaltes Schild, auf dem in großen Lettern stand: DJ CHRIS!

Wahnsinn, dachte ich, was für ein Auftritt, so was hat es hier sicher noch nie gegeben! Dahinter niemand anderes als Maik, der mit einem breiten Grinsen im Gesicht repräsentativ in die Reihen winkte. Niemand sagte ein Wort, niemand konnte ein Wort sagen, denn »Blue DABADIDABADEI!« dröhnte es immerfort.

Vom Staunen der Menge begleitet, erklomm Maik die Bühne und griff nach dem Mikrofon, DJ Chris fadete den Song aus, in dem er einfach auf Stop drückte.

»Herr Schreiber!«, rief Maik in Richtung Lehrertisch. »Herr Schreiber!« Er zeigte auf den Mattenwagen mit den vielen Flaschen. »Herr Schreiber, Sie hamm doch Chemie studiert, vielleicht mixen Se uns hier mal was Feines!«

»Au ja!«, rief der kleine Herr Schreiber und rannte zum mobilen Chemiekabinett.

»Irgendwas, was richtig dreht!«

Oje, dachte ich, kein gutes Omen.

Eine Stunde später

Kch, Krr, Krzzz, »Äh, ich mache übrigens Geocaching!«, rief Jens ins Mikrofon.

Fasziniert beobachtete ich eine Horde Besucher, die sich aufgemacht hatte, Herrn Schreibers Mixkünste zu probieren. Sofort ließ DJ Chris seine imaginären Plattenteller wieder rotieren und drückte auf Play: »I'm blue DABADIDABADEI DABADIDABADEI!«

Wow, dachte ich, als ich meinen Blick zurückschweifen ließ und dabei den Halleneingang streifte. Was war das hier, ein billiger Collegefilm? Irgendwie verloren stand Luisa in einem schwarzen Abendkleid zwischen den großen Türen, die Haare aufwändig toupiert, und blickte suchend in die Runde. Meine Güte, sie sah fantastisch aus. Ein bisschen overdressed vielleicht, aber eher so, dass sich alle Umstehenden hätten Sorgen machen müssen. Der ganze 2005er-Tisch schwieg, als sie uns entdeckt hatte und näher kam, Enno wischte wie verrückt auf seinem neumodischen Touchscreen-Handy herum, weil er unbedingt ein Foto machen wollte, und nicht einmal Melissa sagte etwas.

»Dacht ich's mir doch, dass du kommst«, grinste Luisa, als sie direkt vor mir stand.

Mechanisch erhob ich mich von meinem Stuhl und streckte meine Hand aus.

Sie umarmte mich etwas zu lang. Melissa verdrehte die Augen.

»Hi«, erwiderte ich.

Wahnsinn, wie anders ein Mensch wirken kann, wenn er sich zur Abwechslung mal nicht in mongolische Fair-Trade-Hanfteppiche kleidet, dachte ich. Und schrecklich, wie einem sofort der Hormonhaushalt überkocht, als wäre man 15 und nach dem Sportunterricht aus Versehen in die Mädchenumkleide spaziert.

»Gut siehst du aus!«, unkte Melissa und zupfte dabei an ihrer eigenen Bluse herum.

»Danke«, erwiderte Luisa, ohne dass sie den versteckten Hohn anerkannte, und nahm ein bisschen zu nah neben mir Platz.

»Wie siehst du denn aus?«, lachte sie und deutete auf mein Pseudo-Hiphop-Outfit.

»Jajaja«, sagte ich, »lange Geschichte, aber nur damit du's weißt: Ich trag das nicht freiwillig!«

»Hihi, sieht aber süß aus«, sagte sie und tätschelte ganz beiläufig meinen Unterarm.

Melissa verdrehte schon wieder die Augen.

»Wie läuft's in Leipzig? Wie ist das Studium?«

»Prima, du weißt es jetzt auch schon!«, rief ich.

»Du hast es doch selbst auf deiner Seite geschrieben«, lachte Luisa.

»Ach so, ja. Das hast du gelesen? Ja, ist gut, lässt sich aushalten«, sagte ich, sie lachte, und wieder lag ihre Hand einen Tick zu lang auf meinem Arm.

»Besser als erwartet«, nickte ich, »wirklich gut.«

»Du, ich hab gar nichts zu trinken«, sagte Luisa mit einem Schulterzucken.

Melissa verdrehte die Augen, bis nur noch weiß zu sehen war.

»Tja«, sagte ich, »dann musst du dir wohl was holen.«

Luisa grinste mich an und piekte mir mit dem Zeigefinger in die Seite.

»Ey!«, rief ich.

»Hol du uns doch was!«

Melissa stand auf und ging kopfschüttelnd weg. Was hatte sie denn?

Die Party hatte sich unterdessen maßgeblich verändert. Außerdem schienen Herrn Schreibers improvisierte Getränke eine merkwürdige Wirkung auf die Partygäste zu haben. Aus dem Augenwinkel beobachtete ich, wie Herr Kaiser an die Bar trat, etwas bestellte und ein grünliches Getränk serviert bekam.

Dann stürzte er es hinunter, wurde kurz ohnmächtig und erwachte einige Sekunden später als Partykanone. Sofort riss er sich das Hemd entzwei, stürmte auf die Tanzfläche und begann zu schwofen, wie ich es bisher nur bei der Techno-Oma auf YouTube gesehen hatte.

Aber den restlichen Partygästen ging es nicht anders. Ohne es zu merken, schien sich Herr Schreiber hier gerade eine Armee aus Party-Zombies zu basteln. Aus der Ferne dröhnte der Bass, überall ausdruckstanzten sich enthemmte Menschen ins Delirium. So oder so ähnlich musste es auch auf diesen illegalen Raves ablaufen. Nur würde man so etwas dort immer direkt als Performance bezeichnen. Performance-Kunst, für mich seit jeher das Chemnitz der Kunst.

Frau Pleier bekam ein schwarzes Getränk serviert, setzte an, wurde zuverlässig ohnmächtig, und oh oh oh oh, so hatte ich sie eigentlich nie sehen wollen.

Der kleine Direktor schien maßlos überfordert. Unsicher tänzelte er auf der Stelle, völlig perplex ob der Tatsache, dass hier gerade eskaliert wurde, wie man es normalerweise nur aus den Dorfdiskos kannte.

»Los Chris, mach ma was zum Dancen, Aldr!«, brüllte Maik ins Mikrofon, und schon kickte dieser den nächsten Hit.

»Ich freu mich richtig, dass du da bist«, rief mir Luisa ins Ohr, sodass ihre Lippen es das ein oder andere Mal berührten und ich, ohne es zu wollen, eine Gänsehaut bekam.

»Jaja, ist nett!«, rief ich zurück.

Small Talk war schon immer eine meiner großen Stärken.

»Ich mein, ist doch komisch, oder? Warum verstehen wir uns erst nach der Schule so gut?«

Moment, Moment, rekapitulierte ich, ich dachte, das hier wäre Small Talk.

»Ich hab dich gehasst! Ständig warst du gegen alles!«

»Nicht, dass das jetzt großartig anders wäre«, sagte ich schulterzuckend.

»Ja«, sagte sie verschmitzt, »aber jetzt find ich das irgendwie, na ja.«

»Also freiwillig komm ich hier nach wie vor nicht her!«, rief ich Luisa zu, dabei den gebührenden Abstand wahrend.

Im gleichen Augenblick fiel mir wieder der schlaksige Mann mit der Kamera auf. Stoisch fotografierte er, wie Herr Kaiser mit entblößtem Bauch auf der Tanzfläche stand, während Frau Pleier und Herr Ronny ekstatisch mit zügigen Schlägen Wellen auf seiner Haut produzierten und sich dabei halb kaputtlachten.

Luisa sah mich mit großen Augen an. Meine Güte, sie sah toll aus. Und tatsächlich hatte ich mich vermutlich während unserer gesamten Schulzeit nicht einmal halb so viel mit ihr unterhalten wie jetzt. Lag es am Abstand? Machte Abstand milde? Und wenn man sich dann wieder traf, musste man zuallererst so viele harmlose Informationen austauschen, dass man kaum noch zu echter Interaktion kam. Seit jeher verstand ich mich gerade mit den Leuten am besten, die ich eigentlich niemals traf.

Schon wieder lag Luisas Hand auf meinem Unterarm.

»Melissa hat erzählt, du studierst Ernährungswissenschaften?«, fragte ich.

»Ach«, rief sie, »das hab ich abgebrochen. Ich arbeite jetzt bei der Stadt.«

»Cool«, sagte ich, »was mit Akten und so.«

»Na ja, bei der Ausländerbehörde halt. Asyl und so Zeug.«

»Ah ja«, sagte ich, »und dann gehst du zum Dönermann und guckst, ob der überhaupt arbeiten darf.«

»Genau, und wenn nicht, dann geht's ab nach Hause! So wie bei dem in der Hauptstraße!«

»Wie, du meinst den Laden, wo wir immer nach der Schule waren?«

»Genau den!«

»Aber den gibt's doch schon ewig!«, rief ich.

»Gab's ewig! Alles ohne Aufenthaltserlaubnis! Denkt man gar nicht, hm?«

»Und jetzt ist der weg?«

»Na ja«, sagte Luisa lächelnd, »zumindest der Dönermann ist weg.«

»Was?«

Entsetzt sah ich mich um. Was hatte Luisa da gerade gesagt? Schlimm genug, dass Luisa überhaupt so etwas Komisches arbeitete, aber dann auch noch den Dönermann auszuweisen! Ich brauchte jetzt ganz dringend ein Bier oder so. Ich exte ein Wasserglas vom Tisch und stand auf.

Fassungslos ging ich zur Bühne. Alle feierten ausgelassen, hier und da hatten sich erste Pärchen gebildet, und ab und zu konnte man Jens' Rufe vernehmen: »Geocaching, ja! Geocaching!«

»High Five, Aldr!«, hörte ich Maik rufen, als ich ihn passierte.

Ich wollte einfach weitergehen, doch dann bemerkte ich, dass er gar nicht mich gemeint hatte.

»Ey! Was machst du denn hier?«, rief ich Sebastian zu.

»Seit Herr Schreiber die Getränke macht, ist der Sebastian wie vom alten Schlag!«, lachte Maik.

Sebastian stand schwankend an einem der Stehtische, sein Sakko hing auf halbmast, sein weißes Hemd war zur Hälfte aufgeknöpft.

»NO BORDER, NO PATROL, äääh«, lallte Sebastian, »ONLY ALCOHOL!«

Ich musste lachen.

»Warte, ich vibriere!«, rief Sebastian und zog sein Handy aus der Tasche. »WAS? Jaaa, der bin ich! Och Schatziii, ichbinüberhauptnichbetrunken!«

»Wie hast'n das alles angestellt?«, fragte ich Maik.

»Ach André, es lohnt sich immer, ab und zu mal unangekündigt im Lehrerzimmer vorbeizuschauen«, grinste er und zeigte auf einen Punkt auf dem Dancefloor.

Dort erkannte ich den Direktor, der so verhalten tanzte, als hätte er drei Becher Schlagsahne in den Taschen. Dazu meine Physiklehrerin Frau Stamm, die sich mit allen Teilen ihres Körpers, über die die Schwerkraft mittlerweile gesiegt hatte, an dem kleinen Mann rieb. Bei der Vorstellung, wobei Maik die beiden erwischt haben konnte, zog sich mein Innerstes krampfhaft zusammen.

Ich nickte ihm zu und ging weiter zur Bar, an der sich Herr Schreiber austobte.

»Ey, haste Knaller am Start?!«, hörte ich Sebastian noch rufen.

Wahllos schüttete Herr Schreiber beliebige Mengen aus undurchsichtigen Flaschen in ein Glas, stellte es auf die Theke und improvisierte spontan einen Kaufpreis. Hier und da lagen ein paar Bewusstlose, die Herrn Schreibers Mix-Künste anscheinend nicht vertragen hatten.

»Drei Euro!«, rief er, als er ein neues Gebräu gemixt hatte.

»Also, ich mache ja seit drei Wochen Geocaching!«, rief Jens.

»Verschwinde!«, brüllte Herr Schreiber.

»Ein Bier«, sagte ich.

»Ich versuch's«, rief Herr Schreiber.

Ich sah auf meine Uhr, es war gerade mal zehn.

»Ey André!«, rief jemand vom anderen Ende der Bar zu mir herüber.

»Hey!«, rief Jens. »Weißt du, ich mache da seit Kurzem …«

»Verschwinde!«, brüllte ich.

Jörn winkte mich zu sich heran. Seine Augen hingen auf halbmast, ab und zu wurde er kurz ohnmächtig und sein Kopf sackte weg, dann war er urplötzlich wieder auf Sendung. Vor sich hatte er eine beachtliche Sammlung aus leeren Gläsern stehen.

»Na, bist du noch beim Bund?«, fragte ich ihn.

»'s doch alles scheiße!«, rief Jörn und prostete mir zu.

»Jawoll!«, brüllte Sebastian, der sich mittlerweile die Ärmel seines Sakkos abgerissen hatte und den übrig gebliebenen Fetzen als eine Art Weste trug.

»Das ist auch unsere Philosophie, mein Freund!«, rief Maik, während er sich von hinten zwischen uns drängte. Unsere Gläser krachten aneinander.

»Hier!«, rief ich und schob Jens mein Glas rüber. »Trink!«

Mit hochgezogener Nase schnüffelte Jens an dem Gemisch, angewidert drehte er sich weg.

»Los, Aldr!«, rief Maik, und dann setzten sie alle vier gleichzeitig an.

Für ein paar Sekunden wurden sie ohnmächtig, dann schnellten ihre Köpfe wieder in die Aufrechte.

»Wie isses beim Bund?«, fragte ich Jörn.

»'s scheiße!«, murmelte er. »Aber's sind ja jetz nur noch fünf Jahre! 's geht ruckzuck, sagt mein Spieß immer!«

Krass, dachte ich. Ich wusste nicht einmal, was ich an Silvester machen würde, Jörn hatte für die kommenden fünf Jahre praktisch schon den Stundenplan parat.

Herr Schreiber stellte mir ein neues Glas Chemiebrühe hin.

»Was ist das?«, fragte ich.

»Wer weiß das schon«, grinste er.

Mit einem Mal packte mich eine Hand an der Schulter.

»Und jetzt gehste einfach weg und lässt mich da sitzen, oder was?«, schnauzte mich Luisa an. »Ich dachte, wir hätten 'ne Verbindung!«

»Nee, ich hab O2, das ist ganz schlecht«, murrte ich.

»Du hast dich echt kein bisschen verändert!«, schrie Luisa.

»Das geb ich gern zurück«, sagte ich.

»Also, 'ch weeß nich, ob ihr's mitbekommen habt!«, brüllte jemand.

Alle sahen sich um, aber niemand wusste, woher die Stimme kam.

»Ey!«, rief es wieder. »Eeeyyyy!«

DJ Chris drückte auf Stopp. Ein Raunen ging durch die Menge. Jens baumelte an einem der Hallenlautsprecher, es sah nicht aus, als hätte er das Ganze spidermanmäßig unter Kontrolle.

Oh oh, dachte ich, keine Macht dem Chemikalienschrank.

»Spriiiing!«, rief Maik und erntete zahlreiche Lacher.

»Geokesching, ihr Arschlöcher!«, brüllte Jens.

»Spriiiiiiiiing!«, rief Jörn und ließ ein dreckiges Lachen folgen.

»Wenn keen Blut fließt, kommt's morgen nicht in de Zeitung!«, rief Sebastian.

»Das is' doch 'n astreines Versteck hier!«, brüllte Jens.

»Tolles Alibi«, sagte ich zu Maik, der grinsend neben mir stand und deutete auf den Fotografen, der jetzt Jens ins Visier genommen hatte.

»Den Verdacht *immer* von sich weglenken, mein Guder!«, dozierte Maik vor sich hin.

»Geokesching!«, brüllte Jens noch einmal. »Ich mach übrigens Geokeeeee...«

Jens' ganz persönlicher Spiderman-Film schien keine Fortsetzung mehr zu bekommen.

Maik spurtete los, so als wollte er Jens noch auffangen, doch alles, was er tat, war gegen Herrn Schreibers Chemikalienwagen zu treten, sodass dieser direkt in Jens' Richtung fuhr.

Krachend schlug Jens auf. Überall flogen Glasflaschen durch die Gegend, zerplatzten, und ihr Inhalt begann sich in den Hallenboden zu fressen.

Luisa sah mich kopfschüttelnd an und rannte hinüber zu dem Verunglückten, der in einem Berg von zerbrochenen Flaschen lag.

»Ich wusste, dass das passiert!«, schrie Frau Pleier.

Das fortwährende Klicken der Kamera durchschnitt die Stille.

»Herr Schreiber, es juckt so komisch!«, lachte Jens, und wer wusste schon, was er da gerade alles einatmete, das ihn die offensichtlichen Schmerzen vergessen ließ.

»Geil!«, sagte Maik, als er wieder bei uns an der Theke stand.

Wortlos stellte uns Herr Schreiber drei grüne Getränke vor die Nasen.

»Jetzt brauchen wir schon wieder ein Alibi«, sagte ich, als ich sah, wie der Fotograf uns ins Visier nahm.

»Oder zumindest mildernde Umstände«, sagte Sebastian.

»Prost«, rief Maik, und wir tranken.

Zehn Jahre zuvor

Wie im Osten

»Halb acht, ey! Es is' so sinnlos, Aldr!«, rief Maik, während wir die Treppen unserer Schule hinaufwankten. Breitbeinig humpelten wir Stufe um Stufe nach oben, weil uns der knietiefe Schritt unserer neonfarbenen Pash-Hosen ein normales Fortbewegen verwehrte.

»Los, wir hauen einfach ab!«, sagte Sebastian, der neuerdings eine dieser feschen Igelfrisuren trug.

»Siebenhundertachtundzwanzig!«, rief ich und trat wie jeden Tag direkt gegen die Mauer neben der Eingangstür. Irgendwann würde sie nachgeben. Und daraufhin würde die gesamte Schule einstürzen – alle Probleme gelöst.

Genau einen Tag nach Weihnachten hatte unser Klassenlehrer die AG Klassenfahrt der 7d in die Schule bestellt, um mit ihr das Ziel der in drei Monaten anstehenden Reise zu bestimmen. Jeder in der Schule wusste, dass die Fahrten der siebten Klassen immer und ausschließlich nach Thale in den Harz gingen. Und alle hassten den Harz. Wenn man in Sachsen-Anhalt aufwuchs, fuhr man andauernd in den Harz, dieses läppische Gebirge, das meines Wissens außer einer Erwähnung in Goethes Faust noch nie etwas Bemerkenswertes hervorgebracht hatte.

Nun gut, für manche Lehrerin schien die Fahrt pünktlich zur Walpurgisnacht eine willkommene Verbindung aus Arbeit und Hexenkodex zu sein. Mancher Siebtklässler brachte aus Thale die ein oder andere sexuelle Erfahrung, so richtig mit Anfassen und so weiter, mit nach Hause, die meisten jedoch einfach eine Bomberjacke und ein problematisches Verhältnis zu Ausländern.

Aber die Schulordnung sah es nun einmal vor, die Schüler an der Wahl des Zielortes teilhaben zu lassen. Und so trafen sich unser Klassenlehrer Herr Ronny, Maik, Sebastian, Enno, Luisa, Melissa, Atze und ich einen Tag nach Weihnachten zur lästigen Demokratiesimulation.

»Oh wunderbar, dass ihr gekommen seid!«, piepste Herr Ronny und umarmte uns ausgiebig.

Ein paar Jahre später hätte man es vermutlich merkwürdig gefunden, ausgerechnet vom Religionslehrer umarmt zu werden, aber im Jahr 1999 gestand man den Science-Fiction-Lehrern noch gewisse Eigenheiten zu.

Und tatsächlich war Herr Ronny mein Lieblingslehrer, insbesondere, weil er mich einfach in Ruhe ließ, solang ich mich nicht zu häufig über den Papst lustig machte. Auch Maik schätzte ihn wegen seiner Lässigkeit, die sogar das Herumrotzen auf dem Schulhof tolerierte, solang der Spuckefleck die Form von Jesus hatte. Niemand wusste, ob Herr Ronny nun mit Vor- oder Nachnamen Ronny hieß oder ob er da überhaupt einen Unterschied machte. Vielleicht, so dachten wir oft, hieß er ja einfach Ronny Ronny. Oder einfach nur Ronny, so wie bei Goofy. In Sachsen-Anhalt wäre das sicher möglich gewesen.

»Setzt euch, setzt euch!«, ereiferte sich Herr Ronny, holte eine kleine Tonplatte unter dem Tisch hervor und zündete einige Räucherstäbchen an. Obwohl er eigentlich katholischer Religionslehrer war, praktizierte er schon immer seine ganz eigene Mix-Religion.

Umständlich installierten Maik und ich uns auf den Stühlen und kamen dank unserer feschen Baggy-Hosen nur halb im Liegen zur Ruhe, während wir argwöhnisch von Atze beobachtet wurden.

Atze war unser Austauschschüler aus Berlin, der ganz im Gegensatz zu uns Pseudo-Hiphoppern schon längst in der Elektro-Szene angekommen war. Atze war ein stinknormaler Randberliner mit schlechten Gehör, der seine Unsicherheit mit Plastikschlaghosen, Igelfrisur und angeblichen Drogengeschichten zu kaschieren suchte, und seit er sich Anfang Dezember zum Beweis in der Hofpause eine halbe Packung TicTac-Lines reingezogen hatte, war unser Respekt grenzenlos.

»Wie schön, dass ihr alle gekommen seid«, begann Herr Ronny. »Ihr wisst, warum wir hier sind: Wir wollen abstimmen, wohin die Klassenfahrt im April geht.«

»Häh wat?«, rief Atze, während er ein Knicklicht aus der Tasche zog, es mit einem Knacken zum Leuchten brachte und anschließend in seinem Mund verschwinden ließ.

»WIR WOLLEN ABSTIMMEN, WOHIN DIE KLASSENFAHRT GEHT!«, brüllte Herr Ronny.

»Okay«, erklärte Maik, während er ungelenk aufstand und sich die Hose hielt, »ich würde ma saren, der Fall is' klar, wir fahrn nach Ibiza! Schön' Tach noch!«

»Halt halt halt halt halt!«, unterbrach Herr Ronny. »Abstimmung bedeutet aber …«

»Jaja, ich weeß, wir fahren nach Thale, damit die Mathe-Hexe Familie Blocksberg besuchen kann!«

»Haha, der Brocken wird auch Blocksberg genannt. Der wäre von Thale natürlich besonders einfach zu erreichen!«, freute sich Herr Ronny.

»Oah, ich hasse den Brocken!«, rief Maik.

»Wartet, wartet«, rief Sebastian. »Warum treffen wir uns nicht einfach in der Mitte und fahren in den Heidepark?!«

»Der Heidepark ist die Mitte vom Brocken und Ibiza?«, fragte Herr Ronny.

»Dabei!«, rief ich. »Heidepark!«

Luisa hüstelte etwas gekünstelt.

»Also, ich finde Thale ganz ausgezeichnet! Außerdem steht es doch sicher nicht umsonst im Lehrplan.«

Maik und ich verdrehten die Augen.

Enno war mehr mit seinem riesigen Motorola-Handyknochen zu beschäftigt, als dass er irgendwie gedanklich anwesend war.

Melissa hockte hinter einem Stapel von Katalogen. »Also, der Tim, mein Freund, und ich, wir haben so ein süßes kleines Berghotel in den Schweizer Alpen gefunden. Da kann man schön vorm Kamin liegen und …«

»Der Tim ist in drei Monaten doch längst dein Ex-Ex-Ex-Freund!«, rief Maik.

Sebastian begann zu lachen und gab Maik High Five.

»Na na na na na!«, unterbrach Herr Ronny.

»Na is' doch wahr. Ibiza! Die Vengaboys lügen doch nich!«

»Maik«, rief Herr Ronny, »wer soll denn so eine Auslandsreise bezahlen?«

»Dann eben Mallorca!«, rief Sebastian.

»Jawoll, Mallorca«, rief Maik. »Und offm Weg dahin schön Vengaboys hör'n!«

Aufgeregt kaute Atze auf seinem Knicklicht herum.

Wer wusste schon, der wie vielte Freund Melissas dieser Tim war. Die Mädchen waren uns in puncto Zwischenmenschlichem so weit voraus. Mein Kontakt mit Mädchen beschränkte sich vor der Jahrtausendwende zumeist auf verzweifelte Liebesbriefe und die zugehörige Tracht Prügel oder darauf, dass ich in jedem Fach gezwungenermaßen neben Melissa sitzen musste. Und einmal hatte ich mit Peggy ein Bisasam aus der blauen gegen ein Glumanda aus der roten Pokémon-Edition getauscht. Unter uns 13-jährigen Jungs galt so etwas als Petting. Und wenn man nicht aufpasste, zog sich manch einer von uns aus Spaß zwanzig zerbröselte Tic Tacs in die Nase und gefährdete damit sein Halbjahreszeugnis.

Maik hatte zwar als Einziger von uns dreien bereits Haare auf der Brust und sogar schon eine Vorliebe für Whiskey-Cola entwickelt, aber auch er war ziemlich neidisch, wie intim ich mit Peggy geworden war.

Atze hatte seit dem Tic-Tac-Vorfall ganz eigene Formen der Beschäftigung entwickelt: Fröhlich ratschte er mit Herrn Ronnys Feuerzeug herum und inhalierte fleißig Flüssiggas. »Oah, is' das geil!«, sagte er immer wieder. »Das knallt!«

Im Chemieunterricht mochte das für eine Vier reichen, aber darüber hinaus sah ich für seine Versetzung schwarz.

»Also, ich stell mir das schön vor, mit den Jungs am Feuer zu sitzen«, sagte Melissa.

»Sangria zu trinken«, fügte Maik hinzu.

»Mehr über die Geschichte des Harzes zu erfahren«, erklärte Luisa.

»Vengaboys zu hören«, schwärmte Sebastian.

»Wie ist das Netz in Thale?«, fragte Enno.

»André, was ist mit dir?«, wandte sich Herr Ronny an mich.

Ich zuckte mit den Schultern.

Dreizehn war ein komisches Alter. Die eine Hälfte der Jungs verließ das Haus nur, um die Playstation beim Nachbarsjungen aufzubauen, weil Mutter wieder gemeckert hatte, man solle doch mal rausgehen; die andere Hälfte versuchte mit gleichaltrigen Mädchen anzubandeln und scheiterte gnadenlos an der Tatsache, im Gegensatz zu den drei Jahre älteren Jungs noch kein Mofa zu besitzen.

»Hauptsache nicht in den Harz«, sagte ich.

Sebastian stieß mir seinen Ellbogen in die Seite.

»Mallorca klingt ganz geil. Ach, mir egal. Als ob wir hier irgendetwas zu bestimmen haben!«

Luisa seufzte.

»Eine Enthaltung«, grinste Herr Ronny.

»Können wir nicht nach Prag fahren, wie die Zwölften?«, fragte ich.

»Dann müsst ihr in der zwölften Klasse aber nach Thale fahren«, erwiderte Herr Ronny.

»Ey, des is' wie im Osten«, rief Sebastian.
»Ey Herr Ronny, ey!«, ergänzte Maik.
»Na na na«, machte Herr Ronny.
»Die hamm uns verarscht bei der Wende!«
Herr Ronny räusperte sich und hob die Hand: »Stimmen wir ab: Thale!«
»Thale!«, sagte Luisa.
»Mallorca«, rief Maik.
»Off jeden!«, sagte Sebastian.
»Meinetwegen«, sagte ich.
»Na ja, dann Thale«, sagte Enno.
Maik schlug sich mit der flachen Hand gegen die Stirn.
»Schweiz«, sagte Melissa.
Atze reagierte nicht. Noch immer war er damit beschäftigt, das Feuerzeug leerzuatmen.
»Drei zu drei«, sagte Sebastian, »Mallorca oder Thale, Alter!«
»Komm, Aldr!«, rief Maik. »Off Mallorca loofen die Grills mit Propangas!«
»Andreas?«, fragte Herr Ronny.
»Ey!«, rief Maik, und Sebastian boxte Atze gegen die Schulter.
Ein leises Ratschen war zu hören, gefolgt von einem lauten PPFF!, wobei sich für einen Sekundenbruchteil eine blaue Flamme rund um Atzes Kopf spannte. Kleine Flämmchen loderten aus seiner Nase, sodass ich mich unweigerlich an den Trickfilm-Drachen Grisu erinnert fühlte. Als er die Augen wieder öffnete, stiegen kleine Rauchwölkchen von seinen Augenbrauen auf.
In Comics war solch ein Vorfall meist der Beginn einer steilen Superheldenkarriere.

»Alles okay, Andreas?«, fragte Herr Ronny besorgt.
Fasziniert beobachteten wir, wie Atzes Augen immer größer wurden. Auf welche Seite würde er sich schlagen, auf die der Superhelden oder der Superschurken?

Atze schaute ungläubig in die Runde. Seine Naseflügel bebten. Bedächtig führte er seine Hände aneinander, so als wolle er gleich zum ersten Mal seine neu gewonnene Macht ausprobieren. Langsam öffnete er den Mund.

»Aldr! Sprich mir nach!«, rief Maik. »Kaaaameeehaaaameee …«

Atze verdrehte die Augen, »HAAAAAATSCHU!«, machte er, und eine brodelnde weiße Masse, die verdächtig gut nach Pfefferminz roch, schoss aus seiner Nase direkt vor uns auf den Tisch und begann, sich in die Pressspanplatte zu fressen.

»Iiih«, machte Melissa.

Na klasse, dachte ich. Da wird er nun schon zu so einer Art Spiderman, und dann kann er die Bindfäden nur aus der Nase schießen.

Atze ließ den Kopf hängen, Herr Ronny spurtete sofort los ins Lehrerzimmer.

Fünf Minuten später hatten wir Atze in die stabile Seitenlage gehievt und warteten auf den Krankenwagen.

»Na ja«, sagte Herr Ronny, »dann haben wir ein drei zu drei, Lehrerstimme überwiegt, und somit fahren wir nach Thale!«

»Ey, hier, Herr Ronny, Aldr!«, rief Maik, während er mit dem Zeigestock in den verbrannten Tic Tacs herumstocherte. »Ich gloob, der Atze hat doch abgestimmt. Der Fleck hat eindeutig die Form von Mallorca!«

2009

Maiks Geheimnis

Es war ein Sonntag. Ich erwachte auf der Pärchenbank im Hause meiner Eltern. Es war gerade mal 9.30 Uhr, ich hatte die Jalousien geschlossen, es herrschte völlige Dunkelheit, nur ein ohrenbetäubendes Trommeln war zu hören. Als ich die Augen aufschlug, bemerkte ich in der Zimmerecke ein leuchtendes Etwas, das im Takt des Trommelns abwechselnd grün und rot und lila vor sich hin blinkte, fast wie so ein verrücktes Knicklicht. Moment, hatte ich davon etwa geträumt? Mit einem Ruck riss ich mich nach oben und tastete mich vorwärts. Das Trommeln wurde lauter, das Blinken intensiver. Ich nahm meinen ganzen Mut zusammen, griff nach dem mysteriösen Etwas, machte mich auf das Schlimmste gefasst und …

Erleichtert hielt ich Maiks Stimmungsschlagring in der Hand. Er musste ihn hier vergessen haben. Und weil sich offensichtlich eine Capoeira-Gruppe, ein Spielmannszug oder jemand mit einem Batikhemd in der Nähe aufhielt, schlug er nun fröhlich Alarm. Ich streifte ihn über meine Finger und spürte, wie mich eine unsichtbare Kraft zur Zimmertür zog. Dabei riss ich den Ordner mit meinen Anmeldeunterlagen für die Bachelorarbeit um, sodass er auf den Boden knallte und haufenweise Blätter durchs Zimmer flatterten. Je weiter ich aus meinem Zimmer in die elterliche Diele trat, desto lauter wurde das Trommeln und desto mehr pulsierte der Schlagring. Langsam bog ich ins Wohnzimmer, der Ring begann zu zucken.

Eifrig hüpften meine Eltern in Unterwäsche vor dem lärmenden Fernseher, jauchzten und jubelten, sodass der Terminus

Körperzufriedenheit einen üblen Beigeschmack bekam. Aufmerksam folgten sie den Anweisungen des Geräts, in dem ein braun gebrannter Mann mit freiem Oberkörper inmitten einer Gruppe durchtrainierter, leicht bekleideter Frauen im seichten Wasser eines Sandstrands stand, auf und ab hüpfte und dabei immer wieder rief: »Baila! Caipirinha! Zumba!«

Oh Gott, oh Gott, dachte ich, das ist ein Albtraum, wach auf, wach auf, und gab mir mit der freien Hand eine schallende Ohrfeige.

Meine Mutter drehte sich grinsend zu mir um und begann, lasziv auf mich zuzutanzen: »Heyyy, da ist jemand schon aufgestanden! Los, zieh dich aus und mach mit!«

Oje oje, dachte ich, genau so fängt das in einem Swingerclub sicher auch immer an.

»Nee nee, schon okay, was wird 'n das?«, rief ich erschüttert und betrachtete argwöhnisch, wie mein Vater im Schlüpfer an seinem Hüftschwung arbeitete.

»Das ist die DVD, die ich mir zu Weihnachten gewünscht hab: *Tsumbah*!«, rief meine Mutter.

»Soso«, sagte ich, griff nach der DVD, hielt sie schützend vor mich und überflog die Rückseite.

Wenn ich die Beschreibung richtig verstand, dann war Zumba die brasilianische Kurzform für »Haha, die dicken Deutschen kaufen einem auch wirklich jeden Scheiß ab!«. Es handelte sich um eine Mischung aus Balzritual und Jumpstyle, für die man in den Favelas vermutlich regelmäßig Schläge bekam. Aber gut, andere Leute gingen um diese Uhrzeit in die Kirche, meine Eltern machten eben südamerikanischen Paarungstanz.

»Du musst dich ganz auf das Lebensgefühl einlassen!«, rief meine Mutter, während sie mit wackelndem Hintern auf meinen Vater zuhüpfte, so als sollte ich jetzt mit 23 Jahren doch noch ein Geschwisterchen bekommen.

»Ich versuch's ja«, rief ich, »aber da ist nur Angst!«

Der Stimmungsschlagring in meiner Hand schimmerte noch immer in den buntesten Farben, was wohl so viel wie *Schlag endlich zu!* bedeutete. Bei einem Spielmannszug oder einer Capoeira-Gruppe hätte ich mich vermutlich dazu hinreißen lassen, aber meine Eltern waren fast fünfzig, da musste man ihnen schon irgendwie nachsehen, wenn sie langsam, aber sicher sonderbar wurden. Ich musste den Stimmungsschlagring dringend loswerden.

»Wo gehst du hin?«, fragte meine Mutter.

»Ich glaub, ich muss mal eben zu Maik«, antwortete ich mit Blick auf das blinkende Ding in meiner Hand.

»Ich dachte, du wolltest noch ein Thema für deine Bachelorarbeit suchen?«

Mein Arm zuckte, und ohne dass ich es wollte, schlug meine Faust in Richtung meiner halb nackten Eltern.

»Hey hey, da hat aber jemand echt wenig Lebensgefühl heute!«

»Jaja«, sagte ich und griff nach den Autoschlüsseln.

Doch als ich im Auto saß, wurde ich schlagartig einiger Probleme gewahr: 1) Irgendwelche Arschlöcher hatten über Nacht unsere Pflastersteine aus der Einfahrt geklaut. 2) Ich hatte überhaupt keine Ahnung, wo Maik wohnte. Okay, so eine grobe Richtung, irgendwo im Neubaugebiet in der Weststadt, aber sonst? Noch nie war ich bei Maik zu Hause gewesen. Zu Schulzeiten hatten wir uns hauptsächlich im Klassenraum, auf der Wartebank vorm Rektorzimmer oder im Keller beim Hausmeister zum *Roochen* getroffen. Und seit wir unseren Abschluss hatten, kam Maik ja immer zu mir. War ich tatsächlich so ein schlechter Freund, dass mir das Ganze erst jetzt auffiel? Sebastian hatte ich tausendmal nach Hause geschleppt und bei ihm übernachtet, aber erstens hätte niemand Maik jemals auch nur einen Meter weit tragen können, und zweitens waren, wenn Maik nicht mehr trinken konnte, alle anderen um ihn herum eh schon längst tot. Moment, lag es vielleicht einfach an dem ganzen Bier, das wir andauernd tranken, sobald wir uns trafen, das mich dann gnädig solche Fragen vergessen ließ?

Langsam bog ich in die Neubausiedlung. Sofort wurde es dunkler, kälter, der Wind pfiff schroff und eisig durch die engen Häuserschluchten, in denen nur vereinzelt Laternen dem mickrigen Dezembertageslicht Unterstützung gaben.

Nun gut, beruhigte ich mein schlechtes Gewissen, man konnte es meinem Vergangenheits-Ich nicht verübeln, sich nie in diese Gegend gewagt zu haben, wo offensichtlich nur das Gesetz der Straße regierte.

Ich fuhr vorbei an Dutzenden Blocks, die alle gleich aussahen, und hatte keine Ahnung, wo ich anfangen sollte, nach Maik zu suchen, als plötzlich der Stimmungsschlagring auf dem Beifahrersitz gelblich zu schimmern begann.

»Orks«, dachte ich, »Neubau-Orks!«, und bog sofort in eine Seitenstraße.

Und tatsächlich, an einer Straßenecke lungerte eine Gruppe finster dreinblickender Jugendlicher herum, die scheinbar die Hoffnung auf einen Durchbruch als Rapper auch jenseits ihres zwanzigsten Geburtstags noch nicht aufgegeben hatten.

»Ey, kennt ihr Maik?«, rief ich aus dem Fenster.

»Was los, Junge?«, rief einer der Jugendlichen, die mir irgendwie seltsam bekannt vorkamen.

»Zwei Meter groß, Jeansjacke, sieht aus, als hätten wir noch immer 1992?!«

»Was los, Opfer?«

»Ob ihr Maik kennt, der muss hier irgendwo wohnen«, rief ich und hielt ihnen zu Illustration den Stimmungsschlagring entgegen.

»Scheiße, der kennt den Irren vom Spielplatz!«, begann einer der Jugendlichen zu tuscheln.

»Is' okay Mann, alles cool, wir ham nix gegen Maik!«, rief der Anführer, während er langsam zurückwich.

»Ja Mann, Maik ist total super!«, rief ein anderer.

»Jaja, aber wisst ihr, wo der wohnt?«, rief ich, doch die Jugendlichen hatten längst ihre tief sitzenden Hosen nach oben gezogen und waren davongerannt.

Na klasse, dachte ich im Weiterfahren. Maik eilte also ein sonderbarer Ruf als »der Irre vom Spielplatz« voraus. Wieder kam ich an Neubaublock um Neubaublock vorbei, und keine Menschenseele war zu sehen. Ich war kurz davor, wieder umzudrehen und einfach abzuwarten, bis Maik am Abend wieder versuchen würde, mich zum Klassentreffen zu entführen, da tauchte in einiger Entfernung ein kleiner Kiosk auf, vor dem drei Männer ihre Guten-Morgen-Hülse genossen.

»Äh, sorry und, äh, Prost, kennen Sie zufällig meinen Kumpel Maik?«, fragte ich, als ich ausgestiegen war.

»Na tlar!«, rief der, der am übelsten aussah.

»Der Maik is'n ganz feeeeeiner Bursche!«, erklärte der Kioskbesitzer und zeigte auf ein Foto an der Rückwand seiner Kaschemme. Darauf zu sehen war Maik, bekleidet mit einer Schürze, einem Schiffchen auf dem kahl rasierten Kopf und einer Bockwurst in der Hand. Überschrift: *Maik Werner – Praktikant des Monats September 2005.*

»Warte ma!«, rief der Kioskbesitzer und holte eine leere Farbdose unter der Theke hervor. Was hatten die Säufer hierzulande nur mit ihren Farbdosen? In Windeseile kippte er verschiedene Schlücke aus mehreren Flaschen zusammen und hielt mir anschließend das Gebräu unter die Nase. Es roch buchstäblich ätzend.

»Hier! 'n echter Maik! Kannste ma probiern! Macht graue Tare bunt!«

»Orrr, feines Zeuch!«, nickten die anderen.

»Nee nee, danke!«, sagte ich.

»Der Maik, das is' so eener, der hat immer 'ne Pfandflasche übrig für dich, der is' echt spitze!«, pflichtete der dritte Mann bei.

Okay, dachte ich und versuchte, meine bisherigen Erkenntnisse über Maik zu resümieren. Für die Trinker war er also ein feiner Kerl, der sogar seinen eigenen Longdrink besaß, und für die Hiphopper war er der »Irre vom Spielplatz«, der mit einem bunt leuchtenden Schlagring für Ordnung im Viertel sorgte. Da kam mir eine Idee.

»Habt ihr zufällig 'ne Ahnung, wo hier 'n Spielplatz is'?«, fragte ich in die Runde.

»Na tlar! Dlei da drübn!«, rief der Erste und zeigte quer über die Straße.

Auf dem Spielplatz rannten zahllose Kinder durcheinander. Auf den Bänken daneben hatten es sich die zugehörigen Mütter bequem gemacht. Was hatte Maik damit zu tun? Hatte ich irgendwas verpasst? Hatte Maik ein Kind? Oder machte Maik hier die Security?

»Aaaach, der Maik is' so ein Netter!«, hörte ich eine Blonde von einer Bank tirilieren.

»Und dass der sogar am Wochenende mal off'n Spielplatz kommt, obwohl der Kindergarten nur von Montag bis Freitag off hat, Wahnsinn, he?«, ergänzte eine Rothaarige.

»Entschuldigung, Kindergarten?«, fragte ich im Näherkommen.

»Na tlar! Meine Jenny schwärmt immer so richtig vom Maik!«, sagte die Blonde.

Ein kleines Mädchen kam auf mich zugerannt und hielt mir ein Kärtchen hin.

»Bist du auch Mitglied?«, fragte es, ich zuckte mit den Schultern.

»Ich bin nämlich Mitglied im Knax-Klub!«

»Die erste Regel des Knax-Klubs lautet: Ihr verliert kein Wort über den Knax-Klub«, flüsterte ich.

»Ey Jenny, hör ma off, da hier so mit fremden Leuten zu reden!«, donnerte plötzlich eine mir nur allzu gut bekannte Stimme über den Spielplatz. »Die wollen nur deinen Körper!«

Die Frauen begannen zu kichern. Mit schweren Schritten kam Maik auf die kleine Jenny und mich zu. Ich musste grinsen. Als Maik mich erkannte, blieb er wie angewurzelt stehen, so als wollte er jeden Moment einfach wegrennen.

»Ey Maik!«, rief ich.

»Wer sind Sie?«, rief Maik.

»Komm, brauchst nicht so zu tun«, sagte ich, »du wärst doch nachher eh bei mir vorbeigekommen!«

»Aaaah«, rief Maik mit gespielter Überraschung, »dann musst du dieser Antreh sein!«

»Ist okay, Maik, ich weiß, dass du es bist!«

»Ich bin übrigens ... der Mirko«, erklärte Maik unbeeindruckt, »'m Maik sein Bruder!«

»Alles klar, Maik!«, sagte ich und verzog das Gesicht.

»Zwillingsbruder, um genau zu sein!«

»Du, es ist echt okay, wenn du 'n Job hast!«, sagte ich. »Auch wenn ich niemals erraten hätte, dass gerade du in 'nem Kindergarten arbeitest!«

»Ich bin nich Maik!«, sagte Maik. »Ich bin der Mirko, der Maik is' zu Hause!«

»Soso«, sagte ich, »wo wohnt er denn? Dann geh ich mal kurz vorbei, ich hab noch was von ihm!«

»Das geht nich!«, erklärte Maik. »Der is' nich zu Hause!«

»Alles klar!«, sagte ich und winkte ab.

Ein kleiner Junge kam angerannt und hielt sich sein Auge, das bereits beachtlich angeschwollen war.

»Onkel Maik, Onkel Maik, der Steve hat mich mit'm Stock gehauen!«

»Und was hab ich euch beigebracht, was sagt man da?«

»AAAAAAAAAADRIAN!«, rief der kleine Junge in bester Rocky-Manier.

Maik begann zu kichern, und ich konnte mir das Lachen nur schwer verkneifen.

»Er hat übrigens Maik zu dir gesagt«, bemerkte ich, als der Junge gegangen war.

»Jaja, der hat ADHS, der is' völlig neben der Spur!«, sagte Maik.

»Is' wirklich okay, wenn du in 'nem Kindergarten arbeitest. Irgendwoher muss das Geld ja kommen. Und solang's dir Spaß macht!«

»Onkel Maik, Onkel Maik«, rief ein anderes Kind, »hilfst du mir noch mal beim Rutschen?«

»Wer bist du?«, rief Maik. »Hast du keene Eltern?«

Der kleine Junge begann zu weinen und schlich betreten davon.

»Pass auf«, sagte ich, »ich geh jetzt einfach und hab nichts gesehen, okay?«

»Ich sag'm Maik 'n schön' Gruß!«, sagte Maik.

»Jaja, Mirko!«, sagte ich und ging.

Als ich ins Auto stieg, sah ich, wie Maik dem kleinen Jungen hinterherlief, ihn aufhielt und tröstete und dann mit ihm zur Rutsche ging. Dann drehte ich den Zündschlüssel um und fuhr los.

Auf dem Beifahrersitz lag noch immer der Stimmungsschlagring.

Historischer Mathe-Realismus

Schon als ich am Heiligabend bei meinen Eltern aufgetaucht war, war eine der ersten Fragen meiner Mutter gewesen: »Und? Gehste am 27. Dezember wieder zum Ehemaligentreffen? Das war doch richtig fetzig letztes Jahr!«

Jaja, richtig fetzig war das gewesen. So fetzig, dass ich auch in diesem Jahr beschlossen hatte, nicht hinzugehen.

Von solcherlei schönen Erinnerungen beflügelt lag ich also in meinem alten Zimmer und war froh, wenigstens schon die Weihnachtsfeiertage hinter mir zu haben. Der Wind schlug gegen die Rollläden, draußen tobte ein unheimliches Gewitter. Wenn ich Glück hatte, war meine alte Schule sowieso längst Geschichte. Meine Abendplanung beschränkte sich auf zwei Dinge: 1) Lesen und 2) mich aufs Dach ketten, von einem Blitz treffen lassen und ab morgen als Superheld namens ELEKTRO das Böse bekämpfen.

Da klopfte es an meiner Zimmertür. Das heißt, natürlich klopfte es nicht. Meine Eltern rissen seit jeher einfach meine Tür auf, sahen sich ein paar Sekunden im Raum um und fragten anschließend: »Stör ich?« Eine Tatsache, die mir gerade während der Pubertät viele unschöne Szenen beschert hatte.

»Stör ich?«, fragte meine Mutter.

»Lass mich raten«, sagte ich, »die Katze schläft und sieht dabei total lustig aus. Nein, warte! Die Katze hat das Fahndungsfoto auf der Katzenklappe wieder ignoriert und statt Dieter Bohlen eine tote Maus vor die Tür gelegt!«

»Da sind zwei Männer für dich. Die wollen was mit dir klären«, sagte meine Mutter.

Oje, dachte ich und sofort wurde mir einiges klar. Das musste ja irgendwann kommen. Hab ich mich also doch einmal zu oft auf meinem Blog über Halle an der Saale lustig gemacht. Und jetzt schickten sie also ihre beiden einzigen Einwohner mit Schulabschluss vorbei. Ich zog mein Handy aus der Tasche, machte ein Foto von mir und hielt es meiner Mutter hin.

»Hier, so will ich nach der Operation wieder aussehen. Wobei, vielleicht können die Ärzte gleich mal was gegen die Schlupflider machen«, sagte ich.

Meine Mutter sah mich entgeistert an.

»Na ja, die sind sicher sehr stark, oder?«, fragte ich und deutete Richtung Diele.

»Der eine sagt, dass er dich kennt.«

»Das glaub ich.«

Ich sah mich um. Rein waffentechnisch gab mein Zimmer nicht viel her, aber wenn ich es klug anstellte, könnte ich vielleicht einen der beiden mit der Ausgabe von *Krieg und Frieden* erledigen.

Ich schielte aus dem Fenster, wo ich zwei bullige Typen in Anzügen ausmachen konnte, die ich beide nicht kannte.

»Nee nee nee«, sagte ich zu meiner Mutter, »das ist auf jeden Fall 'ne Falle!«

Meine Mutter schüttelte den Kopf: »Aber dann wären die doch nicht extra hergekommen!«

»Gerade deshalb sind sie ja hergekommen!«, erwiderte ich.

»Ja, aber wenn sie dir was Böses wollen, warum warten sie damit erst, bis du draußen bist?«

»Du bist echt 'ne gute Mutter«, sagte ich. »Frag sie doch mal, was sie hier wollen.«

Meine Mutter tippelte zur Haustür.

»Wir holen den André zum Ehemaligentreffen ab!«, hörte ich einen der Schränke lamentieren.

»Das ist aber schön!«, frohlockte meine Mutter.

»Nicht schön!«, rief ich aus meinem Zimmer.

»Ist doch toll, wenn man dich dabeihaben will!«, brüllte meine Mutter aus der Diele.

»Bei den Kannibalen bekommen die Opfer auch immer anständig zu essen. Aber nur, damit später mehr an ihnen dran ist. Es ist ein schmaler Grat zwischen Bewirten und Mästen«, rief ich.

»Ach du wieder! Zieh lieber deine Jacke an!«, brüllte meine Mutter, die schon immer eine weitaus größere Freude an meiner Vergangenheit gehabt hatte als ich selbst.

Ich schüttelte den Kopf und tat, wie mir geheißen. Im Bad überlegte ich kurz, ob mir ein beherzter Schluck aus dem Parfum-Flakon das Bevorstehende noch würde ersparen können, beschloss jedoch, dass es schon schlimm genug war, wenn mir die Schule bereits meine Lebensfreude genommen hatte. Meine Sehkraft sollte sie nicht auch noch bekommen.

Stoisch standen die Anzugtypen vor der Haustür, und wenn ich mich nicht irrte, dann hatten sie sogar diese lustigen Knöpfe im Ohr.

Sie geleiteten mich auf die andere Straßenseite ins Dunkel.

Na gut, dachte ich, immerhin erspare ich mir jetzt den Stress mit meiner Bachelorarbeit. Die Hauptsache ist, dass sie nichts Ekliges mit mir machen, sondern es einfach schnell und sauber hinter sich bringen.

Wir gingen die Straße entlang, irgendwann stoppten sie ohne erkennbaren Grund.

»Einsteigen«, sagte der eine, aber ich verstand nicht.

»Wo einsteigen?«, fragte ich.

In diesem Moment gingen direkt vor mir zwei Autoscheinwerfer an. Ich wischte mir die Augen, und als ich langsam wieder sehen konnte, erkannte ich die Umrisse eines roten VW …

Boah, dachte ich, das darf doch nicht wahr sein.

»Das ist der Steffen, und das ist der Markus!«, erklärte Maik, der, ebenfalls im Anzug, gelangweilt auf der Rückbank saß und auf die beiden Schränke zeigte.

»Tach! Tach!«, grüßte ich, und wieder einmal wurde mir klar, warum Maiks bedingungslose Freundschaft mir gegenüber eine Mitgliedschaft bei den Hells Angels überflüssig machte.

»Was sollte denn der Blödsinn?«, fragte ich. »Spielst du neuerdings Mafiaboss?«

»War doch geil, oder? Wie de gezittert hast, voll lustich, Aldr!«

»Ich hab nich gezittert!«, rief ich.

»Jaja, is' okay«, sagte Maik. Gekonnt dekantierte er vier Bierflaschen direkt an der Tür und verteilte die Hülsen auf die Mitfahrer. Dann trat Steffen aufs Gaspedal, und wir fetzten in die Nacht hinaus. Ich konnte nichts erkennen, aber da wir immer schneller wurden, dachte ich, würden wir bald elendig an einem Baum zerschellen oder spontan *Zurück in die Zukunft* befördert werden.

»Hier«, sagte ich zu Maik und hielt ihm seinen Stimmungsschlagring unter die Nase, »hab ich heute Vormittag vergessen.«

Maiks Augen glänzten, als er das Ding über seine Faust streifte und damit herumfuchtelte.

»Was sollte der Scheiß eigentlich?«

»Höh?«

»Komm! Hier von wegen Mirko und der ganze Quatsch? War dir das peinlich, oder was?«

»Was'n mit mei'm Bruder?«

»Ach komm, hör off mit der Scheiße!«

»Aldr, ich war die janze Zeit bein Steffen!«

»Du hast doch gar keinen Bruder, das wüsste ich doch!«

Maik tippte den beiden Hünen auf den Vordersitzen auf die Schultern.

»Steffen, Markus, hab ich 'n Zwillingsbruder?«

»Keene Ahnung«, sagte Steffen.

»Weeß ich ooch nich«, sagte Markus.

»Siehste«, nickte Maik mir zu.

»Du hast doch 'ne Macke«, sagte ich und sah einfach aus dem Fenster. Sollte Maik doch machen, was er wollte.

Und obwohl ich mir geschworen hatte, erst dann zu einem Ehemaligentreffen zu gehen, wenn ich wie der Shredder mit so einem Raupenfahrzeug direkt aus der Erde auftauchen könnte, war unsere Ankunft vor der Turnhalle mindestens ebenso spektakulär. Mit quietschenden Reifen parkte Steffen das Auto direkt vorm Eingang, Maik sprang heraus und tänzelte so elfengleich es einem Menschen, der beim Spazierengehen im Wald wahrscheinlich des Öfteren für Bigfoot gehalten wurde, möglich war um das Auto herum und hielt mir galant die Tür auf. Wir trotteten zum Eingang, Maik, Markus und Steffen schienen peinlich genau darauf zu achten, immer in einer Reihe hinter mir zu laufen. Von allen Seiten wurden wir mit ehrfürchtigen Blicken bedacht. Überhaupt schienen mich nahezu alle Anwesenden still anzugrinsen, wenn sie mich erblickten, was nicht zuletzt daran gelegen haben mochte, dass hinter mir drei Riesen in Anzügen stolzierten und mir damit den Anschein einer lokalen Kiez-Größe gaben.

An der Kasse drängte sich Maik nach vorn.

»Der Herr Herrmann hätte gern eene Karte«, sagte er.

»Herr Herman, da freuen wir uns aber!«, feixte eine schlaksige Frau, die sich im Näherkommen als Mrs. Smith, meine ehemalige Englischlehrerin, herausstellte. Wie es sich für eine echte Engländerin gehörte, schien sie bereits seit Punkt 18 Uhr völlig betrunken zu sein. Aufgeregt fummelte sie an der Kartenrolle herum, während sie unentwegt leise sang: »Engeland, Engelahahahand!«

Die Schlange hinter uns war immens. Dutzende Menschen, die ihrer Kleidung nach zu urteilen schon seit DDR-Zeiten hier anstanden, warteten auf Einlass und zogen nebenbei so routinemäßig Kümmerlinge, als würde auch in ihren Adern britisches Blut fließen.

»Und möchte der Herr Herman vielleicht noch eine zusätzliche Los für die Tombola kaufen?«, fragte Mrs. Smith mit englischem Akzent.

»Nee«, sagte ich.

»Klar!«, sagte Maik.

»Nee nee«, sagte ich, »ich kenn mich doch. Wenn ich was gewinne, dann heißt das bei mir auch, dass zwei Tage später ein Zug direkt in mein Fenster entgleist.«

»Hahahahaha!«, wieherte Mrs. Smith. »Haaaaach, so hab ich ihn in Erinnerung, Herman the german, hehehe. Immer einen kesse Spruch auf die Lippen!«

Schon am Eingang dröhnten die Bässe. DJ Chris stand in einiger Entfernung auf seinem Podest und hottete so entsetzlich hart ab, dass man sich unweigerlich fragen musste, ob er entweder der verrückteste DJ westlich der Elbe oder einfach nur ein armer Epileptiker war, dem das Stroboskoplicht zu schaffen machte.

Wir schlenderten vorbei an den vielen Jahrgangstischen. Überall schien man auf das eiserne Ziel hinzuarbeiten, spätestens um Mitternacht das Weihnachtsfest aus dem eigenen Kopf gelöscht zu haben, und goss Runde um Runde in sich hinein. Man sagt, was in Las Vegas passiert, das bleibt in Las Vegas. Aber offensichtlich war all der Frevel heute Abend in diese Mehrzweckhalle in Sachsen-Anhalt verlagert worden. Man konnte sich gern darüber mokieren, dass hierzulande die Industrie zugrunde ging, aber vom Ausverkauf der örtlichen Schnapsfabrik schien man bis heute frohen Mutes zu zehren.

Als ich am Tisch des 2005er-Jahrgangs angekommen war, waren Maik, Markus und Steffen verschwunden.

Da stand ich also nun schon zum vierten Mal beim Ehemaligentreffen. Ich, der ich nie zum Ehemaligentreffen gehen wollte. Ein Prachtexemplar des Konsequent-Seins.

Ich blickte in die Runde. Entweder sie alle testeten gerade kollektiv Botox oder die Feier war bisher nicht so prall gewesen. Davon abgesehen schien die plastische Chirurgie manchen echt geholfen zu haben. Und wer weiß, dachte ich, vielleicht gibt es ja doch einen Zusammenhang zwischen der Anzahl an Haarfarben und Arbeitsverträgen bei H&M. Smartphone-Enno und Jenny schienen noch immer zusammen zu sein oder hatten sich gerade erst wieder dran erinnert, dass sie im letzten Jahr ihre äußerlichen Handicaps vergessen hatten und über einander hergefallen waren. Jörn hatte bereits eine beachtliche Mauer aus leeren Biergläsern vor sich errichtet. Offensichtlich war er noch immer bei der Bundeswehr.

Ich nickte allen zu und ließ mich auf einen Stuhl fallen.

»Nee nee! Du brauchst dich gar nicht erst neben mich zu setzen! Mit dir red ich nicht mehr«, rief eine Stimme, die mir sofort bekannt vorkam.

Melissa, alles klar. Mittlerweile der größte Tupperware-Dealer im Umkreis von fünfzig Kilometern.

»Hast du gehört? Mit dir rede ich nicht mehr!«, rief sie.

Erstaunlich, wie sich manche Dinge ganz von selbst regeln, dachte ich.

»Alles, was ich sage, schreibst du nachher ins Internet.«

»Na und? Weiß doch niemand, woher ich das hab!«

»Und irgendwann schreibst du dann noch, dass meine Lache wie Pferdewiehern klingt!«

»Wieso? Haste Angst, dass dich die Pferde verklagen, weil du ihre Branche in den Dreck ziehst?«

»Hiiiiiiiihihihihi!«

Da war er wieder, Fury. Für einen kurzen Moment sahen alle am Tisch den schwarzen Hengst vor ihrem inneren Auge vorbeigaloppieren, und ich konnte mir das Kichern nicht verkneifen.

Krr, Kzz, Kch, »Hallo? Hallo!«, kam es von hinten und wir drehten uns zur Bühne.

Der kleine Schuldirektor hatte Aufstellung genommen.

Melissa sah mich finster an, so als wolle sie es heute Abend noch in die Tagesschau schaffen.

»Wo ist eigentlich Luke-Lukas?«, fragte ich Melissa, in der Hoffnung, damit ihren Zorn etwas lindern zu können.

»Der geht doch offs Internat!«

»Ist der nicht erst«, ich rechnete kurz nach, »sieben?«

»Is'n Survival-Internat. Er braucht die Freiheit des Dschungels, sagt er.«

»*hust* Meine Damen und Herren, ich freue mich außerordentlich, dass sich auch in diesem Jahr so außerordentlich viele Ehemalige bei unserem Ehemaligentreffen treffen.«

»Alter, dreh ma' den Swag auf«, brüllte jemand vom anderen Ende der Halle.

Eine La-Ola-Welle des Lachens wanderte durch die Reihen.

»Nu ja. Sie können sich kaum vorstellen, wie schön es ist, in jedem Jahr sehen zu dürfen, was unsere Schüler nach dem Abitur aus ihrem Leben gemacht ham!«

»Heirat! Kind! Jack Wolfskin!«, kam es wieder aus der Ecke.

Die Menge johlte. Überall zeigten Männer und Frauen mit Freudentränen in den Augen auf das Logo ihrer Funktionsjacken.

»*hust* Sie! Ja! Sie! Sie da hinten! Sie mit dem Stand! Falls Sie das nicht mitbekommen haben, es ist nicht erlaubt, hier mitgebrachte Getränke zu verkaufen.«

»Steffen! Dein Stichwort!«, brüllte Maik.

Das Klicken eines Schalters schallte durch die Halle, und mit einem Mal war ein so gleißend heller Scheinwerfer auf Maik gerichtet, dass die Hallenbeleuchtung zu flackern begann. Er stand hinter einem kleinen Bretterverschlag mit der Aufschrift *Mobiles Getränkeimperium Hartz Force* und winkte repräsentativ in die Reihen. Sogleich griff er unter die Theke und zog ein Mikrofon hervor. Der Direktor auf der Bühne gestikulierte aufgeregt vor sich hin, aber auf einmal war sein Mikrofon stumm geschaltet.

»Herzlich willkommen zum Hauptteil der Veranstaltung!«, wummerte Maiks Stimme durch die Anlage. »Wie sagten die Toten Hosen einmal so schön? Ohne kein Alkohol, äh, also, nicht Alkohol sei ohne ... warte! So eine Scheiße! Steffen! Nee, warte, ich hab's! Nee, doch nich! Also, off jedn Fall ... Ohne Sauf'n is' ooch blöde! Genau! Und deshalb verkoofen wir ab jetzt den halben Liter zum kundenfreundlichen Preis von einem Euro. Als kleines Willkommensgeschenk haben Sie bereits einen Kurzen erhalten.«

Ohne dass ich sein Kommen bemerkt hatte, stand mit einem Mal Markus an unserem Tisch, mit einem riesigen Bauchladen voller Mini-Schnapsflaschen. Gierig griff jedermann in den Korb und fischte sich ein Fläschchen heraus.

Als er bei mir angekommen war, schüttelte ich den Kopf.

»Wer jetzt nicht trinkt, kriegt später nur Becks Ice«, drohte Markus und drückte mir einen pinken Likör mit der Aufschrift *Tussis on Tour* in die Hand.

Maik hob ein Minifläschchen hoch und führte das Mikrofon an seinen Mund: »Freunde, ihr kennt die Losung!«

Überall im Saal wurden feierlich Flaschen in die Luft gereckt. Manch einer legte sogar die Hand aufs Herz und fühlte sich womöglich an gute alte Zeiten in der Partei erinnert.

Maiks Bass dröhnte durch die Tischreihen, Gläser begannen zu vibrieren, und Jenny hielt verschreckt ihre künstlichen Brüste fest, damit sie nicht zu sehr in Schwingung gerieten: »Wenn du so recht im Sturme bist / denk derer, die du zu Hause ließ't / und trink aufs Wohl der Deinen ...«

Und alle brüllten zugleich:

»NOCH EIN'! NOCH EIN'! NOCH EIN'!«

Dreißig Minuten später

»*Hartz Force*, soso«, sagte ich.

»Ich habe das in so 'nem Buch gelesen, von Marc-Udo Kling oder so«, erklärte Maik, während er unentwegt Bier an die umstehenden Leute verteilte.

»Marc-Uwe Kling«, sagte ich.

»Jaja! Der wohnt mit'm Känguru zusammen. Und die machen immer die übelsten Aktionen. Aldr! Een ma, da geh'n die in so 'n Kino und …«

»Ah ja, und ihr wollt jetzt auch so nonchalant gegen das Kapital kämpfen, richtig?«

»Genau! Wir sind die *Hartz Force*! Markus, der Steffen, ich und als Ehrenmitglied off Lebenszeit Marc-Udo Kling.«

»Und was für Aktionen macht ihr?«

»Pff, eigentlich verkaufen wir nur Bier. Was aber, wenn man's weiterdenkt, auch so eine Art Anschlag von gesellschaftlicher Relevanz ist.«

Ich sah mich um, er hatte recht. DJ Chris kickte Hit um Hit. An allen Tischen schaukelte man sich kollektiv in Trance, und ich fragte mich, was wohl geschehen wäre, wenn er jetzt einfach seine Platten rückwärts abgespielt hätte. Wahrscheinlich hätte sich direkt im Zentrum der Halle beim Lehrertisch das Tor zur Hölle geöffnet. Dutzende Orks und Uruk-hai wären aus der Pforte gestolpert und sofort von rattigen Anhaltinerinnen auf dem PVC-Boden vergewaltigt worden. Bundeswehr-Jörn hatte sich mittlerweile unter die Lehrer gemischt. Seiner Gestik nach zu urteilen, battlete er sich ziemlich heftig mit meinem ehemaligen Physiklehrer. Neben ihm Mrs. Smith, die sich wieder und wieder mit der flachen Hand auf die Brust schlug, wie ich es bei den Hooligans in Manchester einmal gesehen hatte, bevor sie einem Polizisten den Kopf abgerissen hatten. Meine alte Biolehrerin Frau Pleier war aufs Zocken umgestiegen und erpokerte sich am Nachbartisch die Reparationszahlungen für dreißig Jahre Schuldienst, während sie sich wieder und wieder

Shots ins Gehirn klinkte. Das hier wäre selbst Sauron zu krass gewesen, dachte ich.

Ich schnippste kurz in Maiks Richtung, umgehend hatte ich ein neues Bier in der Hand, das ich sogleich in mich hineinstürzte. Ich musste versuchen zu vergessen, bevor ich in die Verlegenheit käme, all das hier für die Wirklichkeit zu halten.

»Prost!«, kam es mit einem Mal von der Seite.

Ich drehte mich um. An der Bar entdeckte ich Sebastian im grauen Einreiher und mit einer Sektflöte in der Hand. Ich schnappte mein Bier und wollte gerade zu ihm gehen ...

»Prost!«, kam es wieder, diesmal von der anderen Seite.

Erneut drehte ich mich um. Och neee, Kathrin.

Kathrin war eines der Mädchen, die meiner Oma bedingungslos gefallen hätten. Einfach schon deshalb, weil sie immer ein volles Gefrierfach hatten und wussten, wie man Dinge einweckt. So eine zauberhafte und von allen geliebte Meg Ryan, die nach jeder Klassenarbeit jammerte »Oh nein, ich war total schlecht, ich krieg bestimmt 'ne Fünf!«, und dann zur Überraschung aller eine Eins und den Nobelpreis verliehen bekam.

»Na, weißt du noch, wer ich bin?«

Ich überlegte. In Anbetracht der Tatsache, dass mein Sarkasmus ja doch nicht verstanden würde, war es eigentlich auch egal, ob ich nun die Wahrheit sagte oder nicht.

»Nein, wer sind Sie?«, sagte ich.

»Hihi, ich hab mich schon ziemlich verändert, oder?«

»Das kann ich nicht beurteilen, ich kenne Sie ja erst seit einer Minute!«

»Weißt du noch, wie du mal in Mathe so doll auf mein Diddl-Stiftekästchen aus Metall geschlagen hast, dass es danach nicht mehr aufging?«

»Und wie ich dir deshalb den ganzen Tag Stifte leihen musste, die du anschließend in den Mund genommen hast? Glaub mir, darüber spreche ich heute noch mit meinem Therapeuten.«

Selbst als sie am Ende die Urkunde für das beste Abitur des Jahrgangs bekommen hatte, hatte sie noch die Überraschte gespielt. »Was? Durchschnitt 0,9? Dabei waren die 15 Punkte in Wirtschaft echt nur Glück!« Kathrin streckte mir ihren voluminösen Babybauch entgegen. Den Gefallen, ihre Schwangerschaft anzusprechen, würde ich ihr nicht tun. Wahrscheinlich würde sie sowieso nur etwas sagen wie »Waaaas? Iiiich? Ein Baby kriegen? Neeeein, das stirbt doch sicher vorher, so was kann ich doch bestimmt gar nich«, obwohl das Baby bestimmt schon seit dem dritten Monat im Bauch Beethovens Sinfonien trommeln konnte.

»Und du? Hast du Kulturwissenschaft studiert?«, fragte ich.

»Ja, wie kommst du darauf?«

»So professionell können nur Kulturwissenschaftler Fingernägel lackieren«, sagte ich.

»Hihihi! Ich hab neulich dein Blog gefunden. Kommst ja voll rum. Schreibst du schon deine Bachelorarbeit?«

»Nee, bis dato warte ich immer noch darauf, dass mein Zukunfts-Ich endlich eine Zeitmaschine erfindet und mich hier wegholt.«

Krz, Kch, Krr, »*hust* Meine Damen und Herren, bevor wir zur Auslosung der Tombola kommen, kommt noch etwas ganz Besonderes!«

Der Direktor hatte sich wieder ans Mic gewagt. Die Menge applaudierte. Was hatten sie sich jetzt bloß einfallen lassen? Die feierliche Ankunft eines neuen Antichristen? Eine Live-Performance des *Necronomicons*?

Ein dünner Mann mit einer Kamera stakste auf die Bühne. Er trug ein beiges Jeanshemd und einen riesigen Ring im rechten Ohr, was ihn hierzulande nicht als Volldeppen, sondern als Künstler auswies.

»Der gute Herr Neumann hat …«

»Herr Neumann!«, brüllte der Tisch des 1970er-Jahrgangs, für den Herr Neumann der absolute Inbegriff eines Stylers gewesen sein musste.

»*hust* Herr Neumann war so freundlich, im letzten Jahr unser schönes Fest mit der Kamera festzuhalten.«

»Neumann! Neumann! Neumann!«, kam es wieder aus 39 Jahren Jahren Entfernung.

»Und weil uns als Organisationskomitee Herrn Neumanns Arbeit so sehr gefallen hat, möchten wir sie Ihnen natürlich nicht vorenthalten. Nu ja, sar' ich ma, bitte schön!«

An der Querseite der Halle wurde eine monströse Fotowand entrollt. Es hätte mich nicht gewundert, wenn sie jetzt blutige Schlachtvideos gezeigt hätten, doch die Bilder, die dort erschienen, mussten irgendwie Kunst sein, wenn man es schaffte, mit einer Spiegelreflexkamera derart unscharfe Bilder zu machen.

Bild um Bild hatte Herr Neumann die Vorbereitungen des letzten Ehemaligentreffens auf seine Speicherkarte gebannt, und jedes Mal grölte die Meute, wenn Herr Neumann wieder den Chemiekalienwagen fotografiert hatte, der Punkt 22 Uhr zur Eskalation geführt hatte.

Doch dann wurde alles anders. Als die ersten Bilder der Party auf der Leinwand erschienen, stockte mir der Atem. Ich hatte mich an drei, vier grüne Getränke und ein bisschen Small Talk mit Melissa erinnert, aber das, was dort zu sehen war, war entweder das Meisterwerk eines kranken Photoshop-Künstlers oder der Beweis, dass ich keine Ahnung hatte, wie viel ich beim letzten Ehemaligentreffen getankt hatte.

Da war ich, wie ich am Lehrertisch David Hasselhoff imitierte.

Und da ein Bild von mir beim Flaschenöffnen, das mir endlich erklärte, wie ich diese Ecke meines Backenzahns verloren hatte.

Und da war mein Wirtschaftslehrer Herr Kaiser. Aber mit wem machte er dort Armdrücken?

Und da hatten wir wohl kurz unsere Oberteile ausgezogen und posierten in Gangstermanier vor dem verunglückten Jens.

Und da noch mal Herr Kaiser, kurz nachdem er selbst mal wieder von der Bühne gefallen war.

Und da, wie er mir ein Autogramm mit Blut auf den Rücken malte.

Überall klickten die Handykameras. Entgeistert stand ich auf, blickte nicht nach links oder rechts und ging geradewegs Richtung Ausgang. Herr Neumann hatte mir soeben meine ganz persönliche No-go-Area geschaffen. Von allen Seiten klopften mir Männerhände anerkennend auf die Schulter, Frauen versuchten mir Bier zu reichen, und direkt am Ausgang stand Mike, grinsend die Hand zum High Five erhoben.

Ich steuerte auf die Toiletten zu und schloss mich in die mittlere der drei Kabinen ein.

Mannomann, dachte ich. Ganz schön krass, wenn man 23 Jahre lang dachte, man wäre die einzige Persönlichkeit in diesem Körper. Und dann sieht man so was.

Ich zog mein Handy aus der Tasche, um zu überprüfen, wie viele Bilder davon mittlerweile auf Facebook gelandet waren. Immerhin, das mit dem Arbeiten nach dem Studium hatte sich gerade irgendwie von selbst erledigt.

In der Kabine rechts von mir piepste es.

»Na, auch Twitter?«, rief ich.

»Nee, Diabetes.«

Plötzlich schwang die Toilettentür auf. Ein unheimlicher Urschrei erklang, und etwas Flüssiges klatschte auf den Boden, dass man glauben musste, gerade einer sehr schnellen Spontangeburt beigewohnt zu haben. Die Tür der Kabine links von mir wurde geöffnet, und ein weiterer Schrei wurde in die Schüssel gedrückt. Mehrmals ging die Toilettenspülung.

Mit einem Mal war Bewegung im Raum.

»Alter, Scheiße!«, schrie eine mächtige Stimme, ehe jemand gegen die Kabinentür links neben mir hämmerte.

»Ey! Hast du hier grad gekotzt?«

»Äh, nee«, antwortete Jörn.

So ist's richtig, dachte ich, immer schön die Form wahren. Immer schön leugnen.

»Kumpel, die Spur führt aber direkt zu dir rein.«

»Nee, des war ich nicht«, murmelte Jörn, »aber hier drin isses ganz schön dreckig.«

Na gut, beruhigte ich mich. Wenigstens war ich nicht der Einzige, der sich in dieser Stadt nie wieder blicken lassen konnte. Wahrscheinlich würde man uns gleich morgen Vormittag auf dem Marktplatz öffentlich exkommunizieren. Und nur in der Bahnhofskneipe würde man sich hinter vorgehaltener Hand weiter unsere Geschichten erzählen.

Ich drückte die Spülung und machte mich auf den Weg.

»Vielen Dank auch«, sagte Sebastian, der neben mir am Waschbecken stand.

»Wofür?«, fragte ich.

»Jetzt kann ich mich wegen euch hier nicht mehr blicken lassen.«

»Ach, aber bei mir geht das klar, oder was?«

»Ihr seid echt immer noch wie früher!«

»Komm du mal lieber klar, Alter!«, rief ich. »Das war doch voll geil, letztes Jahr!«

»Wenn das meine Freundin sieht«, sagte Sebastian.

»Och nee, du auch noch!«

»Ich hau jetzt ab«, sagte Sebastian und putzte sich mit einem Papiertuch den Mund sauber.

»Aber schön gekotzt haste«, grinste ich.

Als ich wieder auf den Gang kam, packte mich ein popeyeartiger Arm am Kragen.

»Freundchen! Für dich ist der Abend zu Ende«, sagte der riesige Typ, zu dem der riesige Arm gehörte. Und wenn man sich strikt aufs Gesicht beschränkte, hätte er durchaus als Popeyes Bruder durchgehen können.

Aus dem Augenwinkel bemerkte ich, wie Sebastian an uns vorbeischlich und zur Tür hinausging.

»Ey, das war ich nicht!«, rief ich.

»Alter, ich hab doch die Bilder gesehen! Abgehen ist ja okay, aber alles vollkotzen, das kannst du zu Hause machen, du Vogel. Und jetzt Abfahrt!«

Ich riss mich los und machte kehrt. Aus der Halle dröhnte es, anscheinend hatten sie gerade die Tombola ausgelost, und wenn ich das Schwanken der Gestalt auf der Bühne richtig interpretierte, hatte Mrs. Smith diesmal die begehrte Schachtel Weinbrandbohnen abgestaubt.

»There were ten german bombers in the aaaaair / And the RAF of England shot one dooooown!«, brüllte sie ins Mikrofon, während ich meine Jacke anzog und gewissenhaft darauf achtete, niemandem in die Augen zu sehen, der gerade auf die Hütte musste. Anschließend fummelte ich eine Kippe aus meiner Schachtel und steckte sie an. Die kalte Luft, die mir entgegenschlug, als ich nach draußen trat, hatte etwas Reinigendes.

»Ey, das kannst du doch nicht machen!«, rief ich, aber Kathrin hatte schon fast aufgeraucht.

»Ich dachte, du hättest es gar nicht bemerkt«, sagte sie und hielt sich den runden Bauch.

»Los, mach den Scheiß aus«, sagte ich und nahm ihr die Kippe aus der Hand.

»Glaubt man gar nicht, dass du so besorgt sein kannst.«

»Jaja«, sagte ich und zog an meiner Zigarette, »von mir aus kannst du rauchen, bis du den Marlboromann im Himmel triffst. Aber ich glaub nicht, dass du das willst.«

»Ich wünschte, ich hätte auch fertig studieren können«, sagte sie.

»Hast du nicht?«

»Nee, der Guido meint, als Schwangere hat man andere Dinge zu tun.«

»Der Guido ist mir jetzt schon sympathisch«, sagte ich. »Ich dachte, du wärst jetzt Präsidentin von irgendwas.«

»Ach was, so gut bin ich gar nicht«, sagte Kathrin, und zum ersten Mal hörte sich ihr Selbstzweifel irgendwie glaubwürdig an.

»Weißt du, ich hab mich wirklich gefreut, dich mal wiederzusehen. Und auch, wenn du mich wahrscheinlich für blöd hältst, ich find's schön, dass es dir gut geht. Auch wenn du das selbst vielleicht nicht so oft merkst.«

»Hmm. Das war jetzt wohl auch für die nächsten zehn Jahre das letzte Mal, dass ich mich hier blicken lassen konnte.«

»Mach's gut«, sagte sie lächelnd und streckte mir ihre Hand entgegen.

»Warte ma! Hau ma nich eenfach ab, Aldr!«, rief Maik, während er auf uns zugerannt kam.

»Mach's gut, Maik!«, sagte ich, als er vor mir stand.

»Was? Aber ich bin doch der Mirko.«

»Hä? Also doch!«

»Nee, verarscht! Der Mirko is' heeme!«, sagte Maik.

»Alles klar«, sagte ich kopfschüttelnd und ging.

2010

Werbekostenerstattung

»Und die Frau Müller, ja? Darmentzündung, den ganzen Bauch voller Eiter, schreeecklich! Das mussten sie über Tage hinweg mit 'nem Schlauch ableiten!«, erklärte meine Oma.

»Können wir vielleicht von etwas anderem sprechen?«, fragte ich. »Ich esse gerade.«

Es war ein Montag. Meine Eltern, Großeltern und ich saßen am Esstisch, vor uns die Reste der vorangegangenen Feiertage. Wobei, wenn es um Karpfen in Braunbiersoße ging, hätte man vermutlich auch eine halbe Biotonne in der Mikrowelle erhitzen können, und niemand hätte einen Unterschied gemerkt. Ein ganz normales Post-Weihnachtsessen bei der Familie Herrmann, sozusagen: Draußen rieselt der Schnee, drinnen gibt es ein Festmahl, das wie Abfall aussieht, und Oma erzählt von Eiter. Mein Verdacht, doch adoptiert worden zu sein, erhärtete sich von Minute zu Minute.

»Wir haben dir übrigens wieder deine Lieblingsschokolade mitgebracht!«, rief meine Oma begeistert. »Neunzig Prozent Kakaoanteil!«

»Klasse«, sagte ich, »ich mag übrigens auch die Geschmacksrichtungen Teer, Knorpel, Asche und Student.«

Angewidert stocherte ich in meinem Essen herum. Ich hatte noch nie gerne Karpfen in Braunbiersoße gegessen, und trotzdem bekam ich das Zeug in jedem Jahr wieder vorgesetzt. Mit Karpfen hielt ich es wie mit Roter Bete, Brokkoli, Kapern und all diesem scheußlichen Zeug: Die machten ihr Ding, und ich machte meins, fertig.

»Na, schlag zu!«, spornte mich meine Mutter an. Sie trug zwei Brillen übereinander, während sie ihr Fischstück sezierte. Aber ich fragte sicherheitshalber nicht nach.

»Kann ich bitte aufstehen?«, fragte ich. »Und habt ihr vielleicht 2 Euro, dann geh ich mir 'n Döner hol'n.«

»Was' denn los? Brauchst keine Angst hamm, is' noch genug da«, rief meine Oma und riss den Deckel des Topfes nach oben. Eine eklige Welle aus Schlammgeruch strömte in meine Richtung. Dann langte sie in den Topf und knallte mir einen Fischkopf auf den Teller. Na geil, dachte ich und verzog das Gesicht.

»Aaaach, der Kopp isses Beste!«, rief meine Oma. »Da hamm wir Kinder uns im Krieg drum geprügelt! Da kann man so richtig schön dran zuppeln!«

»Soso«, sagte ich, »vielleicht brauchen wir also einfach mal wieder einen Weltkrieg!«

Meine Oma nickte zustimmend.

»Fertig!«, rief mein Opa und schob seinen Teller beiseite. Keine Ahnung, wie er das immer machte, innerhalb von drei Minuten zwei Portionen zu essen, aber ich war sicher, dass es auch irgendwas mit dem Krieg zu tun haben musste. Er stand auf und ging ins Wohnzimmer.

»Ey!«, rief ich. »Wieso darf er aufstehen und ich nicht?«

»Der André hat ja jetzt übrigens schon sein' Bätschler!«, verkündete meine Mutter, ohne mich zu beachten.

»Hah, dann müssen wir wohl jetzt Doktor zu dir sagen!«, rief meine Oma.

»Nein«, sagte ich, »außerdem kommt doch eh noch der Master!«

»Wieso musst du länger machen, wenn du schon fertig bist? Das ergibt doch keinen Sinn?«, fragte meine Oma.

»Hol doch mal dein Zeugnis!«, rief meine Mutter.

»Hab ich doch schon tausendmal gesagt, dass ich das noch nicht hab!«

»Antreh!«, schrie mein Opa aus dem Wohnzimmer. »ANTREH! Komm mal her und stell mir mal Fußball ein, das funktioniert bei euch nich!«

Das Telefon klingelte.

»Ja, Herrmann?«, sagte ich.

»Guten Tag Herr Herrmann, mein Name ist Müller von der AOK …«

»Wer is'n dran?«, rief meine Mutter.

»Oh, bei uns ruft jetzt ooch immer so'n Schtallker an und legt dann sofort wieder off!«, rief meine Oma.

»Herr Herrmann, unser Computer sagt, dass sie im kommenden Jahr 25 werden, und da fallen Sie dann aus der Familienversicherung raus, und da muss ich ma fraren, hier steht, Sie studier'n, studier'n Sie immer noch?«

»Ja, ich hab noch zwei Jahre Masterstudium«, antwortete ich.

»Zwei Jahre?!«, rief meine Oma. »Wann will denn der Junge ma Geld verdien'?«

»Ach, das is' ja super, wissen Se, da schicken Se mir am besten einfach mal 'ne Kopie von Ihrem Bachelorzeugnis, dann stell ich hier *studentische Versicherung* ein, das sind dann 76 Euro im Monat!«

»Ja, leider hab ich noch gar kein Bachelorzeugnis! Die Uni lässt sich da ein bisschen Zeit.«

»Antreh!«, rief mein Opa aus dem Wohnzimmer.

»Der telefoniiii-hiert!«, schrie meine Mutter.

»Na ja, wejen Fußball, kann der da nich mal kurz …«

»Oh, das is' schlecht«, sagte die Krankenkassenfrau. »Na ja weil, dann muss ich Sie ab Oktober rückwirkend auf *freiwillig versichert* setzen, wir veranschlagen da immer so 350 Euro monatlich.«

»350 EURO?«, rief ich.

»Das is' 'ne Menge Geld!«, pflichtete meine Oma bei.

»Was is' 'ne Menge Geld?«, rief es aus dem Wohnzimmer.

»Ich wer' dir gleich!«, rief meine Oma. »Hör halt richtig hin!«

»Na ja, das tut mir leid, aber das sind ja jetzt erst mal nur drei Monate, und die 1050 Euro, na ja, da können wir ja nichts für und Sie ja ooch nich!«

»Ja, aber ich krieg doch noch 'n Zeugnis!«

»Ich dachte, er hat's schon?«, rief meine Oma.
»Ja, dachte ich auch!«, sagte meine Mutter.
»Ja, na ja, Herr Herrmann, vielleicht könn' wir ja dann noch mal 'nen Antrag, ach, warten wir doch erst mal ab und dann sehen wir weiter.«
»Nee, Sie können das doch einfach gleich auf *studentisch versichert* setzen!«
»Ja, na ja, machen Se's gut, wa?«
»Halt!«, rief ich.
»Ja, na ja, nur damit Se sich nich wundern, na?«
»Halt!«
»Schüssi!«

Verwirrt ließ ich das Telefon zurück in die Ladestation gleiten. 350 Euro, fuck!
»Wie, du hast noch gar kein Zeugnis?«, fragte meine Mutter.
»Na, dann kann er ja mal kurz hier an' Fernseher!«, schrie mein Opa.
»Das is' halt Uni!«, sagte ich. »Denen ist das vollkommen egal, wenn das fünf Monate dauert!«
Meine Mutter stieß meinen Vater an, der seelenruhig an seinem Karpfenkopf herumzuppelte. »Jetzt sag doch auch mal was! Wusstest du, dass er kein Zeugnis bekommt?!«
»Ja, na ja, nee!«, sagte mein Vater wie gewohnt eloquent.
»Na nich, dass die dich rauswerfen!«, sinnierte meine Oma.
»Quatsch«, sagte ich. »Aber wegen den Idioten soll ich jetzt übergangsweise jeden Monat 350 Euro Krankenkasse zahlen!«
»So viel? Nee! So viel zahl'n wir nich!«, rief meine Oma.
»Nee, wir ooch nich!«, pflichtete meine Mutter bei und stieß meinen Vater an. »Oder?«
»Ja, na ja, nee!«, erklärte dieser.
»Ihr seid Rentner, und ihr seid Angestellte, das is' doch was ganz anderes!«, sagte ich.

»Nee! 350 Euro! Das is' Betrug!«, rief meine Mutter.

»Quark!«, sagte ich.

»Vielleicht war das so'n Schtallker, der da angerufen hat!«

»Jetzt hört doch ma auf!«, rief ich. »Is' ja schrecklich!«

Meine Oma schlug die Hände überm Kopf zusammen. »Aber seine Kontodaten hatter ihm nich gegeben, oder? Deine Kontodaten haste ihm nich gegeben?«

»350 Euro«, stammelte meine Mutter, die kalkweiß geworden war. »Und das, obwohl du überhaupt keen Einkommen hast!«

»Klar hab ich 'n Einkommen!«, rief ich. »Ich hab doch meine Auftritte! Und die Internetseite!«

»Ach, deine Internetseite!«, unkte meine Mutter.

»Und was liest du da so vor bei den Auftritten?«, fragte meine Oma.

»Na ja, so lustige Kurzgeschichten halt«, erklärte ich.

»Och, ich würd auch gern mit Quatsch mein Geld verdienen«, rief mein Opa aus dem Wohnzimmer.

»Ich wer' dir gleich!«, schrie meine Oma. »Du musst überhaupt nichts mehr verdienen! Nimm doch dem armen Jungen nich' die Arbeitsplätze weg!«

»Es ist ja nicht direkt Quatsch«, sagte ich, »das ist ja schon irgendwie Kunst!«

»So'n paar Witze erzählen, das ist doch keene Kunst!«, schrie mein Opa.

»Aber am Fernseher den richtigen Sender einzustellen, das ist Magie, oder was?«, brüllte ich zurück.

»Also, der Florian Silbereisen verdient bestimmt nicht schlecht«, sinnierte meine Oma.

»Ja, na ja, das is' ja aber auch was ganz anderes! Ein bisschen weniger verdien' ich damit schon!«

»Na aber, wenn du damit nix verdienst, warum machst du das denn?«, rief meine Mutter.

»Hier«, sagte ich, zog einen Brief aus meiner Hosentasche und knallte ihn auf den Tisch, »eigentlich wollte ich euch das gar nich zeigen!«

Meine Mutter richtete ihre zwei übereinandergesetzten Brillen und begutachtete den Brief. Auch meine Oma versuchte den Absender zu entziffern.

»Goh–gle–Ad–Sen–se«, las sie. »Wer is'n Goh–gle?«

»Mann, Oma, das heißt Guggl!«, berichtigte meine Mutter.

»Google«, sagte ich, »das ist die Abrechnung meiner Werbekostenerstattung. Ich hab doch seit 'nem halben Jahr Werbung auf meiner Internetseite!«

»Also Werbung is' ja ma' des Allerletzte!«, schrie es aus dem Wohnzimmer.

Ich griff nach dem Messer, öffnete den Brief und überflog ihn. Wortlos faltete ich ihn anschließend wieder zusammen und behielt ihn fest in der Hand.

»Und, wie viel?«, fragte meine Mutter.

»Brauchste nich zu sagen! Wir hamm dich trotzdem lieb«, sagte meine Oma.

»Komm lieber mal ins Wohnzimmer!«, schrie mein Opa.

»Ja, na ja, nee!«, sagte mein Vater.

Angewidert schob ich meinen Teller beseite und stand auf. Ich griff nach meiner Jacke und richtete meinen Schal.

»Wo willst'n du hin?«

»Ich geh mir was zu essen holen«, sagte ich, schaute noch einmal auf den Brief und ergänzte, »wenn ihr mir noch 'n Euro dazugebt, dann reicht's für'n Döner!«

Whipped

Es war bereits 19 Uhr, draußen war es längst wieder dunkel geworden, und ich wurde langsam unruhig. Den gesamten Nachmittag hatte ich damit zugebracht, die Folgen eines Niesanfalls beim Colatrinken zu beseitigen, doch jetzt wurde mir der Ernst der Lage bewusst.

Wo, um alles in der Welt, blieb Maik? Seit ich in der Stadt war, hatte ich noch nichts von ihm gehört. Zugegeben, ich hatte nie darum gebeten, dass Maik turnusmäßig am 27. Dezember im Haus meiner Eltern auftauchte. Sah der getrockenete Colarest dort auf dem Boden nicht aus wie ein Cowboystiefel? Eigentlich hätte es mich freuen müssen, dass Maik nicht kam, denn immerhin musste ich so auch nicht zum Klassentreffen.

Als ich draußen ein lautes Röhren hörte, sprang ich sofort auf und rannte zum Fenster, doch kein VW Golf stand dort in der Einfahrt, nur ein paar von Sandys Fußballkumpels wankten quer durch unseren Garten zu ihrer Haustür. Sie klingelten, aber nichts tat sich.

»Hat Maik angerufen?«, fragte ich, als ich ins Wohnzimmer meiner Eltern trat.

»Nö«, sagte meine Mutter, während sie in Sportklamotten und mit zwei Stöcken bewaffnet über das Parkett stakste und wieder und wieder die Couch umrundete.

Spätestens seit meine Mutter sich im Sommer Jogginganzüge gekauft hatte, auf deren Hintern der Terminus *sexy* eingestickt war, hatte ich in keinem Moment mehr daran gezweifelt, dass sie früher oder später auch dem Nordic-Walking-Kult anheimfallen würde. Dass sie sich dabei allerdings für die noch seltsamer anmutende Indoor-Variante entscheiden würde, übertraf sogar meine Erwartungen.

»Alles okay bei dir?«, fragte ich vorsichtig.

»Warst du letztens eigentlich bei der Impfung?«

»Nee«, sagte ich, »keine Zeit gehabt.«

Meine Mutter stoppte abrupt, griff nach der Tageszeitung und zeigte auf die Todesanzeigen: »Hier, die waren bestimmt auch nicht bei der Impfung.«

»Is' ja gut«, sagte ich. »Is' irgendwas?«

Meine Mutter schnaubte, rollte mit den Augen und seufzte: »Mit mir? Nö.«

»Haben sie dich draußen wegen deinen Stöckern gehänselt?«

»Jetzt haste ja endlich den armen Maik so sehr vergrault, dass der nicht mehr zu uns kommt!«

»Weiß ich doch nicht, was der macht!«, rief ich. »Vielleicht kam 'ne neue Lieferung seines Bierabos und er ist beschäftigt?«

»Jaja, Hauptsache nichts mit irgendjemandem zu tun haben! Weil ja alle so doof sin!«, rief meine Mutter. »Hoffentlich hast du in Leipzig nicht auch schon alle vergrault!«

»Hab ich doch schon gesagt, in Leipzig bin ich ein völlig anderer Mensch! Lebensfroh, kontaktfreudig, ich spiel sogar Brettspiele!«

»Ehrlich?« Meine Mutter begann zu strahlen.

»Nö.«

Sie schnaubte und stakste weiter so hart um den Wohnzimmertisch herum, dass ich langsam begann, mir Sorgen um das Parkett zu machen.

»Soll ich Maik vielleicht mal anrufen?«, versuchte ich zu schlichten.

»Nö, wegen mir doch nicht!«, rief meine Mutter.

»Is' gut«, sagte ich, »ich fahr ja schon hin.«

Scheiße, dachte ich, als ich im Auto saß und mir wieder klar wurde, dass ich ja immer noch nicht wusste, wo Maik wohnte. Ziellos kurvte ich durch das Neubaugebiet. Ich kam am Kiosk vorbei, doch der hatte geschlossen. Wahrscheinlich, weil seine Stammkunden sowieso schon seit mindestens vier Stunden sternhagelvoll waren. Niemand war auf der Straße, aber überall hingen Leute auf ihren Balkons und beobachteten mich misstrauisch wie einen Fremden in einem Western. Es war gruselig.

Ich wollte gerade aufgeben, als ich um eine Ecke bog und einen roten Golf erblickte. Äußerlich unterschied er sich kaum von einem herkömmlichen Golf, doch dieses typische Querparken auf zwei Parkplätzen gleichzeitig ließ mich stutzen.

Ich hielt an und stieg aus. Sofort verschwanden die Köpfe auf den umliegenden Balkons, und ich überlegte, ob sie es vielleicht nur deshalb taten, weil man gerade die Luftgewehre aus dem Schrank holte.

Ich blickte nach links, ich blickte nach rechts, dann rannte ich zum Hauseingang, die Tür war offen. Ich prüfte die Klingelschilder und hechtete nach oben.

Vor Maiks Wohnungstür blieb ich wie angewurzelt stehen. Hatte ich mich im Stockwerk geirrt? War ich im falschen Haus? Wieso um alles in der Welt baumelte dort ein Weihnachtskranz?

Ich klingelte. Sofort begann der hässliche Weihnachtsmann, der oben am Weihnachtskranz festgetackert war, ein schreckliches *Jingle Bells* zu intonieren, das einem sofort verriet, an welcher Körperstelle man ihn wohl besonders doll festgetackert hatte. Nichts rührte sich.

Ich klingelte Sturm, aber nichts passierte, außer dass man hinter der Tür ein Rascheln hören konnte.

Der dicke Weihnachtsmann begann eine neue Runde *Jingle Bells* zu spielen, und ich wollte gerade aufgeben, als sich langsam die Tür öffnete.

Ich hatte alles erwartet. Einen komplett verwahrlosten Messie-Maik, ertrunken im eigenen Chaos, dem nur noch eine ausgeklügelte Kombination aus Peter Zwegat und Tine Wittler würde helfen können, aber nicht *das*.

Vorsichtig schob sich Maik in den Türrahmen und blickte mich verdutzt durch eine Rahmenbrille an. Er trug Stoffhosen, ein kariertes Hemd, darüber einen Pullunder und im Hintergrund dudelte Mumford & Sons.

»Huch, André, Aldr!«, rief er, so als fühlte er sich bei etwas ertappt. »Was machst'n du hier?«

»Mir ist langweilig«, sagte ich.

»Wie langweilig?«, fragte Maik.

»Skispringen«, sagte ich. »Wie siehst du überhaupt aus? Hast du im H&M einen Anfall bekommen, oder was?«

»Der Pullunder steht mir ja mal ausgezeichnet, Aldr!«, verteidigte sich Maik.

»Meinetwegen«, sagte ich, »aber wieso bist du heute nicht zu mir gekommen? Wieso hast du mich nicht dazu gezwungen, mit dir Knaller zu kaufen oder zum Klassentreffen zu gehen? Was ist denn los mit dir?«

Wortlos schob ich mich an Maiks massigem Körper vorbei und ging in seine Wohnung. Doch schon nach zwei Metern musste ich innehalten und mich neu sortieren.

Es sah aus, als sei eine Butlers-Filiale in der kleinen Zwei-Zimmer-Wohnung explodiert.

Die Wände waren in warmen Farbtönen gestrichen. Überall gab es Tischchen und Kerzchen. Auf dem Küchentisch standen frische Schnittblumen, und wenn mich nicht alles täuschte, dann war seine Xbox nicht mal angeschlossen.

»Darf'ch dir was zu trinken anbieten?«, fragte Maik.

»Klar«, sagte ich. »Hast du 'n Feuerzeug?«

»Ich hätt' da 'n schön' Pinot Noir im Angebot.«

»Jaja, zur Not tut's auch Schwarzbier«, sagte ich, öffnete beiläufig den Kühlschrank und erschrak.

»Was ist denn das?«, rief ich.

Maiks Kühlschrank war prall gefüllt. Salat, Antipasti, frischer Fisch. Wenn man gewollt hätte, hätte man damit tatsächlich …

Prüfend legte ich meine Hand auf die Herdplatte. Sie war lauwarm.

»Du hast doch nicht etwa gekocht?«, rief ich erschrocken.

Maik zuckte unbeteiligt mit den Schultern.

»Nur 'ne kleene Bouillabaisse mit Pernot an Fenchelgemüse, Aldr.«

»Verarsch mich nicht!«, rief ich. »Los, raus mit der Sprache! Was ist los? Nimmst du Drogen?«

Maik schüttelte den Kopf.

»Hast du Arbeit?«

Maik schniefte verächtlich. Offensichtlich hatten wir es mit weitaus größerem Kaliber zu tun.

Nachdenklich zupfte ich ein Stück Balance-Toast aus einer Tüte. Augenblicklich zog Maik einen Ministaubsauger von der Wand und begann, fein säuberlich die Krümel wegzusaugen. Es war schrecklich.

Was wurde hier gespielt? Irgendwo hatte ich so etwas schon einmal erlebt, aber ich wusste nicht mehr, wo.

»Wie sieht's heute Abend aus?«, fragte ich. »Lust auf'n Bier?«

»Nee, sorry, Aldr, ich hab schon was vor«, sagte Maik.

»Wie ist es mit morgen?«

»Geht leider nicht, Aldr.«

»Übermorgen?«

»Hm, lass mich mal überlegen … Nee, ooch nich, sorry, ehrlich.«

»Okay«, sagte ich, »28. Mai 2013?«

»Hmm, jaaaa, doch, oh nee, doch nicht, da haben wir …«,

Maiks Blick wurde starr.

Und plötzlich war ich hundertprozentig sicher, was hier gespielt wurde.

»NEIN!«, rief ich entgeistert.

Maik schaute verschämt auf seine Füße.

»Du hast doch nicht etwa?!«

Tränen begannen sein Gesicht herunterzurinnen.

»Nein!«, rief ich. »Alle, aber nicht du!«

»Doch«, wimmerte Maik und nickte.

»Du hast 'ne Freundin?«

Maik fiel mir mit seinem gesamten Gewicht weinend um den Hals, und es fühlte sich an, als würde der Undertaker bei mir zum Tombstone Piledriver ansetzen.

Das durfte doch alles nicht wahr sein! Sollten sich hier und jetzt also Maiks und meine Wege trennen? Hatten wir es uns nicht damals im Gymnasium geschworen? Entweder das Mädchen aus *My Girl* oder gar keine? Was hätte Robin nur gesagt, wenn Batman sich plötzlich dazu entschieden hätte, in den polizeilichen Innendienst zu wechseln, weil er jetzt mit Catwoman zusammen war? Was hätte Benjamin Blümchen gesagt, wenn Otto nach dem Abi Neustadt den Rücken gekehrt hätte und einfach nach Berlin gezogen wäre? Was wären die Tanners ohne Alf? Oder David Hasselhoff ohne den Alkohol?

Ein paar Minuten lang standen wir reglos, bis sich Maik beruhigt hatte.

»Okay«, sagte ich und schaute ihn an, »lass es uns rational angehen.«

Ich deutete auf seinen Pullunder und das keck darunter hervorschauende Karohemd. »Hat sie dich so angezogen?«

»Sie hat mich gezwungen, all meine Kapuzenpullover wegzuwerfen!«, schluchzte Maik.

»Hat sie nicht!«, rief ich ungläubig, aber Maik nickte nur.

»Dieses Monster!«, rief ich.

»Pass off, was du über meine Süße sagst!«

»Meine Süße!«, rief ich. »Das wird ja immer besser! Was gab es noch? Wart ihr bei IKEA?«

Sofort begann Maik wieder zu weinen. »Vier Mal!«, rief er. »In ee'm Monat!«

»Seit wann seid ihr zusammen?«

»Ich weiß nicht genau, seit 'ner Woche vielleicht?«

Ich packte ihn an den Schultern. »Konzentrier dich! Seit wann seid ihr zusammen?«

»Ich versuch's ja, aber alles ist so schwammig«, rief Maik und seufzte. »Ich war abends ganz normal in der Kneipe, ein paar Bier trinken, und da ist es wohl einfach passiert.«

»So etwas passiert doch nicht so einfach!«, rief ich.

»Na ja, ich hab ihr erzählt, dass ich Kreuzschlitzschraubenzieher sammle, das fand sie total interessant, und dann führte eins zum andern. Es fühlte sich alles so schön an, weeßte?«

»Warst du seitdem mal wieder in der Kneipe?«, fragte ich.

»Nee«, sagte Maik. »Aber wir hamm letztens 'n richtig schön' Raclette-Abend jemacht!«

»Pfui«, sagte ich.

»Vielleicht könnten wir ja ooch mal einen schönen Raclette-Abend machen? Nur die Sa...«, Maik stutzte, »nur die Sa...«.

»Na?«, fragte ich. »Ist uns einfach so der Name unserer Freundin entfallen?«

»Nee«, sagte Maik, »die Sa...manta! Genau, nur die Samanta, du und ich. In 'nem halben Jahr hätte ich vielleicht Zeit?!«

»Komm, wie heißt sie wirklich?! Sandrella? Sandrina? SANDY?«

Oh mein Gott, daran durfte ich überhaupt nicht denken.

»Samanta, Aldr! Ich schwör's!«

Mann, Mann, Mann, dachte ich, Maik hatte es ganz schön erwischt. Was sollte ich tun?

»Warte hier!«, rief ich und stürmte in die Küche. »Wo hast du das Notfallbier?«

»Schrank links«, schluchzte Maik.

Ich riss eine Flasche an und rannte zurück ins Zimmer. Überall brannten plötzlich Teelichter.

»Ich wollt's uns mal 'n bissl gemütlich machen«, erklärte Maik.

»Pass auf«, sagte ich, während ich mich setzte und Maik noch schnell einen Untersetzer hervorzauberte, bevor ich das Bier abstellen konnte.

»Maik«, sagte ich, »es geht mir nicht um deine«, ich mimte ein paar Anführungszeichen, »Samanta oder dass du für meinen Geschmack zu großen Gefallen an Innendesign gefunden hast. Es geht um die Sache an sich. Und wenn selbst du jetzt keine Zeit mehr hast oder dir keine Zeit mehr nehmen kannst und mir damit der einzig wirkliche Grund wegbricht, überhaupt noch hierherzufahren, dann weiß ich auch nicht, was ich noch hier mache.«

»Orr Aldr«, rief Maik, »jetzt hab ich vor Rührung mit meinem Pinot Noir geschwappert. Aber macht nix, da kann die Samanta noch was Schönes draus batiken!«

»Gut«, sagte ich. »Ich weiß, was wir jetzt tun müssen. Es tut mir in der Seele leid, aber wir müssen es tun!«

»Und was? Ich kann höchstens bis 22 Uhr, hab ich der Samanta versprochen!«

»Jaja, komm mit«, sagte ich und schob Maik zur Tür. »Ich hab eine Idee.«

Es gab nur eine Lösung. Wir mussten uns vor Augen führen, wohin man abtreiben konnte, wenn man die Finger so lange vom Ruder des eigenen Lebens ließ. Wir mussten zum Klassentreffen.

»Ey!«, rief Maik, während er versuchte, sich umständlich einen hässlichen Schlauchschal über den Kopf zu ziehen.

»Ja?«

»Danke fürs Abholen, Aldr!«

»Kein Ding«, sagte ich und grinste, »ich tu mein Bestes. Aber so lange in dieser Welt noch RnB gehört wird, ist meine Aufgabe nicht getan!«

Wir müssen da hin

»Na na na!«, sagte ich zu Maik, während wir im Auto saßen und in Richtung Innenstadt fuhren. »Du fährst mal schön weiter geradeaus, ich kenn den Weg!«

»Aldr, ich gloob, ich würd heut' doch lieber'n Ruhigen machen«, sagte Maik. »Mal in Ruhe off der Couch, oder so! Außerdem kommt um 22 Uhr die ...«

»Nix!«, widersprach ich. »Wir müssen da hin! Du musst mal wieder unter Leute!«

»Aldr, ich bin den ganzen Tach unter Leuten!«, nörgelte Maik.

»Im Kindergarten, oder was?«

»Quatsch! Das is' der Mirko«, erklärte Maik.

Ich verdrehte die Augen.

»Du kannst es ruhig zugeben, dass du im Kindergarten arbeitest!«

»Ich arbeite aber nee in' Kindergarten! Ich hasse Kinder!«

»Dafür kamst du aber erstaunlich gut mit Melissas Kind aus!«

»Quatsch! Ich hasse den!«

»Dann sag mir wenigstens, wer deine Freundin ist!«

»Es is' eigentlich gar keene richtige Freundin. Eher so'n One-Night-Stand.«

»Klar«, sagte ich, »deswegen hast du jetzt auch Platzdeckchen und so'n Scheiß.«

»Aldr, vielleicht hab ich einfach 'n bissl an meinem Style gearbeitet?!«

»Alles klar«, sagte ich und winkte ab. »Fahr mal da vorne rechts!«

Maik parkte sein Auto sehr ordentlich auf den bereitgestellten Parkflächen, setzte sogar noch einmal zurück, um auch ja genau parallel zu den Markierungen zu stehen. Was hatte diese ominöse »Samanta« nur aus ihm gemacht? Ich öffnete das Handschuhfach und griff beherzt hinein, aber kein Bier war darin zu finden, nicht einmal eine Dose Faxe.

»Was' denn hier los?«, fragte ich verdutzt.

»Wir geh'n nur mal kurz gucken, und dann muss ich aber los!«, sagte Maik.

»Gar nichts musst du!«, sagte ich und stieg aus.

Wow, hatte ich etwas verpasst? Was war hier los?

Haufenweise Menschen in Abendgarderobe stolzierten auf dem kleinen Vorplatz umher. Ihren Anzügen und Kleidern nach zu urteilen, die offensichtlich nicht von Woolworth stammten, konnten das unmöglich Einheimische sein.

Vor der Turnhalle war eine riesige 100 aufgestellt worden, durch die man hindurch musste, wenn man die Halle betreten wollte. Und immer, wenn man durch die mittlere Null tappte, musste man anhalten damit ein Fotograf Fotos machen konnte.

»Ja, nehmt euch ruhig mal in den Arm, aber schön casual!«, rief der Fotomann, als Maik und ich bei ihm angekommen waren.

»Los, drück ab!«, rief ich.

»Das wär vor hundert Jahren nich gegangen, total schnuffig, ihr beiden!«, rief der Fotograf und klickte, was das Zeug hielt.

»Aaach, gucke an, der Herr Herrmann und der Herr, äh, Maik!«, rief Frau Pleier vom Eingang in unsere Richtung. »Herzlich willkommen zum einhundertsten Jubiläum des Goethe-Gymnasiums!«

Einhundert Jahre, dachte ich, krass. Mir hatten schon neun Jahre davon einen erheblichen Teil meines Lebens versaut. Aber darum ging es jetzt nicht, es ging um etwas viel Größeres.

»Tag«, sagte ich, als wir den Tisch erreicht hatten, Maik nickte.

»Das wär'n dann zwanzig Euro!«, sagte Frau Stamm, meine ehemalige Physiklehrerin, die ebenfalls an der Kasse saß.

»Was?«, rief ich. »Das ist ja doppelt so teuer wie sonst!«

»Zwanzsch Ösen?«, echauffierte sich Maik. »Oarr, nee, Aldr, da geh ich wieder heeme!«

»Du bleibst schön hier!«, sagte ich und zog einen Zwanni aus meiner Tasche.

»Das ist alles für den Hauptpreis, das lohnt sich!«, nickte Frau Pleier.

»Ich kann mir nicht vorstellen, dass der Preis für eine Schachtel Weinbrandbohnen im letzten Jahr derart explodiert ist!«, gab ich zu bedenken.

»Ach, Weinbrandbohnen!«, winkte Frau Stamm ab. »Es gibt was viel Besseres!«

»Zwee Schachteln Weinbrandbohnen, wetten?«, knurrte Maik.

»Jetzt halt mal die Klappe!«, sagte ich.

»Der Gewinner der diesjährigen Tombola gewinnt einen lebenslangen Gutschein für Freigetränke beim Ehemaligentreffen!«, rief Frau Pleier.

»Das bringt mir nix, ich bin heute zum letzten Mal hier«, sagte ich, nahm die Eintrittskarten und wollte schon weitergehen, als mich eine Hand an der Schulter packte.

»Das macht dann noch mal fünfzehn Euro, Freundschaftspreis für euch süße Boys!«, rief der Fotograf und zeigte stolz auf das Foto von Maik und mir, das gerade aus einem Drucker ratterte. »Ist aber auch ein total schnuffiges Bild geworden von euch zwei Hübschen!«

»Ha! Ich hatte recht!«, rief Frau Stamm und klatschte begeistert in die Hände.

Ungläubig schüttelte Frau Pleier den Kopf. »Dann stimmt das wirklich!«

Sie zog einen Fünf-Euro-Schein aus ihrer Tasche und reichte ihn Frau Stamm. »Hast gewonnen, Gisela, hast wirklich recht gehabt! Hab's all die Jahre nich geglaubt!«

»Haste gehört?«, stieß ich Maik an. »Lebenslange Getränke-Flatrate! Das is' doch was für dich!«

»Joa, na ja«, sagte Maik, »äh hier, wejen Flatrate, ist das kostenlos, wenn ich ma kurz mit dei'm Handy wen anrufe?«

»Vergiss es, Maik«, sagte ich streng.

»Oah, leck mich doch, Aldr!«

Frau Pleier und Frau Stamm begannen zu kichern.

»Lass ma reingehen, die denken sonst, du meinst das ernst!«, sagte ich und schob Maik weiter.

»Äääh, wenn Sie wollen, können Sie auch gern noch ein Extralos kaufen, damit haben Sie bei der Auslosung viel bessere Chancen!«, tirilierte Frau Pleier hinter uns.

»Na dann«, sagte ich, zog einen Fünf-Euro-Schein aus dem Portemonnaie und schob ihn über den Tisch. »Dann geben Sie dem Maik mal noch ein paar Extralose! Stimmt so!«

Verdutzt schaute Frau Pleier auf. »Da fehlen doch noch fünf Euro!«

»Was? Sind wir hier im Kino, gibt's hier Überlänge, oder was?«

»Wir sind hier in Sachsen-Anhalt, da kann so etwas mit einer Getränke-Flatrate ganz schön nach hinten losgehen, wenn man sich finanziell nicht absichert!«

»Samma, habt ihr noch alle Latten am Zaun, oder was?«, rief Maik.

»Also, Herr, äh, Herr Maik, so kennen wir Sie ja gar nicht!«, sagte Frau Stamm verdutzt.

»Der hat jetzt 'ne Freundin, der verträgt das nich«, sagte ich und legte einen weiteren Fünf-Euro-Schein dazu. 45 Euro, und wir waren noch nicht mal drin, meine Güte, dachte ich.

»Freundin, wieso?«, fragte Frau Stamm.

»Los, Gisela, rück meine fünf Euro wieder raus!«, hörte ich Frau Pleier noch hinter uns, und dann waren wir drin.

Die Halle war voll. Offensichtlich lief heute tatsächlich nichts Interessantes im Fernsehen, oder alle hatten die *Herr-der-Ringe*-Filme schon dreimal gesehen. Auf den Tischen standen dicke Phiolen mit Wein, hier und dort prosteten sich Menschen in Anzügen mit Sekt zu. Ich hatte das große Bedürfnis, mich mit einer satten Ohrfeige zurück in die Realität zu holen.

Überall in der Halle standen Särge, auf denen in krakeliger Schrift »100 Jahre Goethe-Gymnasium« geschrieben stand. Wahrscheinlich hatte man sich nicht lumpen lassen und ein paar der ersten Absolventen ausgebuddelt und des Flairs wegen hier aufgestellt.

Alle Jahrgangstische waren voll besetzt, und über allem hing ein dichtes Stimmengewirr, das nur von ganz dezentem Eurodance untermalt wurde. Na gut, dachte ich, als ich meinen Blick schweifen ließ und er an DJ Chris hängen blieb. Wenigstens blieb er sich treu und trug zwar einen Anzug, aber immerhin eine vollständig gebatikte Version. Da würden die Alt-Hippies vermutlich auch mal ein Auge zudrücken.

Maik war ziemlich unruhig geworden. Prüfend zog er seinen Stimmungsschlagring aus der Tasche. »Ey, hier kann ich nich bleiben!«, sagte er. »Guck ma, wie das Ding abgeht!«

Der Stimmungsschlagring blitzte und blinkte in den buntesten Farben. Für jemandem wie Maik war das hier Feindesland.

»Du holst erst mal was zu trinken«, sagte ich, »aber nicht so'n Sekt-Zeug!«

»Gib ma Kohle!«, sagte Maik und hielt seine Hand auf.

»Gib ma deine Autoschlüssel als Pfand!«, sagte ich.

»Soll'n der Blödsinn? Ich kann ooch nach Hause loofen, Aldr!«

»Ich hab dich noch nie irgendwohin laufen sehen«, sagte ich. »Her mit dem Schlüssel!«

Mürrisch überreichte mir Maik die Autoschlüssel, ich gab ihm dafür einen Zwanzig-Euro-Schein. 65 Euro, fuck.

Dann machte ich mich auf in Richtung des 2005er-Tischs.

»Huuuhuuu!«, rief eine piepsige Stimme schon von Weitem. Och nee, dachte ich, hoffentlich würde Maik sich merken, wie viele Opfer ich heute seinetwegen erbrachte.

Melissa war aufgesprungen und winkte mit der Frequenz eines Kolibris zu mir herüber.

»Hallo, schön dich zu sehen!«, rief Melissas Mann Martin.

»Naaaaa, bist du doch wieder da, obwohl du eigentlich nie kommen willst?«

»Jajaja«, sagte ich, »heute ist das was anderes, heute mussten wir kommen!«

»Jaja«, sagte Melissa.

Der ganze 2005er-Tisch war voll besetzt. Enno tatschte aufgeregt auf einem dieser neuen iPhones herum, die genauso aussahen wie die vom letzten Jahr, dafür aber sicher doppelt so teuer und damit doppelt so cool waren. Neben ihm die mittlerweile wirklich voluminöse Jenny. Jens saß etwas abseits bei Luisa und fummelte an einer Videokamera herum. Ich drehte mich vorsichtshalber ein bisschen weg, damit ich nicht in Verlegenheit kam, aus Versehen Luisas Blick zu begegnen. Und hinter einer monströsen Wand aus leeren Biergläsern hockte der gute Jörn und ließ den Kopf hängen. Offensichtlich war er also noch immer bei der …

»Wähwäh«, machte es irgendwo, und ich griff mir mechanisch an die Hose, um zu prüfen, ob mein Handy vibriert hatte.

Auf dem Tisch standen lauter kleine Pappaufsteller, die in Form einer 100 gestanzt waren, daneben gab es haufenweise Chips, Erdnussflips und … ein Baby? Es wurde immer makabrer.

»Wähwääh!«, machte das Baby.

Martin stand auf und wollte gerade danach greifen, als …

»Halt! Du machst das falsch!«, schrie Melissa, und Martin zuckte zusammen.

»Wähwääh!«, machte das Baby.

»Ah, es hat Hunger!«, rief Melissa.

»Ist das deins?«, fragte ich.

»Klar, wusstest du nicht?«

»Sagen wir so: Wundern tut es mich nicht.«

»Wähwääh!«, machte das Baby erneut, und Enno checkte erst mal, ob vielleicht sein iPhone vibriert hatte.

»Woher willst du immer genau wissen, was das Baby will, wenn es immer gleich schreit?«, fragte ich.

»Das sind die Hormone!«, sagte Melissa. »So was merkt eine Frau einfach!«

Dann knöpfte sie ihre Bluse auf, langte hinein und zog ihre linke Brust ins Freie.

»Hey hey hey, langsam, langsam!«, sagte ich. »Willst du nicht lieber mal auf die Toilette …«

»Ach, das ist doch total natürlich«, sagte Melissa und stöpselte das Baby an ihren Körper, damit es wieder aufgeladen wurde.

»Jaja, es ist 'ne ganze Menge total natürlich, und trotzdem bin ich froh, dass die meisten Leute das hinter geschlossenen Türen machen«, murrte ich.

»Antreh, Aldr, gib ma noch mal Kohle!«, sagte Maik, der plötzlich neben mir stand.

»Ich hab dir grad 'n Zwanni gegeben! Und Bier hast du auch nich geholt!«, sagte ich.

»Aldr, es gibt Loooooose!«, rief Maik mit irrem Blick.

»Du sollst Bier holen!«, sagte ich.

»Ich muss meine Chancen steigern, Aldr!«, schrie Maik. »Außerdem, guck ma, wen ich dort vorn an der Lostrommel jetroffen hab.«

Maik trat einen Schritt beseite. Hinter ihm erkannte ich den kleinen Luke-Lukas.

»Hey Luke-Lukas«, sagte ich, »ich dachte, du bist im Survival-Internat!«

»GRRRR!«, antwortete Luke-Lukas.

»Übelst geil, wie der mit seinen kleen' Händen durch die Plexiglasverkleidung kommt!«, freute sich Maik und tätschelte Luke-Lukas' Kopf.

»Jaja«, sagte ich und war heimlich froh, dass er wenigstens einen Grund zum Bleiben gefunden hatte. Ich konnte ihn einfach nicht nach Hause zu dieser grässlichen Samanta schicken, die unsere Freundschaft versaute.

»Hier, jetzt aber Bier holen!«, sagte ich und gab Maik einen Zwanni.

85 Euro also.

Krr, Krz, Kccccchhh, kam es aus den Boxen. Die Musik wurde gedimmt, und alle schauten gespannt zur Bühne.

Der kleine Direktor kam nach oben gewankt. Seinem Anzug nach zu urteilen, hatte er entweder seit geraumer Zeit ein Problem mit Lochfraß oder das Teil existierte schon seit seiner Jugendweihe.

»Äh, ja, äh, meine, äh, Damen und Herren, äh, ich freu mich, dass Sie so zahlreich zu unserem zahlenmäßigen Jubiläum erschienen sind!«

»Hey, Sie können mir doch nicht einfach mein Glas wegnehmen!«, rief es ein paar Tische weiter.

»Aldr, ich brauch die Kohle, es gibt Looooose!«, hörte ich eine mir nicht unbekannte Stimme antworten.

»Heute feiern wir das einhundertste Jubiläum unserer schönen Schule!«

»Hey, ich hab noch gar nich ausgetrunken! Sie können doch nicht einfach mein Glas austrinken! Und das auch noch vor dem Jungen!«

»Aldr, Looooose!«, schrie wieder jemand.

»Äh, ja, äh, heute gedenken, äh, wir dem Gründervater unseres Goethe-Gymnasiums, keinem Größeren, äh, Geringeren als Hans-Jörg Goethe, dem größten Hersteller von Fahrrad…, also, na ja, Sie wissen schon, diese, äh, diese Knubbel, die man oben aufs Fahrradventil droffmacht, damit da nicht aus Versehen die Luft rausgeht, von Sachsen-Anhalt, also, Hans-Jörg Goethe!«

Ein verhaltener Applaus brandete auf. Offensichtlich wurde vielen der Anwesenden erst jetzt bewusst, dass sie all die Jahre über an einen anderen Namensvater gedacht hatten.

»Weil der Name jedoch oft zu Verwirrung und Benachteiligung bei der Vergabe von Fördermitteln geführt hat, wurde die Schule, ääh, schon nach kurzer Zeit als Goethe-Gymnasium abgekürzt«, fuhr der Direktor fort.

»Heeh, lassen Sie los!«, schrie es aus einer anderen Richtung.

»Lass du dein Glas los oder der Kleene macht die Kranichtechnik! Der hat 'n schwarzen Gürtel in Survival!«, kam es als Antwort.

»Wir freuen uns in jedem Fall über unseren diesjährigen Sponsor, der sich zu fünfzig Prozent an der Finanzierung unseres Hauptpreises beteiligt hat. Der Herr Dr. Bloß von der Firma Sarg Bloß! Ein, ääh, traditionsreiches Familienunternehmen. Und, ääh, Herr Bloß hat mir gestanden, dass er sich sehr freut, diesen Preis sponsern zu dürfen, weil neunzig Prozent seiner Klienten also mit, ääh, Alkohol, ääh, dass das ihre Motivation für den Erwerb eines, ääh, und da, ehe …«

»Heh, nehmen Sie die Finger von meiner Sektflöte!«

»Bei der Macht von Grayskull!«, schrie es nahe der Bar. »Los Kleener, hau zu!«

Und schon klirrten die ersten Gläser.

Immerhin, beruhigte ich mich, Maik dachte nicht mehr so oft an diese komische Samanta.

»Und, äh, ja, äh, wir freuen uns, äh außerdem noch auf einen ganz besonderen Gast«, fuhr der Direktor fort. »Den Herrn

Wilhelm, der Letzte, also der Einzige, der noch vom Abschlussjahrgang 1910, also, huhu, Herr Wilhelm!«, rief der Direktor und winkte in eine Ecke der Halle.

Dort stand ein Krankenbett mit einem leicht irritierten Zivi, der peinlich berührt ins Krankenbett griff und anschließend den labbrigen Arm eines fast mumifizierten Herren schwenkte.

»Hallo Leute, hier ist wieder euer Jens, herzlich willkommen auf meinem Kanal!«, rief Jens, der plötzlich aufgesprungen war und seine Kamera mit ausgestrecktem Arm auf sich gerichtet hatte. »Also, ich mache heute ein Follow-me-around-Video, weil mir immer total viele Leute geschrieben haben, dass sie mal ein Stück aus meinem Alltag sehen wollen.«

Oje, dachte ich, hatten sie Jens schon wieder rausgeworfen? War er jetzt endgültig verrückt geworden?

»Also wenn euch das gefällt, dann schreibt's mir einfach unten in die Kommentare und gebt dem Video einen Daumen hoch. Und ja, wir befinden uns heute bei meinem Klassentreffen und das ist voll supi, weil da treffe ich mich in jedem Jahr mit meiner Klasse, und das ist immer total witzig, und jetzt sind wir hier bei der Melissa und ihrem total süßen Baby, ich halt das mal eben so in die Kamera«, plapperte Jens, während er mit der freien Hand nach dem Baby langte, das noch immer an Melissas Ladestation steckte.

»Kcccccccccch!«, fauchte Melissa und schlug nach Jens und seiner Kamera.

»Also, ja, äh, die Melissa findet das wohl gerade nich so cool!«

»Sorry, das sind die Hormone«, rief Melissa in die Kamera winkend.

»Ja, voll supi, das ist wie bei diesen Tierdokus, wo das Muttertier ihre Jungen um jeden Preis beschützt. Wenn ihr auch Tierdokus mögt, dann schreibt mir das einfach in die Kommentare und ...«

»Was is' denn mit dem los?«, fragte ich Martin.

»Also, ich weiß nicht, Videoblog oder so, aber hast du dir schon mal überlegt, wie du dich jetzt ab dem nächsten Jahr versichern willst, wo du doch dann 25 wirst?«

»Woher weißt du das denn?«, fragte ich entgeistert.

»Na ja, also, ich hab da mal in deine Akte geguckt.«

»Was denn für 'ne Akte? Du arbeitest doch gar nicht bei meiner Versicherung!«, rief ich.

»Also, nicht, dass ich da was über dich sammeln würde oder so, aber ...«, sichtlich verschüchtert sah sich Martin um und griff nach dem Baby.

»Kccccccccccch!«, machte Melissa wieder und schlug nach Martin.

»Du bist aber schon ein bisschen unausgeglichen, seit du das Baby hast, oder?«, fragte ich.

»Ach, das ist ja nur natürlich, Verteidigungsinstinkt, wegen den Hormonen«, sagte Melissa.

»Natürlich«, nickte ich.

»Du brauchst gar nicht zu versuchen, mich zu ignorieren«, sagte jemand von der Seite, »ich hab genau gemerkt, dass du mich gesehen hast!«

Luisa hatte sich neben mich gesetzt. Himmel, sie sah gut aus. Wieso musste sie wieder hier sein? Noch immer verkrampfte sich mein Gehirn bei dem Gedanken, dass ich sie vor zwei Jahren tatsächlich und plötzlich richtig toll gefunden hatte.

»Und das hier ist der André, unser kleiner Schriftsteller!«, rief Jens in seine Kamera und hielt sie mir anschließend vors Gesicht.

»Hau ab«, sagte ich.

»Also, bei dem André darf man das nie so ernst nehmen, wie der das sagt, denn eigentlich ist der voll nett!«

»Kcccccccch!«, fauchte ich Jens an.

»Haha, suuuperwitzig, Verteidigungsinstinkt. Leute, wenn ihr mal wollt, dass ich ein Video über Hormone mache, dann ...«

Luisa saß in gebührendem Abstand neben mir, sodass es mir irgendwie ein bisschen leidtat, wie es vor zwei Jahren gelaufen war, aber es ging einfach nicht.

»Na«, sagte ich zu ihr, »immer noch fröhlich am Leuteausweisen?«

»Ach«, sagte Luisa, »das mach ich doch schon lange nicht mehr.«

»Soso«, sagte ich, »welcher Diktator brauchte denn eine neue Sekretärin?«

»Jetzt sei mal nicht so!«

»Sorry«, sagte ich, »dieser Jens mit seiner Kamera macht mich fertig! Und Maik!«

»Der ist voll bekannt im Internet und so. Der macht so Videoblogs. Was ist denn mit Maik?«

»Ach, der hat jetzt 'ne Freundin!«

»Das ist doch schön!«, sagte Luisa. »Schön für ihn.«

»Jaja«, sagte ich, »und du bist dann jetzt bei der Polizei oder so?«

»Quatsch, als ob ich immer schlimme Sachen mache. Ich bin jetzt bei Moskau Inkasso.«

»Quod erat demonstrandum«, sagte ich.

»Du bist echt völlig verbittert«, sagte Luisa.

»Das sollte niemand sagen, der bei einer Inkassofirma arbeitet!«

Luisa starrte mich mit blankem Unverständnis an.

»Ich mein, was gibt's Schlimmeres?«, sagte ich. »Wie kann man denn so was mit sich vereinbaren? Bald arbeitest du vielleicht noch bei der GEZ, oder was?«

»Pah, GEZ«, lachte Luisa. »Das sind doch Stümper, die schicken dir drei Mahnungen, und das war's. Wir schicken drei Typen aus Moskau vorbei und bekommen sofort unser Geld!«

»Hier, das macht dann jeweils fünf Euro«, rief Maik und stellte drei Bier vor mir ab. »Und Trinkgeld für den Kollegen hier.«

Luke-Lukas, der jetzt eine vollverspiegelte Sonnenbrille trug, nickte mir wortlos zu.

»Da krieg ich aber noch was wieder!«, mahnte ich.

»Nee«, sagte Maik, »das Geld is' weg!«

»Äh, ich hab grad keine fünf Euro dabei«, sagte Martin. »Also, vielleicht …« Er fingerte nervös nach dem Baby.

»Kcccccccccch!«, machte Melissa.

Luisa packte Martin sofort am Kragen. »Rück die Kohle raus, sonst greift deine Zahnbürste morgen ins Leere!«, schrie sie ihn an.

»Is' ja gut«, sagte ich und legte drei Fünfer auf den Tisch, so schnell waren es also hundert. »Ich zahle.«

Augenblicklich beruhigte sich Luisas rasender Blick. »Super, dann ist das ja geklärt.«

Eine peinliche Stille entstand, und alle blickten irritiert auf Luisa.

»Hoho«, lachte Maik, »ich wette, die Luisa kann am Automaten ooch ohne Karte Geld abheben!« Er stupste Luke-Lukas in die Seite. »Da kömmer noch was lernen, mein Kleener!«

Luke-Lukas begann zu kichern.

Maik kam etwas näher zu mir. »Apropos, gib mir noch mal Kohle, Aldr, ich brauch Loooose!«

»Ich bin hier nicht deine Bank!«, sagte ich.

»Komm, Aldr, nur 'n Zehner!«, rief Maik. Sein Blick sah ein bisschen wahnsinnig aus. Irgendwie wie bei den komischen Gestalten, die einem immer am Bahnhof begegneten und nach Geld für einen Fahrschein fragten, den es gar nicht gab. Das Glücksspiel bekam ihm einfach nicht.

»Vergiss es!«, sagte ich. »Komm ma'n bisschen runter!«

»Orrr, is' schon ganz schön spät, vielleicht sollte ich doch langsam mal die Samanta …«

»Mensch, hier!«, sagte ich missmutig und drückte ihm einen Zehner in die Hand. »Mehr hab ich nich!«

Augenblicklich drehte sich Maik wieder um und ging mit Luke-Lukas zu den anderen Tischen. »Entschuldigen Sie, dass ich Sie störe, uns fehlt noch'n Euro für'n Ticket nach Halle, hätten Sie zufällig noch'n Euro für uns, oder zwee?«

»Denkt man gar nicht, dass du auch so einfühlsam schreiben kannst wie bei der Geschichte von Kathrin«, sagte Melissa, die das Baby mittlerweile abgekoppelt hatte.

»Jaja«, sagte ich.

»Du tust immer nur so abgeklärt, dabei bist du eigentlich ganz nett, wenn du mal willst.«

»Jaja.«

»Was ist denn los?«, fragte Melissa.

Ich seufzte. »Ich glaub, der Maik hat 'ne Freundin.«

»Der Maik? Das is' ja süüüüß. Wer isses denn?«

»Keine Ahnung, aber es ist so oder so schrecklich!«, sagte ich.

»Jetzt sei mal nicht immer so verbittert!«

»Sag ich doch, total verbittert!«, rief Luisa vom anderen Ende des Tischs herüber.

»Also Leute, wenn ihr Lust darauf habt, dass ich mal ein Video zum Thema Verbitterung mache, weil euch das vielleicht auch schon mal passiert ist und ihr euch fragt: ›Hey, wie werd ich am besten entbittert?‹, dann postet das einfach hier unten in die Kommentare!«, plapperte Jens in seine Kamera.

»Es ist doch immer das Gleiche«, rief ich, »dein bester Kumpel lernt eine Frau kennen, und ab diesem Zeitpunkt ist eure Freundschaft vorbei!«

»Ach, das stimmt doch gar nicht!«, rief Melissa erbost. »Der Martin hat total viele Freunde! Oder, Martin?«

»Äh, ja!«, rief Martin.

»Den Toni zum Beispiel!«

»Au ja, der Toni ist unser Müllmann«, rief Martin begeistert, »den seh ich immer einmal im Monat, wenn ich die blaue Tonne rausstelle!«

»Nix mehr mit Biertrinken und Fußballmanager«, sprach ich weiter, »nix mehr mit Samstagabend in der Kneipe, denn ab diesem Zeitpunkt geht's Samstagabend zum Nachtflohmarkt, mal so'n bisschen Schnäppchenjagen mit der Liebsten!«

»Ach, das ist doch Quatsch!«, rief Melissa. »Nachtflohmarkt ist nur jedes zweite Wochenende!«

»Und an den anderen Wochenenden heißt's dann immer ›Neee, wir machen heute Abend mal 'n Ruhigen!‹, ›Nee, ich hab der Jessica versprochen, das wir uns heute Abend *Eat Pray Love* angucken!‹«

Martin nickte zustimmend.

»Das ist doch romantisch!«, rief Melissa. »Oder, Martin, das is doch romantisch?«

Martin sah sich irritiert um.

»Kcccccch!«, machte Melissa.

Martin nickte.

»Und dann, nach drei Jahren«, fuhr ich fort, »wenn die Euphorie verflogen ist, kommen sie wieder angerannt und wollen plötzlich mal 'nen total flippigen Männerabend machen. Der einzige Unterschied ist, dass sie dann ab zehn die ganze Zeit auf die Uhr gucken, weil's ja schon so spät ist, und dauernd überlegen, ob sie vielleicht mal zu Hause anrufen sollten!«

»Jetzt, wo du's sagst, wir könnten ja schon mal so einen schönen Männerabend machen, wo wir uns doch schon so lange kennen!«, rief Martin.

»Wir haben uns genau ein Mal gesehen, und das war vor drei Jahren«, sagte ich.

»Seit drei Jahren kennen wir uns schon, wie doch die Zeit vergeht!«, rief Martin.

»Quod erat demonstrandum!«, nickte ich zu Melissa.

»Hi Leute, hier ist wieder euer Jens! Kommen wir nun zu meiner Lieblingskategorie: Jens' Dezember-Empfehlungen«, hörte ich es von der anderen Seite des Tischs. »Also, hier, die

Anti-Aging-Maske, ich halt die mal eben in die Kamera. Die Luisa is' so nett und trägt mir die währenddessen aufs Gesicht auf ...«

Jens hielt die Kamera weiter am ausgestreckten Arm, während Luisa ihm eine grünliche Paste im Gesicht verteilte.

Jetzt war es endlich so weit. Jetzt waren sie alle endgültig verrückt geworden. So lief es immer in Sachsen-Anhalt. Entweder man zog rechtzeitig weg, oder man wurde irre und begann, sich über nicht vorhandene Ausländer zu mokieren oder Videoblogs zu drehen.

»Wie viele Lose hast du gekauft?«, fragte ich entgeistert, als sich Maik neben mich gesetzt und einen Haufen Zettel vor sich ausgebreitet hatte.

»Pff, keine Ahnung, nich viele«, eierte Maik herum, »so ... fuffzig vielleicht!«

»Du hast für fünfhundert Euro Lose gekauft?«, rief ich. »Bist du bescheuert?«

»Das lohnt sich, Aldr! Und der Luke-Lukas hat bestimmt noch zehn mitgehen lassen!«

»Selbst für hundert Euro kannste locker 'nen ganzen Abend saufen!«

»Na, jetzt übertreib mal nicht, Aldr! Du kannst das vielleicht!«

»Ich pack's ja nich!«, rief ich. »Bring die wieder zurück, und gib mir mein Geld!«

»Pscht!«, macht Maik und deutete aufgeregt zur Bühne, wo gerade der kleine Direktor Aufstellung nahm. »Jetzt geht's looos, Aldr!«

Krr, Kzz, Krz, »Sooooooo«, dröhnte es aus den Boxen, der kleine Direktor stand wieder am Mikrofon.

»Meine Damen und Herren, ich bitte um Ihre, äh, Aufmerksamkeit!«

Aufgeregt biss sich Maik die Haut von den Fingerkuppen. Überall zogen die Leute ihre Eintrittskarten aus den Taschen und überflogen ihre Gewinnnummern. Nur Maik schien sich mit reichlich Extralosen versorgt zu haben, um auch ja nichts dem Zufall zu überlassen.

Lebenslange Getränke-Flatrate beim Ehemaligentreffen. Hoffentlich waren sich die Organisatoren bewusst, auf was sie sich da einließen, wenn Maik das Ding tatsächlich gewinnen sollte. Hoffentlich gab es da eine zugehörige AGB, die es ausschloss, dass man sich das Bier in einen mitgebrachten Tanklaster abfüllen ließ. Wenn es um die Dehnung von Regeln ging, war Maik einer der ganz großen Kreativen.

»Ich möchte mich, äh, noch einmal, äh, herzlich bei unserem Sponsor bedanken, Herr Dr. Bloß von der Firma Sarg Bloß! Wo sind Sie denn, Herr Dr. Bloß? Ach, Sie haben es sich da in einem Ihrer Modelle gemütlich gemacht, haha, wie schön, na ja, äh …«

Maik wurde unruhig. Immer und immer wieder zählte er seine Lose durch.

»Na ja, wie sagt man so schön? Viele Köche verderben den Brei, um den wir jetzt ma nicht länger drum herumreden wollen, also vielleicht könnte ich dann mal unsere Lostrommel?«

Ein riesiger Sarg wurde auf die Bühne gerollt, gefüllt mit unzähligen Losnummern.

»Wie ich hörte, haben wir zweihundert Lose verkauft, und, na ja, äh …«

Der Direktor wühlte ein bisschen in dem Sarg herum.

»Jetzt erwarten Sie sicher mit Leistung, äh, Spannung, wer gewonnen hat, Achtung!«

Er fischte einen kleinen Zettel heraus und hielt ihn in die Höhe. Alle schauten wie gebannt auf ihre Losnummern, Maik hatte die Augen geschlossen.

»Nummer 4-3-5-6-0-9! Ich wiederhole, Nummer 4-3-5-6-0-9!«

Nichts passierte, Maik suchte wie wild all seine Kärtchen nach der passenden Nummer ab. Hier und da zog er eine hervor, schüttelte ungläubig den Kopf und behielt sie fest in der Hand.

»Na? Wer hat's?«, rief der kleine Direktor. »'s muss ja einer sein oder so!«

Maik blätterte wie wild durch seine Karten, aber offensichtlich fand er die Nummer nicht.

»WOOOAAAAH KRAAAAASS!«, rief jemand einige Stühle weiter.

Jens war aufgesprungen und reckte mit der Linken seine Eintrittskarte und mit der Rechten seine auf sich selbst gewandte Kamera in die Luft. »Das gibt's ja nicht! Wie geil ist das denn!«

Jens spurtete zur Bühne und drehte sich mehrmals vor Freude im Kreis.

Maik war kalkweiß geworden. Kraftlos ließ er die wertlos gewordenen Lose aus der Hand gleiten und sah sich um.

»Hey Leute, das ist ja der Wahnsinn!«, rief Jens von der Bühne und hielt dabei weiterhin die Kamera vor sein Gesicht. »Was für ein Zufall! Das ist ja der Waaaaahnsinn! Zweihundert Lose, und ausgerechnet meins wird gezogen! Hattet ihr auch schon einmal so viel Glück? Dann schreibt's mir einfach unten in die Kommentare und gebt dem Video 'n Daumen hoch!«

Maiks Gesichtsfarbe veränderte sich abwechselnd von Weiß zu Puterrot. Hoffentlich macht er nichts Dummes, dachte ich und hielt schon mal vorsichtshalber nach einem passenden Durchgang Ausschau, um Maik abzufangen, sobald er sich in Richtung Bühne bewegen würde.

»Na ja, hier, äh«, sagte der kleine Direktor und hielt Jens den Gutschein entgegen, »freie Getränke beim Ehemaligentreffen des Hans-Jörg-Goethe-Gymnasiums auf Lebenszeit!«

»Woah krass, Leute! Und das, obwohl ich doch nicht mal Alkohol trinke!«

Eine riesige Ader zeichnete sich an Maiks Hals ab, seine Hände waren zu Fäusten geballt. Er tobte innerlich. Ich machte mich bereit, einzuschreiten, doch Maik kam zurück an unseren Tisch. Was wollte er?

»Melissa, Aldr, Melissa!«, rief Maik.

»Jaja, ich find das auch schwierig mit der Überfremdung!«, tirilierte Melissa in Richtung Luisa.

»Melissa, Aldr!«, rief Maik.

»Ja, das nimmt schon spürbar überhand!«, plapperte Melissa weiter.

»Melissa, Aldr, der Jens hat dein Baby geohrfeigt!«

Sofort wurde Melissa aufmerksam.

»WAS HAT DER JENS?«

»Ich hab's genau gesehen! Hochgenommen hat er's und dann LINKS RECHTS, BATSCH BATSCH! Ich glaub, es ging um Videoblogs, Aldr!«

»Wäh, wääh!«, machte das Baby auf dem Tisch, Martin sah mich verwundert an.

»Vielleicht hat es Hunger?«, fragte ich mit einem Schulterzucken.

»Ich hab doch auch bloß keine Ahnung, was das will!«, rief Martin. »Das macht normalerweise immer die Melissa!«

»Die Melissa ist gerade beschäftigt«, sagte ich und deutete zur Bühne.

Wie eine Amazone sprang Melissa die Bühnentreppe hinauf, packte Jens am Kragen und wirbelte ihn herum. Jens rief immerzu: »Aua! Aua!«, und Melissa zischte: »Ich kann nichts dafür, das sind die Hormone!«

Gleich dahinter stand Maik, griff im richtigen Moment nach dem Gutschein und ließ ihn glücklich in seiner Tasche verschwinden.

»Wäh, wääh!«, machte das Baby.

»Luke-Lukas, was macht die Melissa da immer?«

Luke-Lukas, der gerade damit beschäftigt war, aus den soeben wertlos gewordenen Losen möglichst viele Krampen zu basteln, zuckte mit den Schultern.

Martin sah mich fragend an, ich schüttelte den Kopf.

»Na ja. Ich hab's ja oft genug bei der Melissa gesehen«, sagte Martin und begann sein Hemd aufzuknöpfen.

»Ich muss jetz ma meine Kasse zumachen«, sagte plötzlich eine junge Frau mit einem Portemonnaie und deutete auf unsere leeren Biergläser. »Das macht dann, äh, 45 Euro!«

»Wir hamm schon an der Theke bezahlt«, sagte ich.

»Da konnte man heute gar nicht zahlen, wir bedienen heute nur am Tisch.«

»Aber wir hamm doch Bier gekriegt«, sagte ich verwundert.

»Ja, dann müssen Sie es aber auch bezahlen!«, erwiderte die Barfrau.

»Gibt's Probleme?«, fragte Luisa, die ein Stück näher gerückt war.

»Nix«, sagte ich, »die gute Frau hier denkt, Maik hätte vorhin das Bier nicht bezahlt.«

»Hat er auch nicht, das hätte ich ja verbucht!«

»Ich hab ihm doch extra Geld ge…«, Plötzlich dämmerte es mir. Ich sah mich um. Mitten im Getümmel nahe der Bühne, wo gerade sämtliche Sportlehrer damit beschäftigt waren, Jens aus Melissas Schwitzkasten zu befreien, stand Maik und streichelte glücklich den Flatrate-Gutschein. Als er mich und die Barfrau erblickte, machte er ein paar abwiegelnde Gesten, zeigte zur Tür und begann mit den Fingern einen Countdown zu zählen. Fünf, vier …

»Ach so ist das«, nickte die Barfrau, »das hammwer ja jerne!«

»Ich regel das«, sagte Luisa und winkte beiläufig in eine Hallenecke, aus der jetzt drei sehr osteuropäisch aussehende Männer mit dunklen Sonnenbrillen in unsere Richtung trabten.

Ich blickte zu Maik.

Drei …

Langsam stand ich auf, aber sofort schraubte sich Luisas Hand um meinen Unterarm. »Bleib doch noch kurz«, sagte sie zuckersüß, »wir klären das schon.«

Zwei …

Unsicher blickte ich mich um. Drei ausgewachsene Wandschränke kamen auf mich zu, und wenn das stimmte, was Luisa gesagt hatte, dann bekamen die immer, was sie wollten.

Eins.

Ich zeigte auf Martin, der das Baby mittlerweile an seiner Brust …

»Bääääääh«, rief Luisa, »was macht der denn da?!«

Ich nutzte den Moment, riss mich los und stürmte in Richtung Ausgang. Sofort machten die osteuropäischen Schränke kehrt und folgten mir, doch im gleichen Moment ging ein unendlicher Krampenhagel auf sie nieder, denn Luke-Lukas gab mir Feuerschutz. Gott schütze das Survival-Internat, dachte ich, als ich weiterrannte. Der gesamte Lehrertisch schaute mich erstaunt an, als ich vorbeihetzte und hier und da einen der Särge streifte, selbst der Zivi am Krankenbett war erstaunt und winkte erneut mit der labbrigen Hand des über-hundertjährigen Ehrengastes. Kurz vor der Bühne stand Maik und hielt mir die Tür auf. Gleich nachdem ich hindurchgerauscht war, fiel sie ins Schloss. Das war knapp.

Draußen unter dem Vordach hielten wir an. Offensichtlich war uns niemand bis hierhin gefolgt. Maik zog eine Spiegelreflexkamera aus seiner Tasche und hielt sie sich direkt vors Gesicht.

»Hallo Freunde, hier is' jetzt euer Maik!«, sprach er in die Kamera. »Das war wohl fürs Erste mit Jens und seim Videoblog! Wir sehen uns, sobald der Jens wüller feste Nahrung zu sich nehmen kann. Und bitte vergesst nich, 'm Jens sein' Kanal zu abonnieren und dem Video 'n Daumen hoch zu geben! Over!«

Ich blickte durch die Fenster nach drinnen. Luisa und ihre Osteuropäer standen bei Jens, während sie ihm die Stirn tätschelte. Hoffentlich hatte der arme Jens ausreichend Bargeld dabei, sonst hatte er jetzt vermutlich schlechte Karten, dachte ich.

»Vielleicht sollte ich doch ma die Samanta anrufen«, sagte Maik, nachdem er die Kamera in seiner Tasche hatte verschwinden lassen.

»Ich hab 'ne bessere Idee«, sagte ich. »Bei mir zu Hause liegt doch noch die zweite Rohrbombe. Vielleicht schauen wir einfach noch mal beim Victory-Micha vorbei?!«

Maik schaute auf seine Armbanduhr, es war kurz nach Mitternacht.

»Okay, seit zwee Minuten bin ich bewährungsfrei.«

»Wie, Bewährung?«, fragte ich.

»Ich hab dir doch gesagt, der Meikel kennt Tricks!«

»Häh? Davon wusste ich ja überhaupt nichts!«, rief ich.

»Jaja«, sagte Maik und schob mich vorwärts, »erzähl ich dir auf'm Weg!«

2011

Was wir brauchen

Es war ein Dienstag. Der Morgen graute. Seit über zwölf Stunden hockte ich an diesem Tisch in dieser Wohnung in der Innenstadt. Ich fühlte mich alt und müde. Irgendetwas hatte sich heute in mir verändert, und das nicht nur, weil mir meine Mutter neuerdings Filme wie *e-m@il für Dich* in der Fernsehzeitung markierte und ich Bachelorstudenten verachtete, weil ich jetzt zu den coolen Mastern gehörte.

Es hatte sich von Anfang an falsch angefühlt, als Melissa bei meiner Mutter angerufen hatte, nur um von ihrem Mann Martin aus zu fragen, ob ich nicht mit zu seinem Kollegen, dem Tzwen kommen wollte. Tzwen mit TZ. Und der Maik dürfe ruhig mitkommen. Von Anfang an hatte es sich nach einem üblen Komplott angefühlt. Ich hätte gleich misstrauisch werden sollen, als Martin meinte, wir bräuchten auch nichts mitzubringen »außer Knabberzeug und guter Laune!«. Ich hätte es wissen müssen. Dabei hätte ich lieber endlich mal diesem Literaturagenten antworten sollen. Vielleicht hatte ich ja wirklich gutes Material für ein Buch, wie er gesagt hatte. Ich hätte es wissen müssen, spätestens als Tzwen direkt hinter uns die Wohnungstür abgeschlossen und uns ins Wohnzimmer geleitet hatte, wo ich die ganze Misere schon auf dem Tisch erblickt hatte: *Die Siedler von Catan*. Sie hatten mich verarscht. Ein Spieleabend. Und das, obwohl ich noch unter dreißig war.

Meine Güte, woher kam seit einiger Zeit dieser Brettspielewahn? Selbst in Leipzig wurde man andauernd zu lustigen *Dominion*-Abenden, ulkigen *Carcassonne*-Runden oder ganz kapitalismuskritischen *Monopoly*-Sessions eingeladen, nur um dann den ganzen Abend an einem halb vollen Rotweinglas zu nippen, während man auf seinem Berberteppich sitzt und über Altersvorsorge plaudert.

Das Schwierigste an diesen Abenden war, auf dem Nachhauseweg dem eigenen Todesdrang zu widerstehen.

Verächtlich blickte ich in die Runde. Maik massierte sich die Schläfen, Tzwen sortierte immerfort seine Karten, und Martin, der bis vor vier Stunden noch darauf bestanden hatte, »wenigstens die eine Runde zu Ende zu spielen«, lag mit dem Kopf auf dem Tisch.

»Okay Freunde«, rief Maik, »ich brauche Erz!«

»Kannste haben«, sagte ich müde. »Was gibst'n?«

»Zwee Holz!«

»Hab ich selber, danke!«

»Tausche Erz, Aldr!«, brüllte Maik.

Das Spiel hatte einen kritischen Punkt erreicht. Keiner der Mitspieler war mehr bereit, irgendeine seiner Ressourcen zu tauschen, konnte aber gleichzeitig ohne einen Tausch keinen einzigen Spielzug mehr tätigen.

»Tja«, sagte ich, »da müssen deine Siedler wohl noch mal ihr Angebot überdenken, wenn die unsichtbare Hand des Marktes noch nichts an der herrschenden Ordnung verändern will!«

»Die unsichtbare Hand des Marktes verändert gleich ma dein Gesicht, Aldr!«, rief Maik.

Martin erwachte und zog seinen über und über mit Chips und Dips verklebten Kopf mit einem lauten PFFFFT vom Tisch. Es sah aus, als sei er gerade aus der Matrix erwacht.

»Ich glaube, ich muss jetzt echt mal los«, murmelte er. »Die Melissa macht sich bestimmt schon Sorgen.«

»Ach komm, Martin, trink erst mal noch einen!«, mahnte Maik und begann, Martins Bierglas zur Hälfte mit Wodka zu füllen. Kaum zu glauben, dass Maik vor genau einem Jahr noch in einer ähnlichen Misere gesteckt hatte wie der gute Martin. Ich hatte wahrlich ganze Arbeit geleistet. Keine Ahnung, was aus dieser »Samanta« geworden war, aber ich fragte zur Sicherheit auch nicht nach.

»Ich weiß nicht, ich hatte schon fünf Bier, und es ist schon so spät«, nörgelte Martin.

»Los jetzt! Unser Wille, mehr Promille!«, plärrte Maik, und Martin exte mit schmerzverzerrtem Gesicht sein Glas.

»Macht das nicht total viel Spaß?«, tirilierte Tzwen.

»Na ja«, sagte ich, »solang man nicht die Ländereien der anderen Mitspieler abfackeln und plündern kann, ist das einfach nix für mich.«

»Ich brauch Erz!«, rief Maik.

»Gib dem nichts!«, wies ich Tzwen an. »Der will sich 'ne Stadt bauen, streicht zwei Siegpunkte ein und hat dann gewonnen! Das lass ich nicht zu!«

Eigentlich hätte es mir egal sein können. Aber aus irgendeinem Grund gedieh mein Spaß an der Sabotage immer dann, wenn es jemanden gab, der unbedingt gewinnen wollte.

»Dann brauch ich Lehm!«, gähnte Tzwen.

»Kannste abhaken!«, rief Maik, ich schüttelte mit dem Kopf.

»Wollen wir nicht doch lieber aufhören? Wolltest du nicht gehen, Martin?«, fragte Tzwen.

»Wat wollte ich? Schbleibesolangichwill! Die Alde kann mir jar nischt«, schrie Martin.

Maik begann zu grinsen und schenkte nach.

»Ich brauch Holz«, sagte ich.

»Kannste vergessen!«, rief Maik. »Hätte der feine Herr mal auf erneuerbare Energien gesetzt! Mein Reich handelt nicht mit Verrätern!«

»Jaja«, sagte ich, »Martin, wollen wir nicht aufhören? Wolltest du nicht los?«

»Nix! Schbleibe!«, schrie Martin und stürzte erneut den Inhalt des Glases in seinen Hals.

»Ich brauch Erz!«, rief Maik.

»Ich brauch Lehm!«, rief Tzwen.

»Ich brauch Holz!«, rief ich.

»Ich brauch Toilette!«, rief Martin und hechtete aus dem Zimmer.

»Ja, nee, es war halt so nett, und da hab'ch irgendwie die Zeit vergessen, weeßte, Aldr? Ja, ich weeß, ich soll nich immer Aldr sagen, Aldr! Ich komm bald, okay?«

»Mit wem telefonierst'n du?«, lallte ich, als ich nach unten kam.

Eilig steckte Maik sein uraltes Handy in die Tasche, während Martin ein paar Meter weiter ein wenig frische Luft schnappte.

»Die Kumpels, weeßte?!«

»Soso, die Kumpels also!«, sagte ich ungläubig. »Und die heißen nicht zufällig Samanta?«

»Nee nee«, wiegelte Maik ab.

»Sei ehrlich!«, rief ich.

»Ich sare doch, ich bin ein freier Mann!«

Martin ließ einen bestialischen Urschrei erklingen.

»Warte, Aldr, ich hab so Feuchttücher im Auto«, sagte Maik und drückte auf seinen Autoschlüssel.

Es machte Piep-Piep – direkt vor uns blinkte ein babyblauer Minivan.

»Nicht dein Ernst, oder?«, fragte ich. »Feuchttücher? Minivan? Das wird echt immer besser!«

»Nee nee, Aldr! Das is'm Mirko seiner!«, verteidigte sich Maik. »Der Golf is', ääh, in der Werkstatt!«

»Ach komm, verarsch mich doch nich«, sagte ich. »Los, sag's ruhig, wann kommt das Kind?«

»Ey!«, rief Maik.

»Lenk nich ab!«

»Aldr! Ey!«

»Was?!«

»Ey, guck dir die an!«, rief Maik, während ein pummeliges Mädchen aus der Kneipe gegenüber taumelte und uns lasziv zuwinkte, bevor es gegen einen Mülleimer fiel.

»Ey, da vergeht einem doch jede Lust auf Zärtlichkeit!«

»Jaja«, sagte ich und deutete auf ihre Schuhe. »Andererseits ist es doch toll, wenn sich Menschen mit Fortpflanzungsverbot von selbst durch pinke Moonboots kennzeichnen.«

Die Jugendlichen von heute sahen vollkommen irre aus. Meine Mutter hatte schon recht gehabt, wenn sie gesagt hatte: »Junge, mach lieber Abi. Wenn du dann auf die schiefe Bahn gerätst, wirst du erst mal nur Hipster und nicht gleich Atze.«

Auch meine These, dass nach 1990 praktisch nur noch Verschnitt geboren wurde, schien sich mehr und mehr zu bestätigen. Da gab es die, die offensichtlich schon mal im Solarium ins Koma gefallen waren und seither die Verbrennungen vierten Grades mit Abercrombie & Fitch-Klamotten kaschierten, sowie jene, die offiziell mit Hartz IV nur die Durststrecke bis zu ihrem Durchbruch als Rapper überbrückten, auch wenn die Mehrzahl von ihnen statt Haftbefehl eher Bagatelldelikt hätte heißen müssen.

Feindselig betrachtete uns eine Gruppe Kindergangster von der anderen Straßenseite aus und grüßte mit Ghettoküssen, als plötzlich ein seltsames Gefährt in Sicht kam.

Mannomann, dachte ich, da denkt man nichts Böses und plötzlich biegt jemand auf einem Liegefahrrad um die Ecke.

»Heeeey, das ist ja 'ne Überraschung«, rief Jens, als er näher kam.

»Ja«, rief ich, »ich dachte Rollkragenpullover würden schon gar nicht mehr hergestellt!«

»Was macht ihr denn hier?«

»Schutzgeld!«, sagte ich und versuchte, nicht allzu betrunken auszusehen.

»Das ist ja interessant«, sagte Jens, um uns unmissverständlich klarzumachen, dass es ihn nicht interessierte.

»Und du so?«

»Ich mach da gerade so ein Coaching. Selbstoptimierung. Kennt ihr?«

»Jaja, aber ich weeß nicht, ob so ein Liegefahrrad wirklich was optimiert«, sagte Maik.

»25 Schritte zum beruflichen Erfolg, das bringt einen echt weiter!«

»Kannste lassen«, sagte ich, »das mit den 25 Punkten hat schon bei der NSDAP nicht funktioniert!«

»Punkt 1«, sagte er unbeeindruckt, »carpe tempora. Nutze die Zeit! Jede Minute ist wertvoll!«

»Und deshalb: Tschüss!«, sagte ich.

»Klingt, als würdet ihr bei dem Kurs auch trommeln und singen«, sagte Maik.

Jens zog unterdessen ein Buch aus seiner Tasche und begann, unbeeindruckt darin zu lesen.

»Was liest'n?«, fragte ich.

»Das ist von Aristoteles!«

»Und warum liest du das auf Englisch?«

»Ach, weißt du, im Original ist so etwas einfach viel authentischer!«

»Soso«, sagte ich.

»Punkt 2: Um die eigenen Grenzen überschreiten zu können, muss man sie zuerst finden!«

»Hörste, Martin«, rief Maik, während Martin weiter sein Bier auf dem Gehweg verteilte, »Grenze gefunden und überschritten! Zwei Fliegen mit einer Klappe!«

Oje oje, dachte ich, der arme Jens. Er war schon immer ein bisschen leicht beeinflussbar gewesen. Immerhin ist er nicht bei der Polizei oder anderen okkulten Gruppen gelandet. Trotzdem, aus solchen Menschen werden dann jene Leute, die man immer im ICE trifft, und die Sachen sagen wie: »ein paar Mailings rausschießen«, »das Setup aufbauen« oder »den Termin wegcanceln«.

»Punkt 3: Versuche, anderen Menschen positiv aufzufallen!«

»Arr, knapp daneben, was, Martin?«, grölte Maik.

Jens drehte sich zu den Bagatellgangstern und begann, ihnen zu winken. »Guten Morgen, ich wünsch euch einen schönen und produktiven Tag!«

»Du musst ›Bitch!‹ am Ende sagen, sonst verstehen die dich nicht«, sagte ich.

»Guten Morgen, Bitch!«, rief Jens.

Die Gangster wurden hellhörig. »Was los, Opfa?«, rief einer von ihnen.

»Ich weiß nicht, ob das so eine gute Idee war«, sagte ich.

»Punkt 4: Der erste Schritt zur Selbstverwirklichung ist ein gereinigter Körper«, lamentierte Jens weiter. »Kennt ihr Entschlackung? Es gibt da ganz ausgezeichnete Darmspülungssets für zu Hause.«

»Was gibt's für zu Hause?«, rief Maik.

»Also, ich leg mich immer einfach im Bad auf den Boden, und meine Freundin, die hält den Trichter und kippt von oben Wasser …«

»WAS MACHT DEINE FREUNDIN?«, schrie Maik entgeistert.

»Apropos Freundin, Herr Maik!«, lallte ich.

»Ey Homo!«, rief einer der Gangsterjugendlichen von der anderen Straßenseite.

Er trug eine viel zu große Jogginghose, eine violette Mütze, eine Daunenjacke und einen glitzernden Stein im Ohr.

»Ich weiß wirklich nicht, ob jemand, der so rumläuft, andere Menschen beleidigen sollte!«, rief Maik zurück.

»Was los, Homo?«, schrie der Junge und rotzte auf den Boden.

»Punkt 5«, sagte Jens.

»Vielleicht ist der gestern Abend gar nicht in den Club reingekommen, weil er vor der Tür an seiner eigenen Spucke festgefroren ist?!«, sinnierte ich, während der Gangster sich aufmachte, die Straßenseite zu wechseln.

»Vielleicht kommt er aus Halle?«, unkte Maik.

»Ey Opfa, gib Handy!«, rief der kleine Gangster, als er direkt vor uns stand, und begann, an Jens' Ärmeln zu zerren.

»Also, ich muss doch sehr bitten, das ist kein Handy, das ist ein iPhone!«, rief Jens.

Donnerwetter, dachte ich, da hatte aber jemand Mut, wenn er sich traute, sich vor einem wie Maik noch nerviger als der Adobe Update Assistant zu benehmen. Gelangweilt zog er seinen Stimmungsschlagring aus der Tasche, der strahlend rot leuchtete.

»Hey hey hey, das ist meins!«, rief Jens.

»Los, Aldr, gib's Handy wieder her«, versuchte Maik zu deeskalieren.

»Ey Opfa, gib Handy zurück!«, versuchte ich zu übersetzen.

Und dann ging alles ganz schnell. Mit einem Mal drehte sich Maik zu dem Minigangster um. Au Backe, dachte ich und blickte gebannt auf den Schlagring. Doch alles, was Maik tat, war, den Minigangster am Kopf zu packen und ihm dann mit rausgestreckter Zunge quer über die Wange zu lecken. Dann drückte er die feuchte Wange gegen eine Laterne, hielt zwei Sekunden fest und ließ los. Es hielt.

»AUA!«, rief der Gangster.

»Na das hoff ich doch!«, rief Maik, schaute auf seine Uhr und dann auf mich.

»Is' gleich um zehne, Aldr! Haste Bock off Brunch?«

»Ich hasse Brunch!«, antwortete ich.

»Ey, sorry, braucht ihr vielleicht Hilfe?«, fragte Tzwen mit Blick auf den Gangster.

»Nee, ich brauch Erz!«, rief Maik.
»Ich glaub, ich geh jetzt«, sagte ich.
»Nix«, rief Martin, »schleibe!«
»Kannst du mich fahren?«, fragte ich Maik.
»Äh, ja, nee, ääh«, antwortete er, da klingelte sein Handy.
»Grüß Samanta«, sagte ich sauer und stapfte von dannen.

Das ist okay

Es war längst Mittag, als ich nach Hause kam.

Mein Kopf dröhnte, ich fühlte mich elend. Mein Hals war rostig, meine Stimmbänder rasselten nur noch. Was wollte mir mein Körper mit dieser rauen Stimme sagen? Dass es Zeit für ein Bonnie-Tyler-Tribute-Album war?

Viel zu viel hatte ich getrunken und geraucht. Und ich hatte Brettspiele gespielt! 16 Stunden lang! Eine einzige Partie! Und nicht einmal bis zum Ende! Ich würde den ganzen Nachmittag über duschen müssen, um diese Schmach wieder von mir abzuwaschen.

Mit der linken Hand versuchte ich mir die Kopfhörer aus den Ohren zu puhlen, während ich mit der rechten meine Tasche nach dem Haustürschlüssel durchwühlte. Mann, Mann, Mann, dachte ich, als ich mich durch Schicht um Schicht von Müll grub und nichts Schlüsselähnliches zu fassen bekam. Da waren Feuerzeug, Kippenpackung, mein Ladekabel, eine Zwiebel, Korkenzieher, Fahrscheine und womöglich noch eine Ausgabe von *Krieg und Frieden*!

»Aaaach gucke! Wer kommt denn da?«, rief meine Mutter aus der Diele, als ich die Tür endlich offen hatte. »Kommst du jetzt erst wieder?«

»Ach iwo«, rief ich, »ich bin schon seit vier Stunden auf, hab grad die Schweine gefüttert, und jetzt muss ich den zweiten Kuchen aus dem Ofen holen!«

Meine Güte, dachte ich, als ich mich im Flurspiegel betrachtete. War ich etwa noch betrunken? Wie hatte ich es in so kurzer Zeit geschafft, mir Ladekabel und Schlüsselband um den Kopf zu wickeln? Ich sah aus, als hätte man gerade eine Inception bei mir gemacht, um mir irgendeinen Gedanken ins Hirn zu pflanzen. Wahrscheinlich jenen, dass ich letzte Nacht einen ganzen Stapel meiner Prinzipien verraten hatte und nur noch ins Bett wollte.

»Na, na, na!«, mahnte meine Mutter, als ich gerade in Richtung des Heimkinos aka meines Zimmers ging. »Es gibt doch gleich Essen!«

»Nee«, sagte ich, »kein' Hunger!«

»Es gibt Brokkoli-Auflauf!«

»Noch weniger Hunger«, rief ich.

Mit einem Mal vernahm ich ein lautes Scheppern.

»Jetzt reicht's mir aber langsam. Können wir uns denn nicht ein einziges Mal wie 'ne normale Familie benehmen?«

Uiuiui, dachte ich. Was war denn hier los? Fragend blickte ich meinen Vater an, aber er zuckte nur mit den Schultern. In diesem Moment bog meine Mutter mit dem Schnellkochtopf um die Ecke, dessen Druckanzeige bedenklich hart auf Rot stand. Erschrocken wichen mein Vater und ich zurück.

»Ich dachte, wir könnten heute vielleicht mal was Schönes unternehmen, aber bei uns kann man ja nicht mal gemeinsam Mittag essen!«, schrie meine Mutter.

»Liebe Mutter«, hob ich an, »leider habe ich in den letzten 24 Stunden versucht, ein enormes Schlafdefizit durch überdurchschnittlich hohe Zufuhr von Alkohol zu kompensieren, und ich würde mich freuen …«

»Das ist ja grad das Schlimme! Einmal im halben Jahr kommst du für drei Tage her, und dann bist du nur zum Schlafen hier! Das darf doch nicht wahr sein!«

Meine Mutter schwenkte den glühenden Schnellkochtopf durch die Luft. »Ich hab extra Apfelmus gemacht! Ich dachte, wir könnten vielleicht mal 'ne Radtour machen!«

Dann richtete sie ihren flammenden Blick auf meinen Vater: »Jetzt sag doch auch mal was! Immer muss ich hier die Böse sein!«

»Pfff, mhm!«, erläuterte mein Vater wortgewandt.

»Äh, Radtour, es ist Dezember!«, sagte ich.

»Ja, *ihr* findet natürlich immer 'nen Grund, warum's plötzlich nich geht!«

»Sagen wir, ich fühle mich grad nich in der Lage dazu, Fahrrad zu fahren!«, sagte ich.

»Oder ma scrabblen!«, rief meine Mutter.

»Oah nee, nich Scrabble«, sagte ich, »das spielen die in Leipzig dauernd!«

»Das weiß ich doch nich!«, schrie meine Mutter und wedelte wieder mit dem Schnellkochtopf durch die Gegend. »Du erzählst ja auch nichts! Weiß ich doch nicht, was du die ganze Zeit in Leipzig treibst!«

»Ich les Geschichten vor, hab ich doch schon tausendmal erzählt!«

»Und warum dürfen wir da nicht mal vorbeikommen?«

Weil ich die Hälfte unserer Gespräche eins zu eins auf der Bühne vorlese und das die einzige Möglichkeit ist, den Zuschauern glaubhaft zu machen, dass ich mir das vielleicht doch nur ausgedacht habe, *dachte* ich.

»Weil, weil das komisch wäre!«, sagte ich.

»Du schämst dich wohl für deine Eltern?«, rief meine Mutter und sah meinen Vater herausfordernd an.

»Hm«, ergänzte dieser.

»Quatsch«, sagte ich, »aber …«

»Ach, ich erinnere mich noch, wie du mit dem Steffen im Sandkasten gespielt hast. So ein aufgeweckter Junge warst du mal.«

»Ja, und wie er mir Popel in die Haare geschnipst hat, sobald ihr nicht hingeguckt habt.«

»Und wie du ständig ankamst und vor dich hin erzählt hast …!«

»Weil ich wollte, dass ihr diesen schrecklichen Jungen wegsperrt!«

»… aber du wolltest ja dann mit einem Mal nicht mehr mit ihm spielen.«

»Weil ich nicht mit Wesen verkehren wollte, zu deren Ernährung Regenwürmer gehörten!«

»Die Sandy von drüben, die hat ja jetzt 'n Freund«, sagte meine Mutter trotzig.

»Du hörst mir gar nicht zu!«, rief ich und blickte meinen Vater an: »Ihr hört mir gar nicht zu!«

»Hm«, sagte mein Vater.

»Fehlt nur noch, dass ihr einfach komplett ignoriert, was ihr nicht hören wollt!«

»Die Sandy von drüben, die hat ja jetzt 'n Freund«, sagte meine Mutter.

»Hallo?«, rief ich.

»Die Sandy von drüben«, rief meine Mutter, »die hat jetzt 'n Fro-heund!«

»Weiß ich«, rief ich, »den hat sie schon e-wig!«

»Ach, das weißt du schon wieder, na prima! Und warum erzählst du so was nicht mal? Wir reden ja nie miteinander! Ich weiß ja nicht mal, ob mein eigener Sohn 'ne Freundin hat!«

»Meeensch, ich hab keine Freundin!«, rief ich. »Ich hab einfach am liebsten meine Ruhe, telefoniere nicht gern, mag Internet-Tetris, und könntest du vielleicht aufhören, so mit dem Schnellkochtopf …«

»Wenn du schwul bist, dann ist das okay!«, rief meine Mutter.

»Was wird denn das jetzt?«, rief ich. «Ich bin nicht schwul! Und selbst wenn ich's wäre, wäre das auch egal!«

»Eben, sag ich ja!«, sagte meine Mutter und wirbelte den Schnellkochtopf durch die Luft.

»Ihr müsst mal aufhören, mir jedes Wort im Mund rumzudrehen und so viel zu interpretieren. Meist ist es einfach genauso simpel, wie es aussieht! Ich trag gern Schwarz, weil ich gern Schwarz trage und ich …«

»Du kannst ihn ja auch ruhig mal mitbringen!«

»Ich hab keinen Freund! Okay, ich gucke vielleicht ein bisschen zu gern Filme mit Meg Ryan, aber das heißt doch gar nichts!«

»Manchmal könnte man echt meinen, du hättest gar keine Ziele mehr im Leben!«

»Ich gehe den Weg des geringsten Widerstandes! Tu nichts, was du nicht unbedingt tun musst!«

»So machen wir das auf Arbeit auch!«, rief mein Vater begeistert.

»Ich geh jetzt ins Bett!«, rief ich.

»Nein, wir essen jetzt!«, schrie meine Mutter.

Sie deutete auf meinen Vater. »Hier, hilf mir mal mit dem Topf.«

Mein Vater schaute ängstlich auf die rote Druckanzeige, und ich sah, wie er sich im Kopf eine ausgefuchste Argumentationskette zusammenbastelte. Dann sagte er kopfschüttelnd: »Mmh, mmh!«

»Ich hab extra Apfelmus gemacht!«, rief meine Mutter und begann, am Deckel des Topfes herumzuzerren.

»Ich weiß nicht, ob das so eine gute Idee ist«, sagte ich mit Blick auf meinen verängstigten Vater, »vielleicht holen wir einfach mal das Scrabble-Spiel hoch! Und die Kopfschmerztabletten!«

»Nee!«, rief meine Mutter. »Jetzt gibt's Apfelmus!«

»Weißt du«, versuchte ich zu beschwichtigen, »ich finde das gut so, wie wir sind. Auch wenn wir nicht jeden Sonntag Hand in Hand über eine Wiese hüpfen und Drachen steigen lassen. Das ändert doch nichts! Wir brauchen eben immer einen handfesten Grund, um etwas zusammen zu machen. Geburtstag, einen Autounfall, Beerdigung, was weiß ich! Das ist doch okay!

Aber wenn es dir so viel bedeutet, dann essen wir eben erst Mittag, und dann geh ich schlafen!«

In diesem Moment hatte meine Mutter den Dichtungsring zwischen die Finger bekommen und ihn unter dem Deckel hervorgezogen. Ein ohrenbetäubendes PLOPP! erklang und eine abartige Apfelmus-Fontäne schoss in hohem Bogen aus dem Topf gegen die Decke. Sofort regnete es bräunlich-gelbe Klumpen, und meine Eltern hatten Mühe und Not, den kochenden Stückchen auszuweichen, während der Kleister auf sie niederprasselte.

»Orr nee, nee, nee, nee, nee«, rief meine Mutter und schrie meinen Vater an: »Du hast den Deckel zu früh aufgemacht, da war doch noch Druck drauf!«

Mein Vater zuckte mit den Schultern.

»Guck mal, wie's jetzt hier aussieht! André, renn in die Küche, hol 'n Lappen! Schnell!«

»Na siehst du«, sagte ich, als ich die beiden passierte. »Jetzt können wir den ganzen Nachmittag lang gemeinsam sauber machen. Wie eine echte Familie.«

Vielleicht Schicksal

Es war schon wieder dunkel. Mein Handy vibrierte. Als ich die Augen aufschlug, schwappte eine Welle aus Schmerz in meinen Kopf hinein. Waren Frei.Wild in der Stadt, oder warum hatte ich so verdammte Kopfschmerzen?

Meine Erinnerungen an den letzten Abend waren zu einem einzigen Klumpen verkommen. Wie lang hatte ich geschlafen? Meine Klamotten waren klatschnass. Hätte man sie über einem Glas ausgewrungen, es wäre bestimmt noch ein Gin Tonic dabei herausgekommen.

Okay, klarkommen, dachte ich, erst mal duschen gehen.

Ich rollte mich von der Pärchenbank und griff nach meinem Handy, als ein lautes Fauchen erklang, gefolgt von stechenden Schmerzen an den Seiten meines Kopfes. Offensichtlich hatte der kleine Hulk, meine Katze, auch mit im Bett gelegen und umklammerte jetzt meinen Kopf, nur um sogleich mit seinen Hinterbeinen wie ein Irrer wieder und wieder gegen meine Stirn zu treten.

»Aua!«, rief ich, während ich schemenhaft die wütende Gestalt des kleinen Tieres im Dunkeln wahrzunehmen begann. »Ey, bist du bekloppt?«

Schlecht gelaunt ließ der kleine Hulk von mir ab, leckte sich genüsslich die Pfoten, gähnte mir seinen ätzenden Mundgeruch ins Gesicht und legte sich wieder hin. Na vielen Dank auch, dachte ich.

Dreißig Anrufe in Abwesenheit und eine SMS. Alles von Melissa. Und dabei hatte ich ihr schon zu Schulzeiten gesagt, sie solle zuerst in ihrem Kinderlexikon nachgucken und dann erst mich fragen. Ich nahm das Handy, trat aus meinem Zimmer und war gerade dabei, die SMS zu öffnen, als ich direkt gegen einen Wischeimer lief

»AUFGWACHT, DIE SONNE LACHT!«, brüllte meine Mutter.

»Es ist 20 Uhr und dunkel, Mutter«, brummte ich mit einem Blick auf die Uhr.

»Ich hab schon gedacht, du stehst gar nicht mehr auf, wo doch heute …«

Warnend hob ich einen Finger und schüttelte den Kopf. 20 Uhr, dachte ich, und von Maik keine Spur. Wartete er jetzt darauf, dass ich ihn abholte, oder hatte er es tatsächlich begriffen?

»Was hat denn da den ganzen Nachmittag lang vibriert?«, fragte meine Mutter.

»Das war nix«, sagte ich.

»Wenn es nix war, wieso hat es dann vibriert?«

»Mann Mutti, du kannst dir gar nicht vorstellen, wie schlimm das manchmal so ohne Freundin ist«, sagte ich, schob mich ins Bad und überließ den Rest ihrer Vorstellungskraft.

Oha, dachte ich, als ich mich im Spiegel betrachtete. Entweder ich war während meines Nickerchens zu Karl Dall mutiert oder ich hatte mich beim Schlafwandeln mal wieder in den örtlichen Fight Club verirrt. Auf meiner Stirn formte sich eine prachtvolle Beule, so als würde ich in ein paar Stunden meinen ersten eigenen Vampir-Hybrid gebären. An den Schläfen hatte der kleine Hulk einige tiefe Kerben hinterlassen, die jeden emotional instabilen Siebzehnjährigen ziemlich neidisch gemacht hätten.

Die dreißig Anrufe in Abwesenheit machten die SMS jedenfalls nicht vielsagender. »Komm bitte ins Krankenhaus. Melissa«, stand da. Keine Ahnung, was das sollte, aber wenn Melissa gerade ihr gefühlt vierzehntes Kind bekam und mich durch erzwungene Anwesenheit quälen wollte, hätte sie das auch einfach schreiben können. Und wieso gerade ich? Ich hatte einen Kater und Kratzspuren von meinem anderen Kater am Kopf. Warum ich? Ich geh einfach nicht hin, dachte ich und betrachtete mich nach dieser Entscheidung verwegen im Spiegel.

Fünfzehn Minuten später bog ich in den Hof des Krankenhauses ein. Keine Menschenseele war zu sehen. Langsam ging ich zur Eingangstür, als plötzlich ein Krankenwagen um die Ecke raste. Mit Vollbremsung und Blaulicht kam der Wagen zum Stehen. Sofort sprangen zwei Rettungssanitäter nach draußen, stießen mich mit einem patzigen »Platz da!« beseite und rissen die Hintertüren auf. Dann beförderten sie zuerst einen Haufen Pflastersteine aus dem Heck, ehe eine Trage und ein Verletzter zum Vorschein kamen. Kopfschüttelnd betrat ich die Notaufnahme.

An der Rezeption erwartete mich eine grimmig dreinschauende Frau, deren Gesicht sehr deutlich *Sprich mich nicht an!* verkündete.

»Ich suche Frau Melissa Hildmann«, sagte ich.

»Hammwer nich«, erklärte die Rezeptionistin.

»Müssten Sie dazu nicht erst in Ihrem Computer nachgucken?«

»Hammwer nich«, sagte die Rezeptionistin.

»Computer oder Frau Hildmann?«, fragte ich.

»Hammwer nich.«

»Okay«, sagte ich, »ich hab hier einige Anrufe bekommen, dass ich sofort hierherkommen …«

»Hammse Ihre Schipp-Karte dabei?«

»Also, ich, ich will ja gar nich …«, sagte ich.

»Schipp-Karte!«, kommandierte die Rezeptionsbiene.

»Ich dachte, also vielleicht ist ja was passiert«, sagte ich, während ich ihr die Karte reichte.

»Da krieg ich erst mal zehn Euro!«

»Ähm, ich dachte, so was gibt's im Krankenhaus nicht?«

»Das is' überall so!«

»Und wenn jetzt hier so ein Notfall kommt und der einfach keine zehn Euro dabeihat?«

»Wir nehmen auch EC-Karte!«

»Könnten Sie vielleicht einfach mal gucken, vielleicht hat ja eine Kollegin …«

»Einfach mal Platz nehmen«, sagte die Frau.

»Aber, aber, ich wollte ja nur …«

Der Blick der Frau wurde finster, und die Deckenlampen begannen zu flackern. Ihre Stimme verdunkelte sich, und es hätte mich nicht gewundert, wenn sie ihr Anliegen durch eine 360-Grad-Drehung ihres Kopfes untermalt hätte.

»Einfach! Platz! Nehmen!«

Ich tat, wie mir geheißen, und setzte mich auf den fast letzten freien Platz in dem ewig langen Gang der Notaufnahme. Neben mir das ganze Programm der Post-Feiertags-Notfälle: Rentner, die es über die Feiertage ganz juckig gemacht zu haben schien, mal nicht zum Arzt zu dürfen, Männer, die sich beim nächtlichen Toilettengang einen ganzen Berg voller Legosteine eingetreten hatten, sowie Frauen, die die Macht ihrer Geflügelschere unterschätzt und die abgetrennten Fingerkuppen fein säuberlich in Frischhaltefolie verpackt mit dabeihatten.

Was war hier los? Was sollte ich hier? Die Schiebetür ging auf, herein taumelte ein blutiger Kerl, bei dem man nicht wusste, ob er eine fiese Gesichtsverletzung oder bloß sehr schnell einen McRib gegessen hatte.

»Da bekomm' ich erst mal zehn Euro!«, hörte ich von der Rezeption.

»Hmpfmgpgpf«, erwiderte der Blutige.

»Sie müssen schon deutlicher sprechen, wenn Sie Hilfe wollen!«

»Hmpfmpfpf Mepfmehmarte?«

»Ja, wir nehmen auch EC-Karte!«, rief die Rezeptionistin.

Langsam begann ich ernsthaft zu zweifeln, ob das hier wirklich echt oder ob ich nur zur Hauptfigur eines bisher unentdeckten Kafka-Romans geworden war. Wo bitte war Melissa? Sicher hätte sie nicht dreißigmal angerufen, wenn es nicht wichtig gewesen wäre. Okay, Maik rief manchmal auch dreißigmal an, wenn er nachts Heißhunger auf Pudding bekam und nicht allein zur Tankstelle fahren wollte, aber doch nicht Melissa.

»Herr Herrmann, soso«, unterbrach mich eine Stimme, zu der sich ein paar hässliche Clogs in mein Sichtfeld schoben. Ich blickte auf. Ein älterer Arzt stand vor mir.

»Lustiger Name, Herr Herrmann«, kicherte er.

»Jaja«, sagte ich, »der war damals in der ersten Klasse ein echter Brüller!«

»Sie sehen gar nicht richtig krank aus!«, sagte der Arzt und begann, mit seinen Clogs herumzuklackern. »Was fehlt Ihnen denn?«

»Nichts, ich warte hier nur.«

»Niemand wartet einfach nur so im Krankenhaus!«, echauffierte sich der Arzt. »Das wäre ja total krank! Und damit wiederum ein Fall fürs Krankenhaus!«

»Hey Sie!«, schrie er den blutenden Mann an, der sich gerade auf einem der Plätze niederließ. »Warten Sie auch einfach so hier?«

»Hmhmhmhfp, nee!«, nuschelte der Mann und zeigte auf sein kaputtes Gesicht.

»Ja, weil Sie könnten ja auch nur sehr schnell einen McRib gegessen haben, deshalb frag ich sicherheitshalber mal nach!«

Herrje, dachte ich, war ich am Eingang falsch abgebogen und in der Psychiatrie gelandet?

»Dann kommen Sie mal mit ins Behandlungszimmer, Herr Herrmann«, rief der Arzt, während er vorneweg lief und immer wieder murmelte: »Hihi, Herr Herrmann, hihi!«

Ich folgte dem Arzt durch den sehr langen Gang, dann durch noch einen und noch einen, dann wieder zurück, weil er sich verlaufen hatte, und schließlich bis ans Ende eines weiteren Ganges. Ich hatte keine Ahnung, wo ich war. Vielleicht waren in diesem Gebäudetrakt die verrückten Elektroexperimente durchgeführt.

»So, Herr Herrmann«, murmelte der Arzt, während er mich auf eine Pritsche verwies und sich ein paar Akten widmete, »mein Name ist Dr. Keller, ich bin hier Leiter der chirurgischen Abteilung.«

An einem Schreibtisch saß eine dieser bildhübschen Krankenschwestern, die man wahrscheinlich nur einstellte, damit die Patienten so richtig Bock auf eine möglichst lange und komplizierte Behandlung bekamen.

»So, dann noch mal«, sagte Dr. Keller, während er sich umdrehte, »was fehlt Ihnen – meine Güte, Sie sehen ja übel aus. Diese Beule da. Und diese Schnittwunden!«

»Na ja«, sagte ich.

Dr. Keller griff nach einem Skalpell und hielt es schützend vor sich. »Sind Sie Hooligan?«

»Nee«, sagte ich.

»Haben Sie denn keine Kopfschmerzen, so wie Sie aussehen?«

»Doch, ziemlich oft. Das ist so eine Art Migräne.«

»Vielleicht ist es ja keine Migräne, sondern, pff, Schicksal?«

Haha, dachte ich, er wird mich umbringen.

»Na ja«, sagte er, »so als Hooligan?«

Dr. Keller griff nach meiner Hand. »Zeigen Sie mal Ihre Lebenslinie!«

»Meine was?«

Prüfend tastete er auf meiner Hand herum.

»Wie alt sind Sie jetzt?«

»25«, sagte ich.

Dr. Keller stutzte. »Oha.«

»Was heißt oha?«, fragte ich verwirrt. »Wegen der Migräne?«

»Ach, was heißt Migräne. Es könnte ja auch ein Aneurysma sein!«, grinste er.

Klasse, dachte ich, hätte ich vor dem Einschlafen doch einfach nicht aufs Handy geguckt. Stattdessen würde mir Dr. Keller vermutlich gleich hannibalmäßig den Kopf aufsägen und sich mein Sprachzentrum von der Krankenschwester in Kräuterbutter anbraten lassen. Ich hätte einfach im Bett liegen bleiben können, aber nein, André musste ja aufs Handy gucken.

»Was arbeiten Sie eigentlich?«, fragte Dr. Keller.

»Ich studiere«, sagte ich.

»Ach herrje! Dann machen wir erst mal nur 'n Verband drum!«

»Einen Verband? Das ist alles?«, fragte ich, während die Krankenschwester bereits begann, meinen Kopf einzuwickeln. Es war sehr, sehr schön.

»Da draußen sitzen Leute, die gehen arbeiten!«, rief Dr. Keller, während mich das Krankenschwesterplaymate nach draußen führte.

Mann, Mann, Mann, dachte ich, als ich durch die verwinkelten Gänge tappte, wenn das hier nicht die Matrix ist, dann weiß ich auch nicht. Aber echt schlampig programmiert.

Der Wartebereich war noch immer voll besetzt, und zu meinem Erstaunen entdeckte ich Dr. Keller, der sich mit einem Rentner unterhielt: »Sie sehen gar nicht krank aus. Was fehlt Ihnen denn?«, fragte er.

»Ich war so einsam«, sagte der Rentner, »die ganzen Feiertage ohne Arztbesuch, da dachte ich, vielleicht könnte ich ja mal eine Kernspintomografie oder so.«

»Wir machen heute nur Verbände«, sagte Dr. Keller.

»Ey Meester«, rief jemand, dessen Stimme mir sofort bekannt vorkam, »ey, wenn Sie Nadel und Faden hamm, dann könnten wir den Prozess hier en bissl abkürzen!«

Tatsache, dort saß Maik! Und daneben saß Martin, der sich die linke Hand hielt.

»Ey Maik!«, rief ich.

»André, Aldr! Was machst'n du hier? Haste wieder Bruchtest jeübt?«

»Joa, na ja«, sagte ich. »Hast du auch die SMS bekommen?«

»Was'n für 'ne SMS?«, rief Maik. »Aldr, der Martin hat beim Bieroffmachen en bissl übertrieben, weeßte?«

Er griff nach Martins linker Hand und begann, sie durch die Luft zu wedeln.

»Hallo, Antreh!«, rief er, während Martins Handballen im Takt der Bewegung auf- und zuklappte, sodass kleine Blutfontänen auf den Boden spritzten.

»Vati!«, rief plötzlich eine andere Stimme, und der kleine Luke-Lukas drängte sich zwischen den Wartenden hervor. Wie sah er denn aus? Tarnhose, Armeerucksack, Springerstiefel, ein Achtjähriger, bereit für den Einsatz im Krisengebiet, wenn man so wollte. Meine Güte, die Jugend, dachte ich.

»Luke-Lukas!«, rief Martin. »Wie seid ihr denn so schnell hergekommen?«

»Hallo Luke-Lukas!«, rief Maik und wedelte fröhlich mit Martins Hand herum. »Komm ma her, mein Kleener, ich hab was Feines für dich«, sagte er und zog zwei Kanonenschläge aus der Tasche.

»Aua, aua«, sagte Martin.

»Aber immer dran denken: Wenn nichts kaputt jeht, dann ist das Tnallerverschwendung!«, erklärte Maik.

Luke-Lukas' Augen strahlten vor Glück.

»Herr Herrmann!«, rief die bullige Rezeptionsfee zu mir herüber.

»Ja?«

»Sie sollen in Zimmer 408 gehen, sagt die Kollegin grade!«

»Danke«, sagte ich.

»Übrigens, lustiger Name, Herr Herrmann, hihi.«

Martin und Luke-Lukas verschwanden mit Dr. Keller in einem der Behandlungsräume.

Als die Tür zuschwang, sah ich gerade noch, wie letzterer eine Flasche Rotwein entkorkte.

Das hier war kein normales Krankenhaus, so viel stand fest. Das hier war ein Musterbeispiel dafür, was der exzessive Asbest-Gebrauch zu DDR-Zeiten angerichtet hatte.

Zimmer 408, hatte die Rezeptionswrestlerin gesagt. Es war bereits 22 Uhr, das hieß, beim Ehemaligentreffen waren vermutlich längst alle Grenzen des guten Geschmacks sowie die ein oder andere Kleinstadtmutti gefallen. Zwar hatte ich immer noch keine Ahnung, was ich eigentlich hier sollte, aber in Anbetracht dessen, dass dafür keine rattigen Provinzlerinnen versuchten, mich zur Polonaise zu zwingen, war mir das ganz recht.

Wortlos tappten Maik und ich durch die ewig gleich aussehenden Krankenhausgänge.

»Ey, haste wieder deine Katze provoziert, Aldr?«, fragte Maik und deutete auf meinen verbundenen Kopf.

»Hier sind alle verrückt!«, sagte ich.

»Jaja«, seufzte Maik, »seit der Regionalexpress von Halle durchfährt, hat sich vieles verändert.«

Wir kamen an das Ende eines Ganges, als die Vierhunderter-Zimmernummern begannen. 401, 402, 812, 401, 401, 401, 407. Vor der Tür von Zimmer 408 atmeten wir kurz durch.

Was würde uns erwarten? Ein geheimes Laboratorium, in dem man versuchte, einen Menschen mit Roboterarmen auszustatten, um Sylvester Stallone vom Armdrückthron zu stoßen?

Doch noch ehe ich weiter darüber nachdenken konnte, hatte Maik schon die Tür aufgerissen.

»So, Schlafenszeit! Licht aus, und die Hände bleiben über der Bettdecke!«

Sofort war Unruhe im Raum.

»Luisa, wer ist da?«, rief jemand.

Wir gingen ins Zimmer. Jens lag im vordersten der beiden Betten, den Kopf bis zur Nasenspitze mit einem dicken Verband bedeckt, weswegen er beim Reden seinen Hals nach hinten bog, wie es sonst nur Stevie Wonder konnte. Mitten auf der Stirn zeichnete sich ein großer Blutfleck ab.

»Oah Jens, Aldr! Ich hab dir doch gesagt, Gleis 9 ¾ ist nur 'ne Erfindung!«, rief Maik.

»Hihi, aua«, lachte Jens und hielt sich den Kopf.

Im Bett nebenan lag ein lockiger Mann, der eine Zeitschrift über Haartransplantationen von besonders prekären Stellen las. Verdutzt blickte ich auf die Zeitschrift, dann wieder auf seine Locken. Mir wurde unwohl.

Auf einem Stuhl direkt neben Jens saß Luisa und verdrehte die Augen. Als sie mich erblickte, begann sie zu grinsen.

»Der Jens wollte mit seinem Liegefahrrad unter 'ner Schranke durchfahren. Na ja, hat nicht geklappt«, sagte sie und trat auf mich zu. »Voll nett, dass ihr vorbeikommt.«

Moment, Moment, dachte ich. Luisa und Jens? Hatte ich was verpasst? Normalerweise waren mir die Sozialbeziehungen meiner ehemaligen Klassenkameradinnen ziemlich egal, aber wenn hier das herrischste Mädchen ever mit dem weichsten Boy der Welt anbandelte, dann erwachte mein Menschenrechtsbewusstsein nun mal von ganz allein.

»Ist nett, dass du dich um Jens kümmerst«, sagte ich.

»Ach, der Jens«, winkte Luisa ab, »Weichei.«

Luisa war das einzige Mädchen, das ich damals bei der Musterung getroffen hatte. Seither hatte ich Angst vor ihr. Aber selbst der Bund hatte sie abgelehnt, weil sie einfach zu krass war.

»Und was machst du jetzt so? Bist du noch bei Moskau Inkasso?«, fragte ich.

»Nee, ich mache ein Aufbaustudium, Lehramt Deutsch und Bio.«

Wirf doch dein Leben nicht weg, dachte ich und sagte: »Interessant.«

Suchend tastete Jens in der Luft herum. »Luisa, kannst du mir vielleicht etwas Wasser!«

»DU SOLLST DICH MELDEN, BEVOR DU WAS SAGST, SONST FLIPP ICH AUES!«, schrie Luisa.

»Lehramt, soso«, sagte ich und erhöhte vorsichtig meinen Sicherheitsabstand.

»Ja, ich habe herausgefunden, dass ich da optimal meine Fähigkeiten einsetzen kann.«

»Seh ich, seh ich«, sagte ich.

Unterdessen hatte sich Maik von hinten an den halb blinden Jens herangeschlichen.

»Buh!«, machte er, und Jens begann zu quieken.

»Luisa, der Maik ärgert mich!«, rief Jens.

»Gar nee«, rief Maik.

»ICH HAB JETZT LANGSAM DIE FAXEN DICKE!«, schrie Luisa, während ich mir vorstellte, wie das wohl damals bei der Musterung abgelaufen sein musste.

Mit bebenden Nüstern stand Luisa vor Jens' Bett, und langsam begann ich zu zweifeln, ob Jens tatsächlich versucht hatte, unter einer Schranke durchzufahren, oder ob das hier womöglich ein Fall für die Super Nanny war.

Plötzlich sprang die Tür auf.

»Maaaaann! Hier seid ihr!«

Melissa stand vor uns.

Ich kapierte überhaupt nichts mehr. Hinter Melissa stand Martin, seine kaputte Hand in einem riesigen Verband verpackt.

»Aldr, Martin, High Five!«, rief Maik und schlug seine Pranke in den Verband, sodass der arme Martin zu wimmern begann.

»Ich warte hier schon 'ne Ewigkeit«, ereiferte sich Melissa. »Überall hab ich schon geguckt. Und dann find ich meinen Mann in der Notaufnahme! Was macht ihr denn? Und wie siehst du überhaupt aus?« Sie tippte an meinen Kopfverband. »Hast du Gleis 9 ¾ gesucht?«

»Nee, das war ich!«, rief Jens vom Bett aus.

»Und was macht ihr denn hier?«

Schön, dachte ich, immerhin bin ich nicht der Einzige, der nichts versteht.

»Los, kommt mit!«, rief Melissa und geleitete uns aus dem Zimmer durch den Gang.

»Kann mir mal bitte jemand erklären, was hier los ist?«, fragte ich. »Oder sind wir hier bei *Galileo Mystery*?«

Melissa deutete auf eine Tür.

»Ich sag's noch ein letztes Mal!«, rief Dr. Keller, ein Glas Rotwein schwenkend, als wir in das Zimmer kamen.

Vor ihm im Bett lag der Rentner aus der Notaufnahme.

»Sie können sich hier nicht einfach in ein Bett legen!«

»Aber ich würd so gern bleiben!«, rief der Rentner.

»Des jeht nich! Wenn se nich krank sind, denn jeht des nich!«

»Aber ich hab schon ganz wunde Ellenbogen vom Offn-Fensterbrett-Abstützen und Rausgucken.«

»Nix!«, rief Dr. Keller.

»Könn' wir das vielleicht jetzt mal klären?«, rief jemand hinter einer Trennwand. »Wir hamm' nich den ganzen Tag Zeit!«

Dr. Keller schob das Teil beiseite.

Melissa verzog das Gesicht.

Dort im Bett lag Jörn, die Augen geschlossen und mit mehreren stoisch piepsenden Apparaten verkabelt, neben ihm auf einem Stuhl fein säuberlich seine Bundeswehruniform. Davor standen zwei Feldjäger.

»Was machen denn die Flachzangen hier!«, rief Maik, der schon immer eine Allergie gegen die Bundeswehr hatte.

»Er hat mich als Kontaktperson angegeben«, erklärte mir Melissa, »aber ich wusste doch nicht, was ich machen sollte.«

»Der Gefreite Müller ist heute Morgen nicht zum Dienst erschienen. Wir müssen prüfen, ob der nur simuliert«, erklärte einer der Feldjäger.

»Nönö, der simuliert nicht«, sagte Dr. Keller kopfschüttelnd. »Ehrlich gesagt, ziemlich beeindruckend, wie man so viele Tabletten nehmen kann, ohne den Würgereflex auszulösen.«

»Bei der Bundeswehr darfste überhaupt keinen Würgereflex haben«, rief Maik fachmännisch, »sonst kotzte die ganze Zeit!«

»Halt mal die Fresse!«, sagte ich.

Scheiße. Ich kannte Jörn seit der fünften Klasse, aber bis auf die paar Mal, hatte ich mich nie wirklich mit ihm unterhalten. Klar, tausendmal irgendwie kurz, aber eigentlich nie richtig. Ich wusste, dass er sich verpflichtet hatte, und wenn es nach mir ging, war das neben dem Kauf eines iPads so ziemlich das Dümmste, was man machen konnte. Aber das milderte nicht den Schock über den Anblick dieses kalkweißen Typen, der da in diesem Bett lag.

»Seit wann ist er hier?«, fragte ich Dr. Keller.

»Fünf, sechs Stunden? Wir haben es zuerst mit einem Verband versucht, aber dann zur Sicherheit doch mal den Magen ausgepumpt.«

»Und wieso macht man so was?«

»Na ja«, sagte er und deutete auf die kahl rasierten Feldjäger, »wenn man da nicht mehr hin möchte, vielleicht?«

»Aha! Desertiert also!«, sagte ein Feldjäger.

»Ich lass gleich mal deinen Kopf von deinen Schultern desertieren!«, rief Maik drohend.

»Halt mal die Fresse!«, sagte ich.

»Wann wacht er wieder auf?«

»Hm«, sagte Dr. Keller, »zwei Stunden, zwei Tage, kann man nicht genau sagen. Vielleicht kriegt er auch immer mal etwas mit.«

Er zog eine Pillendose aus seiner Tasche, ließ den Deckel aufploppen, kippte sich eine Tablette in den Hals und spülte sie mit einem Schluck Wein herunter.

»Jaja«, seufzte er, »mit Medikamentenmissbrauch is' nicht zu spaßen.«

»Na jut«, sagte einer der Feldjäger, »dann klären wir das später, und der Gefreite ist erst mal krankgemeldet.«

Maik wollte irgendetwas sagen, ich räusperte mich, und er ließ es bleiben.

Die Feldjäger machten kehrt und gingen zur Tür.

»Ähm, Entschuldigung«, rief der Rentner vom Nachbarbett, »mit diesem freiwillig Verpflichten, kann man das immer machen?«

»Komm'se einfach mal mit!«, sagte einer der Feldjäger. »Wir brauchen immer fähige Leute!«

»Juhu!«, rief der Rentner.

Auch Dr. Keller wandte sich zum Gehen.

»Ciao Kakao!«, rief er und nippte an seinem Wein.

Ein paar Minuten lang schwiegen wir. Jörns Brustkorb hob und senkte sich im Takt des Piepsens.

»Aldr, geh'mer da jetzt eigentlich noch hin?«, fragte Maik.

»Nee«, sagte ich.

»Noch 'ne Hülse offn Weg?«

»Nee!«

»Bleibst du noch ein bisschen?«, fragte Melissa.

»Jup«, sagte ich und nickte.

2012

MORGÄÄHN!

Es war ein Donnerstag. Draußen wurde es gerade hell.

So leise ich konnte, schloss ich die Haustür hinter mir, ein eisiger Wind pfiff durch die Straßen. Vorsichtig sah ich mich um. Hoffentlich hatten meine Eltern nicht mitbekommen, wie ich heimlich aufgestanden war. Und hoffentlich würde mich keiner der Nachbarn sehen.

Ich musste an meine Mutter und ihr grinsendes »Dich kriegen wir auch noch!«-Gesicht denken, als ich an Heiligabend das Geschenk geöffnet hatte. Laufschuhe. So richtige fancy Laufschuhe mit Chip in der Sohle und einem zugehörigen Armband, das nebenbei aufzeichnete, wie viel Kalorien man beim Laufen verbrannte. Was hatte ich mir bei der Scheiße nur gedacht? Laufschuhe! Gut, eigentlich hatte ich mir eine Armbrust gewünscht, nur hatten sich meine Eltern standhaft geweigert, mir tatsächlich eine zu schenken. Na ja, und irgendwie war ich dann bei einer Bratpfanne oder Laufschuhen gelandet. Und obendrauf hatten sie mir noch eine eklige Laufhose geschenkt. So richtig atmungsaktiv, aus hundert Prozent Polyester und dabei so dermaßen eng, dass mir ab jetzt wirklich niemand mehr glauben würde, dass ich eigentlich heterosexuell war.

Unruhig tippelte ich auf der Stelle. Wie machte man so etwas? Musste man sich aufwärmen, irgendwo Klimmzüge machen, ein bisschen Schattenboxen oder einfach drauflosrennen? Oje oje, dachte ich, als ich an mir heruntersah und die Beule in meinem Schritt bemerkte. Vermutlich war es von hier bis zum Pilates nicht mehr weit.

Gerade wollte ich die Treppen hinunter zur Straße laufen, als ein babyblauer Minivan um die Ecke bog. Oh Scheiße, dachte ich und sprintete in Richtung Hecke, aber es war zu spät. Entgeistert blickte mich Maik vom Fahrersitz an. Das heißt, erst blickte er mir ins Gesicht, dann auf meine affigen Klamotten. Maik? Ohne Zweifel, das war er. So eine Jeansjacke hatte nach 1992 niemand mehr in der Stadt. Sofort wandte Maik seinen Blick starr auf die Straße, trat aufs Gaspedal, der Minivan heulte auf und brauste davon.

Hatte ich das gerade wirklich erlebt? Was sollte Maik um diese Uhrzeit in unserer Nachbarschaft zu schaffen haben? Er wohnte doch am entgegengesetzten Ende der Stadt?

Ich blickte auf meine Hose. Schrecklich, dachte ich, wie weit ich mittlerweile gekommen war.

War das jetzt die Quarterlife-crisis, vor der ich mich immer so gefürchtet hatte? Oder lag es an der Masterarbeit, die ich seit Monaten vor mir herschob? Wie viele Witze hatte ich immer über meine Freunde in Leipzig gemacht, die jetzt plötzlich auf ihre Ernährung achteten, zum Slow-Bäcker und jeden Morgen joggen gingen. So zum Ausgleich, wegen des harten Alltags und so. Pfui! Und wie oft hatte ich mich morgens auf dem Nachhauseweg von einer Party in den Park gesetzt, um die vorbeihüpfenden Jogger mit Zigarettenqualm vollzupusten?

Und jetzt war ich also einer von ihnen. Wenn das so weiterging, würde ich bald von Bier auf Wein umsteigen und mich an diesen Diskussionen darüber beteiligen, ob denn der Shiraz oder der Dom Perignleckmichdoch besser zum Seitan-Lachs-Carpaccio passen würde.

Plötzlich ging die Außenlampe des Nachbarhauses an. Sofort hechtete ich hinters Gartentor und hielt einige Sekunden inne. Meine Katze, der kleine Hulk, kam auf mich zugetrabt und blickte mich skeptisch an.

»Kccchh!«, machte der Hulk.

»Jaja, ich weiß«, sagte ich.

Nur mal ausprobieren. Ausprobieren ist noch kein Verrat an den eigenen Prinzipien. Dann drückte ich den Knopf des Armbands, und auf dem Display erschien der Satz: »Let's be healthy!«

Jaja, Arschlecken, dachte ich und begann zu laufen.

Drei Häuser weiter war ich völlig am Ende. Es fühlte sich an, als würde ein riesiger Klumpen Teer in meiner Lunge auf und ab hüpfen. Meine Beine brannten vor Schmerz. Mein ganzer Körper war mit einer Schweißschicht überzogen. Ich blickte auf das Armband: Genau zwei Kalorien hatte ich bisher verbrannt.

»Have some fun and start to run!«, sagte das Armband. Leck mich, leck mich, dachte ich und setzte mich wieder in Bewegung. Keuchend humpelte ich die Straße entlang. Hoffentlich, so dachte ich, war der Revierförster nicht in der Gegend, um einem offensichtlich Halbtoten in Leggings per Gnadenschuss unnötige Quälerei zu ersparen.

Nach zehn Minuten ging es erstaunlicherweise viel leichter. Ich schwebte geradezu übers Pflaster und hätte ewig so weiterlaufen können. Wobei es vermutlich nur an dem hellen Licht am Ende des Tunnels lag, dem ich seit geraumer Zeit entgegenjoggte. Wenn das so weiterging, würde ich meinen 27. Dezember also schon wieder im Krankenhaus verbringen.

»MORGÄÄHN!«, rief plötzlich jemand hinter mir.

Ich zuckte zusammen, als der Nachbar, der drei Häuser weiter wohnte, mühelos an mir vorbeijoggte. Grinsend kam er zurück, hielt an, ohne jedoch aufzuhören, dabei zu joggen, und ergänzte: »Und falls wir uns nicht mehr sehen sollten: Guten Tag, guten Abend und gute Nacht, AHAHAHAHA!«

Fuuuuck, dachte ich, das wird immer gruseliger. Wieso überholte mich dieser Fit-bis-ins-hohe-Alter-Typ, meine Fresse, der schwitzt ja nicht einmal. Ich hingegen hatte bereits nach zwanzig Metern begonnen, eine breite Spur aus Schweiß und Lungenablagerungen hinter mir auf dem Asphalt zu lassen. Los, dachte ich, jetzt nicht aufgeben, und begann, so schnell zu laufen, wie ich konnte.

»MORGÄÄHN!«, rief es wieder hinter mir, und die Oma von schräg gegenüber, die jetzt einen feschen Trainingsanzug trug, schob lässig joggend ihren Rollator an mir vorbei.

Verwirrt blickte ich auf das Armband: »LOL!«, stand auf dem Display.

»MORGÄÄHN!«, kam es von hinten. »MORGÄÄHN!«, und dann wieder: »MORGÄÄHN!«

Von überall kamen sie jetzt aus den Häusern gehüpft, machten ein paar Dehnübungen und setzten dann an, mich mit einem lustigen »MORGÄÄHN« zu überholen und zu demütigen. So, dachte ich, musste sich auch der Typ aus der *Truman Show* gefühlt haben.

»MORGÄÄHN!«, rief wieder jemand, »MORGÄÄHN!«, hörte ich noch, dann hechtete ich in die nächste Hecke.

Es sah aus, als wäre ich Zaungast bei einer Jack-Wolfskin-Modenschau gewesen. Lauter Ü40-Menschen, allesamt in signalfarbene Bergsteigerjacken gehüllt, sprinteten, jungen Rehen gleich, an mir vorbei. Was dachten sich diese Leute nur dabei, sich mitten im Flachland eine neonfarbene Thermojacke zu kaufen? »Na ja, es sieht zwar blöde aus, aber dass es in Sachsen-Anhalt noch nie 'ne Lawine gab, macht sie statistisch ja nur viel wahrscheinlicher!«

»André?«, riss mich plötzlich eine Stimme aus meinen Gedanken.

»MORGÄÄHN!«, rief ich und lugte zwischen den Ästen hindurch.

»Hey André!«

Vor der Hecke stand Sebastian und joggte auf der Stelle, vor ihm einer dieser Offroad-Kinderwagen mit dicken Reifen, falls man unterwegs den Grand Canyon durchqueren musste. »Was machst du da in der Hecke?«, fragte Sebastian.

»Ach, ich, äh, das ist so eine neue Form von Pilates«, sagte ich.

Mann, er sah ganz anders aus. Also nicht nur, weil er einen dieser Ganzkörper-Polyesteranzüge trug, in denen man aussah, als wolle man nach dem Joggen noch spontan auf irgendeiner Fetisch-Messe vorbeischauen. Er sah so *aufgeräumt* aus, auch wenn in meinem Kopf noch immer das Bild von ihm mit Iro und einem Abischnitt jenseits der 3,0 vorhanden war.

»Ich hätte nie gedacht, dass jemand wie *du* joggen geht!«, sagte Sebastian.

Und ich hätte nie gedacht, dass aus jemandem, der früher beim Sportunterricht einen roten Sternburg-Trainingsanzug getragen hatte, mal jemand werden konnte, der einen Kinderwagen schob und im grauen Einreiher beim Klassentreffen erschien, dachte ich.

»Du hast ein Kind?«, fragte ich und deutete auf das Offroad-Ding.

»Ein Kind? Nee!«, sagte Sebastian und zog ein in Decken gehülltes Etwas aus dem Kinderwagen. Ein Glück, dachte ich, vielleicht schob er ja nur einen dicken Schinken durch die Gegend.

»Die Djamila und ich, wir lassen das ’n bisschen langsam angehen«, sagte Sebastian und entfaltete das Paket, »wir üben erst mal mit so einer medizinischen Puppe. Die kann man nachts ausschalten, dann ist man morgens fit für die Arbeit!«

»Djamila und die medizinische Puppe, soso«, sagte ich.

»Aber sonst funktioniert die wie ’n echtes Baby. Die macht sogar Ah-ah.«

»Ah-ah«, sagte ich voller Intereresse, »aha!«

Es musste ein wahrer Segen für die Babypuppen-Industrie gewesen sein, als nach der Jahrtausendwende alle jungen Menschen völlig verrückt geworden waren. Jetzt vertickten sie ihre Puppen nicht mehr nur an Achtjährige, sondern auch an verwirrte Mittzwanziger, die beim Einkaufen im veganen Bio-Supermarkt den Verstand verloren hatten.

»Hier, nimm sie ruhig mal in den Arm!«

»Nee nee« sagte ich, »ich würde lieber erst mal mit 'nem dicken Schinken üben.«

Ungerührt reichte mir Sebastian die Puppe.

»Und, spürst du dieses wunderbare Vatergefühl, das die Puppe simuliert?«

»Jaja«, sagte ich, während ein weißer Brei aus dem Mund des Babys lief und mir direkt in den Schritt tropfte.

»Voll authentisch, euer Baby zum Ausschalten«, sagte ich, als ich es Sebastian zurückgab.

»Und du so?«, fragte er.

»Ja, so mehr so geht so«, sagte ich.

»Was arbeitest du?«

»Ich muss noch meine Masterarbeit schreiben!«, seufzte ich.

»Cool!«, rief Sebastian. »Machst du noch dieses Zeug mit dem Vorlesen?«

»Ja«, sagte ich. »Machst du noch dieses Zeug mit dem Arbeiten?«

»Hahaha, das ist gut! Das muss ich mir merken!«, lachte Sebastian. »Aber zum Klassentreffen heute Abend kommst du, oder?«

»Na ja, wenn ich in diesem Aufzug einer Polizeistreife begegne, dann vermutlich nich!«, sagte ich und deutete auf die weißen Flecken in meinem Schritt.

»Die Djamila ist schon so gespannt!«

»Das ist alles eher traurig dort«, sagte ich.

Und du bist einer der Gründe dafür, dachte ich.

»Ach, man kann richtig froh sein, wenn's wenigstens bei einem selbst läuft, oder?«

»Mhm«, sagte ich, »das sehen die Vorsitzenden bei der SPD ganz ähnlich!«

»Du, ich jogg immer zum Slow-Bäcker, kommst du noch mit?«

Ich blickte auf mein Armband: »TU ES NICHT!«, stand auf dem Display.

»Nee«, sagte ich, »ich glaub, ich muss noch meine Arbeit …«

»MORGÄÄHN!«, kam es wieder von hinten, nur diesmal viel lauter und vielstimmiger. Ich drehte mich um. Eine Wand aus neonfarbenen Thermojacken schob sich unaufhaltsam in unsere Richtung, bereit, uns einfach unter sich zu begraben.

»LAUF!«, rief ich Sebastian zu. Und dann joggten wir doch. Also Sebastian joggte, und ich starb, während es so aussah, als ob ich mich vorwärts bewegte.

Und Sebastian erzählte. Von seinem Biotechnologie-Studium, von *den Möglichkeiten*, vom Wie-toll-das-alles-ist und Na-ja-wir-hamm-uns-das-ja-auch-irgendwie-verdient, von dieser Djamila und dem Null-Energie-Haus, in dem sie wohnten. Von ihrem Fünf-Jahres-Plan aus Kredit, Haus, Beförderung und dieser komischen Puppe im Offroad-Kinderwagen, die irgendwann durch ein echtes Kind ersetzt werden sollte. Natürlich erst, wenn man dem Baby *auch was bieten* könne. Mann, Mann, Mann, dachte ich. Ich wusste nicht, warum mir eher schlecht war. Weil es so schrecklich war, mit anzusehen, mit wie wenig sich die meisten ab Mitte zwanzig plötzlich zufrieden gaben? Weil mich dieses dauernde Geplane anekelte? Weil das Biedermeier offensichtlich eine neue Hochsaison hatte? Oder weil ich nun bestimmt schon 150 Meter weit gejoggt war und mein Körper langsam in den Stand-by-Modus überging?

»Ich hätte gern einmal das Bio-Vegan-Aktiv-Glücksbrot!«, sagte Sebastian zu der Bäckersfrau, während er auf der Stelle joggte.

Keuchend hielt ich mich an meinem Stehtisch fest und schaute auf das Armband: »Was ist ein Slow-Bäcker?«, stand auf dem Display.

Wie in Zeitlupe bewegte sich die Bäckersfrau zum Regal und zog gaaaaanz langsam einen dunklen Brotriegel heraus.

Ich blickte auf das Armband »Ach so, verstehe«, stand auf dem Display.

»Und dann noch vier Power-Mental-Kraft-Brötchen!«, sagte Sebastian.

»Oooh, diiiie siiiind geeeeeraaaadeeee eeeeerst iiiiim Oooooofen«, sagte die Bäckersfrau mit halber Geschwindigkeit. »Aaaaaber weeeeenn Siiiiie aaaaacht Stuuuuundeeeeen waaaaarteeeen, daaaaann kööööнneeeen Siiieee siiieee gleeeiiich miiitneeehmeeeen!«

»Ich glaub, ich brauch ein Taxi«, keuchte ich.

»Echt? Ich hab dir noch gar nicht von meinem BMW erzählt!«

»Orr, wie schade«, sagte ich und hob die Hand zum Gruße, »das hätte ich sehr gern gehört.«

Mit einem Mal schwang die Tür des Bäckers auf. Herein stolzierten vier Gestalten in blau-weißer Fußballtracht, ihre Kutten über und über mit Buttons und Aufnähern verziert. Oje, dachte ich, nich diese verrückten Fußballheinis, ich mein, Fußball war schon okay, Hauptsache da war nicht auch noch …

Doch als die ersten drei Hünen den Laden betreten hatten, erblickte ich hinter ihnen ein blondes Mädchen. Scheiße, dachte ich, Sandy, die Nachbarin. Und ich in meiner Leggings mit den weißen Flecken im Schritt. Wahrscheinlich würde meine Mutter also schon Bescheid wissen, bevor ich auch nur zu Hause war. Augenblicklich drehte ich mich so unauffällig wie möglich zur Wand, in der Hoffnung, womöglich doch nicht erkannt zu werden.

»Ach gucke, der Herrmann. Eiter, wieso siehst'n du so schwul aus?«, rief Sandy und zeigte auf meine Leggings. »Was geht'n mit dir, hast du Thrombose?«

»Schwul ist kein Schimpfwort«, sagte ich.

»Wohl!«, rief Sandy und deutete auf Sebastian in seinem Ganzkörperanzug. »Wer is'n dein schwuler Taucherfreund?«

»Was macht'n ihr hier?«, fragte ich. »So früh ist doch gar kein Fußball.«

»Wir gehen zur F-Jugend, die spielen ab um Neune! Bis dahin müssen wir dicht sein!«

Ganz langsam kam die Bäckersfrau aus dem Hinterzimmer nach vorn geslowt.

»Ey!«, Sandy schlug auf die Theke. »Mache Lack! Wir brauchen Bier!«

»Daaaas tuuuuut miiiir leeeeiiiid«, sagte die Slow-Bäckerin äußerst slow, »aaaabeeeer wiiiir veeeerkaaaauuuufen gaaaar keeeeiiiin Biiiieeeer!«

»Was'n mit der los? Seid ihr alle schwul, oder was?«, brüllte Sandy.

»Ey Sandy, is' des der mit den Texten?«, rief einer der Hünen und deutete auf mich.

»Janz jenau. Und mit der Schwulheit!«

Ach stimmt, dachte ich, angeblich las ja die gesamte Ultra-Szene meiner Heimatstadt, also genau genommen diese drei Typen, mein Blog. Ich hätte es wirklich schon längst schließen sollen.

»Voll lustig, was du so schreibst! Gehst du da heute Ahmd ins Gümmi zu'n Klassentreffen?«

»Nee!«, rief ich. »Ich kann nich! Könnt ihr der bitte sagen, die soll mal mit dem ›schwul‹ aufhören, das geht einem ganz schön auf die Ketten!«

»Weil er mit seinem schwulen Taucherfreund zu tun hat!«, rief Sandy. »Los, wir jehn zu mei'n Freund, der hat immer Notfallbier im Kühlschrank!«

Daraufhin machten sie kehrt und verschwanden.

Mein Freund, dachte ich, mein Freund, hatte Sandy gesagt. Und sofort wurde mir etwas klar. Au Backe, dachte ich, das durfte doch alles nicht wahr sein!

»Kennste die?«, fragte Sebastian, der sich jetzt sichtlich unwohl in dem Taucheranzug fühlte.

»Jaja«, sagte ich, »das ist meine Nachbarin, die is'n bisschen komisch. Aber ich kenne nur einen …«, ich stockte, dann hob ich wieder an: »Ich kenn' nur einen, der Notfallbier im Kühlschrank hat.«

Hauptsache nicht arbeiten

Penibel gab ich dem Deckblatt den letzten Schliff. Dann klickte ich auf »Speichern« und schloss das Dokument. Vier ganze Monate hatte ich in die Masterarbeit investiert, in einer Woche würde ich sie abgeben müssen. Zufrieden lehnte ich mich zurück.

Jetzt noch achtzig Seiten Einleitung, Hauptteil und Schluss schreiben, und meinem Abschluss stand nichts mehr im Weg.

Mit einem Mal vernahm ich ein leises Jaulen. Ich stand auf, um das Jammern zu lokalisieren.

»Ach je, oooch neee, Maaann, och neee«, wimmerte es aus der Küche.

Je näher ich der Tür kam, desto mehr machte ich mich auf all die Szenarien gefasst, die mich dort erwarten würden: Mein Vater, erschlagen von jener wackligen Schranktür, die er seit drei Jahren hatte festschrauben wollen. Meine Mutter, horizontal von der Brotschneidemaschine zerteilt, mit der sie meinen Vater aus den Trümmern hatte freischneiden wollen. Meine Katze, zufrieden an den bereits verwesenden Beinen meiner Mutter nagend.

Vorsichtig stieß ich die Tür auf. In Tränen aufgelöst hockte meine Mutter vorm Geschirrspüler. »Die Gabeln darf man nicht so eng nebeneinanderlegen«, wimmerte sie. »Die werden doch sonst wieder nicht sauber!«

Es war schrecklich.

So viel hatte ich in meinem Leben schon falsch gemacht. So viel Leid hatte ich meiner Familie schon eingebrockt. Und dann brach ich meiner Mutter das Herz, indem ich auf monströse Art und Weise die Gabeln falsch einsortierte! Charles Manson war ein Scheiß gegen mich!

Ich ging zum Fenster, wo die Messer hingen, um rituellen Selbstmord zu begehen.

»Sei vorsichtig da, die Fliesen sind alle lose!«, rief meine Mutter.

Optimal, dachte ich. Dann stürze ich mich einfach ins Bodenlose und erspare ihr die Sauerei. Wozu auch weiterleben? Facebook hatte unter den zwanzig wichtigsten Momenten meines letzten Jahres ein Foto von fünf Zwiebeln eingeordnet! Mich würde niemand vermissen.

»Guck!«

Die kleine Frau drängte mich beiseite und begann, auf und ab zu hüpfen, sodass die Fliesen ein leises Fffft-Geräusch von sich gaben.

Ffft! Ffft!

»Wenn man hüpft, dann merkt man es!«

»Ach so!«, rief ich. »Und das hast du bemerkt, als du mal wieder routinemäßig die Fliesen abgehüpft hast?«

»Mach dich nicht immer lustig! Hast du dir überhaupt schon mal überlegt, was du nach deinem Abschluss machen willst?«

»Jaja!«, sagte ich. »Ich hab da neulich etwas Interessantes im Fernsehen gesehen!«

Die Augen meiner Mutter begannen zu leuchten.

»Das Ganze nennt sich Shaolin und besteht hauptsächlich darin, sich eine Glatze zu schneiden und Eisenstangen damit zu zertrümmern!«

»Jetzt mal ehrlich!«, rief meine Mutter.

»Mein Tätowierjewerbe und mein' Angelschein. Mehr. Will. Ich. Nich.«

»Mit dir kann man manchmal echt nicht normal reden!«

»Du hörst mir ja auch gar nicht zu!«, rief ich.

»Hier!« Ich zeigte auf meinen Pullover. »Bestes Beispiel. Das war mein Lieblingspullover! Ich hatte dich gefragt, ob du das Loch stopfen könntest. Jetzt steht hier ›Good Night White Pride!‹, und daneben prangt ein Donald-Duck-Aufnäher!«

Was hätte ich denn sagen sollen? Dass sie mich lieber danach fragen sollte, wie weit ich mit der Masterarbeit war, anstatt was danach kommen sollte? Dass mich von diesem blöden Abschluss noch immer achtzig ungeschriebene Seiten trennten, die jeden Gedanken an ein Danach unmöglich machten? Dass ich unendliche Angst davor hatte, vierzig Jahre lang arbeiten zu gehen, bis mich der Staat gnädigerweise zum Abfallprodukt erklärte? Und jeden Freitag meine Unzufriedenheit in einer Kneipe zu ertränken? Dafür musste ich mir die Wochentage doch nicht auch noch mit Arbeit versauen!

Émile Cioran hatte schon recht: Die Welt ist nicht in Freude erschaffen worden. Und es ist alles so schnell so kompliziert geworden. Eben gab es nichts Wichtigeres, als den eigenen Pokémon-Spielstand zu perfektionieren, und zack! ist man 25, die Krankenkasse bucht wieder Hunderte Euro ab, und man beginnt, mit diesem eBay-Blick durch die eigene Wohnung zu laufen.

»Und wie wäre so etwas wie Lehramt, Quereinstieg oder so?«

»Danke Mama, aber dann nehme ich doch lieber Drogen.«

Missmutig pfefferte meine Mutter die Gabeln in den Geschirrspüler.

Natürlich verstand ich ihre Sorge, aber wenn es jemanden gab, der sich hier die meisten Sorgen machte, dann war ich das selbst.

Es klingelte.

Meine Mutter blickte mich verdutzt an.

»Das wird wohl CSI Sachsen-Anhalt sein«, unkte ich. »Wahrscheinlich haben sie davon gehört, was ich dem Geschirrspüler angetan hab.«

Fünf Minuten später

»Oooooooh«, machte meine Mutter wie eine Luftschutzsirene, sodass alle Rentner im Umkreis von fünfhundert Metern wahrscheinlich schon vor Schreck ihr Hab und Gut zusammensammelten. Meine Cousine stand im Wohnzimmer und präsentierte meinen Eltern ihren kugelrunden Babybauch, mich hatten sie zum Kaffeekochen abkommandiert. Zwar trank ich keinen Kaffee und hatte zu wenig Praktika absolviert, um mit dem Vorgang des Kaffeekochens vollends vertraut zu sein, aber so schwer konnte das ja nicht sein. Acht Tassen hatten sie gesagt. Fachmännisch füllte ich also acht Tassen mit Kaffeepulver und gab es anschließend in die Maschine, drückte auf »Play«, und schon ging's los. So einfach war das.

Seit Beginn ihrer Schwangerschaft war meine Cousine zur offiziellen Heldin meiner Familie avanciert. Ich hingegen war mittlerweile so etwas wie der familieneigene Großflughafen Berlin-Brandenburg. Niemand wusste, wann ich endlich fertig würde, wie viel das alles kostete und wofür man das überhaupt brauchte.

»Antreh! Komm ma!«, brüllte mein Vater aus dem Wohnzimmer, wie es bei zivilisierten Leuten üblich war.

Als ich ins Zimmer trat, erwartete mich dort ein seltsames Schauspiel. Grinsend standen meine Eltern und der Freund meiner Cousine im Zentrum des Zimmers und streichelten mechanisch den Babybauch. Oje oje, dachte ich, kein Wunder, dass die Menschheit nie mit Außerirdischen in Kontakt kommt, die halten uns doch alle für bekloppt.

»Hier, fühle ma!«, brüllte mein Vater, während sie alle vier in unterschiedlichen Kreisbewegungen über den Bauch strichen. Wäre es schon dunkel gewesen und hätte man noch ein paar Kerzen dazugestellt, hätte das hier auch gut und gerne irgendein ganz übler Horrorfilm oder eine beliebige Sendung auf RTL II sein können.

»Nee nee, lasst mal!«, rief ich, während ich rückwärts zurück in die Küche taumelte. »Aber falls wir nachher Spaghetti von ihrem Bauch essen, sagt mir bitte vorher Bescheid!«

Meine Mutter begann zu tuscheln: »Der André hat ja immer gesagt, wir bekommen mal zwei Enkel.«

»Da war ich fünf Jahre alt und wollte einfach nur meine Ruhe beim Lego-Spielen!«, brüllte ich.

Keine Ahnung, warum Menschen so auf Reproduktion abfuhren. Aber nur für den Spaß bei der Elternversammlung lohnte sich das mit dem Kinderkriegen einfach nicht.

»Ach, für Kinder ist man immer zu jung, das ist Fakt!«, hörte ich meine Mutter tuscheln.

»Und für eine Xbox ist man nie zu alt!«, rief ich.

Dann riss ich die Kanne aus der Kaffeemaschine und stürmte zurück ins Wohnzimmer. »Das Problem der meisten Menschen ist, dass sie nicht sehen, wie egoistisch es ist, ein Kind zu zeugen und ihm damit eine Existenz aufzuzwingen, die es in den engen Grenzen gesellschaftlicher Normalitätsvorstellungen auch noch zwingend bis zu einem natürlichen Ende zu führen hat.«

Stille.

»Fühle du lieber ma hier!«, rief mein Vater.

»'s boxt!«, pflichtete meine Mutter bei.

»Könnt ihr vielleicht mal aufhören, da rumzustreicheln?«, rief ich. »Oder drehen wir hier einen neuen Lars-von-Trier-Film?«

Wieso konnte man es in dieser Familie nur zu Anerkennung bringen, wenn man genau das tat, was alle taten? Ich hätte durch ein ausgeklügeltes Mischungsverhältnis von Kaffee, Milch und Zucker spontan ein Heilmittel gegen Aids erfinden können, es hätte immer noch geheißen: »Die Linda hat ja jetzt ein Kind.«

Klar, sie waren ja nicht blind und sahen sehr wohl, dass ich nicht den ganzen Tag lang untätig zu Hause vor einer Xbox versauerte, auch wenn ich diesen Zukunftsplan nur mangels einer Xbox noch nicht in die Tat umgesetzt hatte. Aber man hätte ja ruhig mal über etwas anderes reden können, zum Beispiel diese Abschlussarbeit.

»Ich weiß, was du sagen willst«, unterbrach mich meine Cousine, die mein Grübeln bemerkt hatte. »Du kannst dir gerade nichts Schlimmeres als Kinder vorstellen!«

»Dooooch, Kinder mit Wintersportausrüstung!«, sagte ich.

»Du wirst sehen, das kommt alles! Mit Mitte zwanzig hab ich auch immer gedacht, Verloben, Heiraten, Kinder, das wäre nichts für mich.«

»Verloben ist okay, wenn mindestens ein Sandwichtoaster beteiligt ist!«, rief ich.

Von mir aus konnten sie ja alle machen, was sie wollten. Mein einziges Problem war, dass die Leute einem automatisch irgendwelche Probleme unterstellten, wenn man einfach keinen Bock auf Haus, Kind, Arbeit, Auto und The North Face hatte. Und dass viele spätestens nach der Geburt über nichts anderes als ihr Kind reden konnten. Okay, ich würde wahrscheinlich auch nur noch von meiner Xbox erzählen, aber das war ja auch etwas ganz anderes!

»Wir wollen ihn dann taufen lassen«, sagte meine Cousine.

»Welche Stilrichtung?«, fragte ich.

»Du kannst dich ruhig mal für deine Cousine freuen!«, sagte meine Mutter.

»Ich freu mich doch!«, rief ich, während ich den Kaffee auf vier Tassen verteilte. »Endlich jemand, dem ich mal ein Schlagzeug schenken kann! Oder dem ich beibringen kann, wie man auf Italienisch Flüche improvisiert!«

»Fühle doch mal!«, brüllte mein Vater.

»EEEH, ESPRESSO SPAGHETTI ANTIPASTI EEEEH!«, ätzte ich.

»Du nimmst echt gar nichts mehr ernst«, sagte meine Mutter kopfschüttelnd.

»EEEH CAFFÈ CREMA PARMESANO INSALATA MISTA!«

Mein Vater spuckte in seine Tasse.

»Den kann ja kein Mensch trinken!«, brüllte er. »Da erweckste ja Tote mit!«

»Ach gucke, aber Kindermachen traut ihr mir zu!«, rief ich, sammelte die Tassen wieder ein und ging zurück in die Küche.

Dort kippte ich den pechschwarzen Kaffee in den Ausguss, öffnete den Geschirrspüler und begann damit, das gesamte Besteck in Unordnung zu bringen.

Business Punk

Konzentrier dich, dachte ich, konzentrier dich und zieh's einfach durch, dann hast du's hinter dir. Ich saß auf der Pärchenbank und starrte auf die Leinwand mit der leeren Word-Seite. So viele Idioten hatten es geschafft, eine Masterarbeit zu schreiben, da würde die Welt doch bei mir sicher keine Ausnahme machen. Ich hatte einen Berg von Notizen, geordnet nach Kapiteln, hatte bunte Grafiken, Ohropax und meine kuschelige Heizdecke, eigentlich fehlte nur noch ein Harnröhrenkatheter, um wirklich ungestört arbeiten zu können.

Na ja, und achtzig Seiten Text fehlten. Okay, siebzig, wenn ich jedes Kapitel auf einer Extraseite beginnen würde, sechzig mit Schriftgröße 14, fünfzig, weil die Arbeit auf 100-Gramm-Papier genauso dick, ach, vierzig, weil es dann auch irgendwie egal wäre.

Ich nahm die Stichpunktversion des ersten Kapitels zur Hand und begann zu tippen als …

Mit einem Mal wurde die Tür aufgerissen, und meine Mutter stampfte ins Zimmer. Mitten im Raum blieb sie stehen und begann, ohne auf mich zu achten, die Leinwand anzustarren und alles darauf Befindliche zu lesen.

Ein paar Sekunden wartete ich. »Kann ich dir vielleicht irgendwie behilflich sein?«

Meine Mutter zuckte zusammen. »Mir? Nee, ich wollt auch gar nicht stören!«

»Das, was du hier machst, kommt der Definition von Stören aber ziemlich nahe!«

Unbeeindruckt wandte sich meine Mutter wieder dem Textdokument zu. »Zur Bedeutung der Privatsphäre im 21. Jahrhundert«, las sie vor. »Ist das von dir?«

»Ja«, sagte ich, »und du schrammst gerade voll am Thema vorbei!«

»Das ist ja cool!«

»Kannst du bitte aufhören, dauernd ›cool‹ zu sagen? Das ist total uncool!«, sagte ich.

»Klar, Alter! Voll laser!«

»Seit du fünfzig geworden bist, hast du dich wirklich sehr verändert!«

»Jetzt sei mal nicht immer so lame, Alter!«

»Mutter!«, jammerte ich.

»'s geht?«

»Sag bitte nicht ›'s geht?‹, okay?«

»Fjedn, Eiter!«

Ich ließ den Kopf hängen. Warum musste so etwas immer mir passieren? Warum musste ausgerechnet meine Mutter plötzlich anfangen, in Jugendsprache, bzw. in jener Sprache, die Menschen über fünfzig für Jugendsprache halten, zu sprechen? Sicher hatte in irgendeiner irren Frauenzeitschrift gestanden, man könne auf diese Weise »total krass« mit dem eigenen Kind »connecten«. Und vermutlich funktionierte das auch, wenn man in Stars Hollow lebte und Lorelai Gilmore hieß.

»Mutter!«, hob ich erneut an.

»Whaaatuuuup?«

»Was ist dein Begehr?«

»Ach, ich dachte nur ...«

Es klingelte.

Fuck, dachte ich, denn ich wusste schon, wer da jetzt vor der Tür stand, und legte die Tastatur beiseite. Dann stand ich auf und ging schnell zum Fenster. Dort schob ich die Leinwand ein Stück beiseite und spähte nach draußen. Ein roter Golf parkte in unserer Einfahrt, Mist.

»Ey Antreh!«, rief plötzlich jemand aus der Diele.

Offenbar hatte mein Vater bereits die Tür geöffnet.

»Oarr nee, das ist Maik«, sagte ich.

»Maik wer?«, fragte meine Mutter.

»Tyson!«, sagte ich genervt.

»Der Maik!«, rief meine Mutter begeistert, klatschte in die Hände und eilte aus dem Zimmer. »Der kleene Maik, das ist aber schön, dass wir uns ooch mal wiedersehen!«

»Aber selbstverfreilich, Frau Herrmann. Enchanté«, sagte Maik, der sich hinter meiner Mutter aufgebaut hatte und sie um drei, vier Köpfe überragte. Da stand sie nun, die kleine Biologin, vor diesem Hünen, dem man selbst das einhändige Verlegen von ganzen Bahnschienen zutraute.

»Los, anziehen, Aldr! Wir müssen los!«, rief Maik.

»Au ja!«, rief meine Mutter. »Soll ich dir ein paar Sachen rauslegen?«

»Untersteh dich!«, rief ich und wandte mich an Maik: »Das wird heut nix, ich muss in einer Woche meine Masterarbeit abgeben!«

»Oar, Masterarbeit, Schmasterarbeit. Da kommste eenfach mit und trinkst paar Bier, dann wird deine komische Arbeit wenigstens lustig!«

»Vergiss es«, sagte ich, »ich muss das machen.«

Maik schnaubte verächtlich und zog seinen Stimmungsschlagring aus der Tasche. Er leuchtete grün. Ich war jetzt Maiks Feind. Mit zusammengekniffenen Augen blickte er mich an.

»Geh zu deiner Sandy, die wird's dir danken«, knurrte ich.

Maik grunzte.

Langsam schüttelte ich den Kopf und wandte mich wieder meinen Zetteln zu.

»Aber ihr macht jetzt noch nich gleich los, oder?«, rief meine Mutter, die mit der Pash-Hose und dem Bad+Mad-Pullover im Arm in der Tür stand.

»Der Maik macht heute alleine los!«, rief ich zurück.

»Weil, ich könnt ja sonst erst mal 'n Kaffee machen! Dann kömmer mal so'n bissl quackeln!«

Wieder schüttelte ich den Kopf und deutete auf meinen Berg Notizen.

Maik starrte mich unverwandt an und bewegte sich nicht. Dann zwinkerte er mir böse grinsend zu, drehte sich um und wandte sich freudig strahlend an meine Mutter: »Aber sehr gerne doch, Frau Herrmann! 'n bisschen quackeln, das ist doch was Feines!«

»Übelst laser!«, rief meine Mutter. »Dann komm mit, wir chillen uns auf die Couch, alter Azzlack!«

Zehn Minuten später war Maiks schallendes Gelächter, das ohne Unterbrechung aus dem Wohnzimmer, durch die Diele und bis in mein Zimmer drang, kaum noch zu ertragen.

»LOL, Frau Herrmann, Aldr, das sind ja mal geile Fotos!«, hörte ich seine Stimme donnern.

Mechanisch tippte ich einfach weiter. Maik würde schon wieder gehen, dachte ich, wenn ich nur lang genug durchhielte.

Doch ich hatte die Rechnung offensichtlich ohne meine Mutter gemacht, die zu ihrer schmerzhaftesten Waffe gegriffen und das Album mit den Babyfotos herausgekramt hatte.

»Und hier hab ich den Antreh dabei erwischt, wie er beim Staubsaugen heimlich hinten offm Staubsauger mitjefahren is'!«

»Übelst geil, Frau Herrmann«, lachte Maik.

Konzentrier dich, dachte ich, der wird schon irgendwann wieder gehen!

»Aaach, wir hamm uns nüscht dabei jedacht«, rief meine Mutter, »Dann hammwer dem Jungen halt 'ne Puppe jeschenkt, wenn er die unbedingt hamm wollte.«

Maiks Gelächter wummerte durch die Wände.

Konzentrier dich, dachte ich und hackte stoisch die Stichpunkte in den Computer.

»Nee nee, Spielzeug hat den jar nich interessiert, der hat die meiste Zeit ja eh mit seinem Pullermann jespielt!«

»LOL, warte mal, Frau Herrmann«, lachte Maik, »darf ich das ma abfotografiern bitte?«

Okay, dachte ich, jetzt reicht's. Ich schmiss die Tastatur beiseite, sprang auf, stürmte ins Wohnzimmer und riss meiner Mutter das Fotoalbum aus der Hand. Maik blickte mich mit einem breiten Grinsen im Gesicht an.

»Los, anziehen!«, rief ich ihm zu. »Wir gehen!«

»Waaaas, ich dachte, du willst diesmal gar nicht gehen«, tirilierte meine Mutter, nicht ohne etwas zu auffällig in Maiks Richtung zu zwinkern.

»Na ja«, sagte Maik, »so richtig Lust hab ich ja nich, Aldr. Aber wennde uuuuunbedingt willst!«

Fünf Minuten später

»Okay, gib's zu«, sagte ich.

»Was?«, fragte Maik.

»Na du und Sandy.«

»Hast du 'ne Macke, Aldr?«

»Nee, aber anscheinend du.«

»Ich mach doch nich mit der Oll'n von mei'm Bruder rum!«

»Womit wir beim nächsten Problem wären«, sagte ich. »Als ob ich dir glaube, dass du einen Zwillingsbruder hast! Und dass ausgerechnet der im Kindergarten arbeitet, einen Minivan hat und mit Sandy zusammen ist.«

Maik schmollte.

»Is' aber de Wahrheit«, sagte er trotzig.

»Ach komm, das glaubst du doch wohl selber nich!«

»Dohoch!«, sagte Maik.

»Irgendwann erwisch ich euch! Und dann bin ich gespannt, was du dir Neues ausdenkst! Gib's halt einfach zu, Mann!«

Eine Weile schwiegen wir.

»Das ist aber nicht dein normaler Golf, oder?«, fragte ich.

»Klar, Aldr!«, sagte Maik.

»Aber hier steht SIXT Autovermietung«, sagte ich und zeigte auf einen großen Aufkleber auf dem Armaturenbrett.

»Ach, der Mirko wieder!«, wiegelte Maik ab und versuchte, den Aufkleber abzufummeln.

Ich zögerte.

»Ähm, und den Minivan hast du nicht mehr? Also, der Mirko natürlich!«

»Doch doch«, sagte Maik, »hab ich noch, also der Mirko.«

»Ach so!« Ich stutzte.

Eine peinliche Stille entstand.

»Aber …«, er zögerte, »aber ich hab überhaupt keene Ahnung, wo der damit heute früh war oder so. Also falls du das vielleicht meinst oder so.«

»Nönö«, sagte ich, »ich frag nur interessehalber.«

Maik ruckelte unruhig auf seinem Sitz herum.

»Hammer's balle?«, fragte ich.

Maik stutzte und sah mich an, seine Augen funkelten, so als sei ihm gerade etwas Wichtiges eingefallen.

»Warte ma kurz, Aldr!«, sagte er und sprang aus dem Auto.

Dann wetzte er über die Straße zum Haus gegenüber, kramte auf dem Weg aufgeregt in seinen Taschen und machte sich anschließend am Briefkasten zu schaffen.

»Sare ma, wie gut verstehst'n dich mit dein' Nachbarn da drüben?«, fragte Maik, als er wieder im Auto saß.

»Keine Ahnung, wieso?«, fragte ich, als plötzlich ein wahnsinniger Knall losging und der Briefkasten unserer Nachbarn in Tausende Teile zerbarst. Sofort ging im Nachbarhaus das Licht an, in der ganzen Straße schauten Leute irritiert aus den Fenstern.

»Och, ich frag nur interessehalber«, sagte Maik und trat aufs Gas.

Wir hatten also einen Nichtangriffspakt.

Vor der Mehrzweckhalle war ein heilloses Durcheinander. Der Andrang war riesig und der Parkplatz völlig überfüllt. Auch die Parkwächter, die es neuerdings gab und die jedem einen kleinen Parkzettel in die Hand drückten, bekamen die Situation nicht in den Griff.

»Hier!«, sagte Maik und hielt mir eine Halbliterflasche Averna unter die Nase.

»Vergiss es!«, sagte ich. »Ich muss heute noch was an der Arbeit machen!«

Maik nahm einen langen Zug aus der Flasche, bis sie nur noch viertelvoll war. Dann hielt er sie mir noch einmal hin.

»Du bist doch bekloppt!«, murrte ich.

»Ach, weeßte, Antreh, das Leben ist an manchen Tagen halt nur im Vollrausch zu ertragen!«, rezitierte Maik fröhlich vor sich hin.

Dann stiegen wir aus und machten uns auf den Weg Richtung Eingang.

»Warte ma, Aldr!«, rief Maik, tänzelte um das Auto herum und holte einen riesigen Plastikkanister aus dem Kofferraum.

»Die haben da drin übrigens auch 'ne Toilette«, sagte ich.

Aber Maik grinste nur.

Vorm Eingang gab es eine riesige Schlange. Und komischerweise bestand sie nicht aus der üblichen Kik-Klientel, sondern aus Rittern, Piraten, Cowboys und Höhlenmenschen. Was war bloß wieder in dieser Kleinstadt los? Am Vormittag hatte ich in der Zeitung von einem erhöhten Kokainanteil im Trinkwasser gelesen – ob es vielleicht daran lag?

Stoisch reihten wir uns hinter einer Gruppe Jungpioniere ein. Vermutlich würde es ewig dauern, bis wir zur Kasse kämen.

»Das is' doch sinnlos!«, sagte ich. »Los, lass uns abhaun!«

»Warte!«, rief Maik und fummelte in seiner Tasche herum. Dann zog er ein Feuerzeug aus der Hose und warf etwas nach vorn in Richtung Kasse.

Es gab einen ohrenbetäubenden Knall, ich zuckte zusammen, und sofort rannten alle schreiend auseinander.

Maik grinste, als ich ihn ansah und den Kopf schüttelte. Dann machte er eine ausladende Handbewegung und deutete zur Kasse: »So, der Herr, nach Ihnen, Aldr!«

»Herzlichen willkommen! Aaaach, ist das schön! Wir hamm Sie ja schon vermisst beim letzten Mal!«, erklang es, als wir zur Tür kamen.

Dort saßen, mit weißem Hemd, rotem Halstuch und dunkelblauem Schiffchen auf dem Kopf, Frau Pleier und Frau Stamm und lächelten um die Wette.

»Seid bereit!«, brüllte Frau Pleier und hob ihre flache Hand an den Kopf.

»Häh?«, fragte ich.

»ALLES ROGER!«, rief Maik und gab ihr mit voller Kraft High Five, sodass Frau Pleiers Stuhl einige Meter nach hinten schlitterte und dabei beinahe einen als Höhlenmenschen verkleideten Kleinstädter umrammte, der gerade eine junge, nur in Fell gekleidete Frau an den Haaren über den Boden zerrte.

Ach je, jetzt kapierte ich es. Hinter der Kasse war ein großes Banner aufgehängt worden, auf dem in dicken Lettern *DIE GUTE ALTE ZEIT* geschrieben stand, das Motto des Abends. Jetzt wurde mir alles klar. Die Pionier-Outfits, die Cowboys und dieser komische Höhlenmensch! Natürlich, eine Mottoparty, fuck.

»Nanu? Welche gute alte Zeit verkörpern Sie beide denn?«, rief Frau Stamm irritiert.

»Wir sind die Zukunft«, sagte Maik, »wir hassen die Vergangenheit!«

»Hihi, das ist ja witzig. Ich dachte, in der Zukunft sehen Menschen gaaanz anders aus.«

»Wir sind die Zukunft von Sachsen-Anhalt, wir hinken immer ein paar Jahre hinterher.«

Frau Pleier kam zurück an den Tisch gehumpelt.

»Also André, ich hab ja letztens mal Ihre Internetseite entdeckt.«

»Hm.«

»Herzallerliebst, sar' ich ma! Herzallerliebst! Wer hätte gedacht, dass aus Ihnen mal ein Schreiber wird!«

»Sie ganz bestimmt nicht«, unkte ich.

»Also, ich hab mir Sie ja so, so, so …«

»Arbeitslos vorgestellt!«, lachte Maik.

»Jaja«, sagte ich und kramte mein Geld aus der Tasche, »das mach ich ab nächstem Jahr.«

Ach herrje, dachte ich, als wir die Halle betraten.

Offensichtlich hatten alle außer uns mitbekommen, was hier heute abgehen würde.

Alle hatten sich verkleidet. Okay, bis auf DJ Chris, der sowieso immer so rumlief, als wäre er direkt per Wurmloch aus den Sechzigern angereist. Gleich bei der Tür saß eine Gruppe steinalter Herren, allesamt in graue Uniformen gehüllt und mit Stahlhelmen bekleidet, deren gute alte Zeit 1945 von den Alliierten in Grund und Boden gebombt worden war. Schade, dachte ich mit wehmütigem Blick auf die Reichsadler, schade, dass ausgerechnet die Falschen aus Stalingrad lebendig zurückgekehrt sind. Etwas weiter gab es die obligatorischen Cowboy- und Rittertische. Und ganz in der Ecke waren einige Leute damit beschäftigt, mit hochkant gestellten Tischen ihren eigenen Teil des Saales abzustecken. Darauf stand mit roter Farbe der gute alte Satz von Walter Ulbricht geschrieben: *Es muss demokratisch aussehen, aber wir müssen alles in der Hand haben.* Mittendrin standen lauter irritierte Gestalten in grauen Einheitsklamotten, die die Hipster vermutlich erst in fünfzig Jahren für sich entdecken würden. Ein junger Mann versuchte noch, sich aus dem Tischkreis zu drängen, als gerade Stacheldraht verlegt wurde, aber die Wachposten, die rundherum auf eigens dazu bereitgestellten Stühlen postiert waren, wiesen ihn schroff zurück in die Mitte. Meine Güte, offensichtlich wurde hier gerade die DDR wiederbelebt. Wirklich komisch, dachte ich, was man in Sachsen-Anhalt unter der guten alten Zeit verstand.

»Hast du eigentlich was von Jörn gehört?«, fragte ich, als wir durch die Tischreihen schlenderten.

»Nö«, sagte Maik, »dachte, der's beim Bund, oder?«

»Ja, na ja«, sagte ich, »aber ich hab auch nicht noch mal nachgefragt, was nun daraus geworden ist.«

Maik war schon längst zur Bar abgedreht und durchwühlte auf dem Weg seine Taschen.

Als ich in die Nähe des 2005er-Tischs kam, an dem die Mehrzahl der Leute Schulranzen trug und Zuckertüten in den Händen hielt, ließ ich meinen Blick schweifen, aber nirgendwo konnte ich Jörn sehen. Stattdessen überall Standard-Verkleidungen. Und es gab Enno, der ein riesiges iPad in die Höhe hielt und Fotos machte.

Ich war immer ein entschiedener Gegner des Genozids gewesen, aber seit es Menschen gab, die sich nicht entblödeten, in aller Öffentlichkeit so ein großes iPad in die Luft zu halten, war ich versucht, da unter Umständen eine kleine Ausnahme zu machen. Klar, ich war überzeugter Misanthrop, warum sich gegen eine Gruppe von Menschen stellen, wenn prinzipiell alle schlecht waren? Doch Leute mit iPads setzten dem Ganzen wirklich die Krone auf.

»Haaaaaallo André!«, rief es von einem der Tische, als ich näher kam.

Oje, dachte ich. Wenn man sie so sah, konnte man fast nicht glauben, dass Menschen selbst nach Tausenden Jahren Zivilisation so rumlaufen würden.

Melissa wuchtete sich nach oben, wobei ich die Umrisse ihres prallen Bauchs bemerkte, und fiel mir um den Hals, obwohl ich leise noch schnell einen Abwehrzauber gemurmelt hatte. Wahrscheinlich war die Energie des Bösen hier einfach stärker.

»Setz dich, setz dich!«, sagte Melissa und scheuchte Enno von seinem Stuhl auf, der traurig mit seinem iPad von dannen zog. Krass, alle waren da. Luisa, Enno, Jenny, Elisabeth, sogar die Rollenspiel-Dudes, mit denen ich neun Jahre lang kein Wort gewechselt hatte. Nur Sebastian konnte ich nirgends entdecken. Vermutlich wartete er noch immer beim Slow-Bäcker auf seine Brötchen.

»Hallöchen!«, sagte Martin, der mir gegenübersaß und irgendwelche Formulare ausfüllte.

»Na«, sagte ich, »was macht die Kunst?«

»Kunst?«, fragte Martin irritiert und sah von seinem Ordner auf.

»Kleiner Witz«, sagte ich.

»AHAHAHAHA!«, wieherte Martin.

Direkt neben ihm saß ein Mann, den ich nicht kannte. Er hatte lange schwarze Haare, seine Haut war sonnengegerbt, dazu trug er ein rotes Stirnband. Er kam mir irgendwie bekannt vor. Mit zusammengekniffenen Augen blickte er mich an, als er bemerkt hatte, dass ich ihn musterte, dann steckte er sich eine Zigarette an.

»s'geht?«, rief er mit einer Stimme, die Vin Diesel wie ein Mädchen hätte klingen lassen.

»LUKE-LUKAS! OB DU WOHL DAMIT AUFHÖRST!«, rief Melissa.

Wie bitte?, dachte ich. Das sollte Luke-Lukas sein? Der war doch mindestens zwanzig! Wann hatte ich ihn das letzte Mal gesehen? Vor einem Jahr oder so? Und war er da nicht …? Dann könnte er jetzt doch maximal …?

»Luke-Lukas, hier is' Rauchverbot!«, rief Martin, Luke-Lukas verdrehte die Augen und drückte die Kippe direkt auf dem Tisch aus.

Gottohgott, dachte ich, die werden wirklich alle immer frühreifer. Oder vielleicht lag es an diesem Survival-Internat? Mich fragten sie bis heute beim Zigarettenkaufen nach meinem Ausweis, aber bei Luke-Lukas ragten schon jetzt die Brusthaare unterm T-Shirt hervor. Wahrscheinlich wuchs ihm, wenn er wollte, sogar ein prächtiger Vollbart, was mir bestimmt auch in zehn Jahren nicht gelingen würde.

»Ähm, also«, sagte ich, »… hi!«

Luke-Lukas nickte mir zu, nippte an einem Whiskeyglas und zog eine Dose Schnupftabak aus der Tasche.

Melissa tippte mich von der Seite an.

»Sare ma, bemerkst du denn nichts?«

Wegen ihres unglaublich großen Babybauchs musste sie gut einen Meter entfernt von der Tischkante sitzen, was ziemlich lustig aussah.

»Na ja«, sagte ich, »mich wundert eigentlich gar nichts mehr.«

»Aber der Martin und ich, wir sind doch schwanger!«

»Das überrascht mich wiederum!«, rief ich und ließ meinen Blick über Melissa schweifen. Sie trug eine Windel, Schnuller und gestrickte Wollschuhe. Ein riesiges Mittzwanzigerbaby, das darüber hinaus selbst noch schwanger war. So etwas Gruseliges hätte sich nicht einmal Stephen King ausdenken können.

»Und? Willst du wissen, was es wird?«, fragte Melissa.

»Lass mich raten, 184 Euro mehr Kindergeld im Monat?«

»Hihi«, machte Melissa, »du bist witzig! Schreibst du eigentlich schon deine Masterarbeit?«

»Hast du wieder irgendwo meine Mutter getroffen, oder woher weißt du davon?«

»Maaann, ich les das doch alles, was du schreibst!«, rief Melissa.

»Ach so, ja«, sagte ich und machte mir innerlich eine Notiz, am nächsten Morgen wirklich das blöde Blog abzuschalten.

»Und?«, fragte Melissa.

»Was und?«

»Hast du schon Pläne, was du danach machen willst?«

Ein Stechen durchfuhr meinen Kopf. Ich hasste es, über meine Zukunft nachzudenken. Denn das Einzige, was sich da vor meinem inneren Auge ausbreitete, war eine gähnende Leere, die mit zu bezahlenden Rechnungen tapeziert war.

»Ich glaub, ich werde mich nach'm Studium einfach auf Staatskosten in meiner Hartzienda zur Ruhe setzen«, unkte ich.

»Mach doch was aus deinem Blog!«, jauchzte Melissa. »Ein Buch oder so!«

Hm, daran hatte ich heimlich auch schon mal gedacht. Vielleicht sollte ich das wirklich mal probieren. Die Leute von diesem Verlag, der mich angeschrieben hatte, ließen jedenfalls nicht locker.

»Nee, das geht doch immer schief«, sagte ich. »Wenn du da nicht irgendwelche fünfzehnjährigen Schauspielkinder am Start hast, die dich plagiieren, dann versandet das doch sofort.«

»Ach was!«, sagte Melissa. »Damit kann man bestimmt gutes Geld verdienen!«

»Aber auf meinem Grabstein soll später mal stehen: ›Nein, davon kann man nicht leben‹!«

»Oder auswandern! Ich würd soooo gern auswandern!«, rief Melissa, die glänzende Augen bekommen hatte.

»Ja! Und dann mit 1.000 Euro Startkapital 'ne Bäckerei in Äthiopien aufmachen!«, rief ich.

»Ja!«, pflichtete Melissa bei. »Oder 'n kleines Café! Auf Gran Canaria!«

»Genau!«

»Aber das wird leider nichts«, sagte Melissa und deutete auf ihren Bauch, »außerdem sprechen der Martin und ich gar kein Kanarisch!«

»Soooooo, meine Freunde«, kam es von der Seite, und Maik stellte einen ganzen Arm voller bis zum Rand gefüllter Biergläser auf dem Tisch ab. »Das geht off's Haus!«

Gleich darauf hüpfte er zurück zur Bar, so als wollte er direkt Nachschub ordern. Hoffentlich hatte er auch genug Geld dabei. Ich nahm mir ein Glas, prostete Melissa zu und beobachtete, wie Luke-Lukas sich bereits das zweite Glas nahm.

Zwei Plätze weiter saß Luisa. Auch sie hatte sich sichtlich verändert. Ich war mir nicht sicher, ob sich ihre Kleidung nun am Motto des Abends orientierte, oder ob sie sich ganz einfach in die typische Anhaltiner Tracht geworfen hatte. Ihre Haare waren kurz geschoren, dazu trug sie eine Tarnhose und eine Bomberjacke, unter der sich ebenfalls ein runder Bauch wölbte.

»Und du, auch schwanger?«, rief ich ihr zu.

»Wie, schwanger?«, fragte Luisa.

»Oh. Nichts!«, sagte ich. »Was macht das Inkasso-Geschäft?«

»Keine Ahnung«, antwortete sie, »ich bin jetzt im Marketing.«

»Das ist in puncto Schrecklichkeit ja nicht weit voneinander entfernt«, sagte ich und deutete auf ihr gewöhnungsbedürftiges Outfit. »Und welche gute alte Zeit stellst du dar?«

Verwirrt blickte Luisa an sich herunter.

»Das ist meine Arbeitskleidung«, sagte sie.

»Ich dachte, du arbeitest im Marketing?«

»Na klar«, sagte Luisa, »ich arbeite doch bei der NPD.«

Ich musste lachen. Und den Kopf schütteln. Es wurde tatsächlich von Jahr zu Jahr immer besser.

»Ausländerbehörde, Inkasso-Unternehmen, Lehramt. Ich wette, dein Lebenslauf hat beim Bewerbungsgespräch ziemlich Eindruck gemacht«, sagte ich.

»Ja«, sagte Luisa trocken, »aber am besten fanden sie, dass ich aus Sachsen-Anhalt komme. Ich bin geradezu prädestiniert für die Arbeit, sagen sie.«

»Haha«, lachte Melissa, »lass dir von dem André nix erzählen!« Unruhig blätterte sie in einem bunten Büchlein, bis sie die richtige Seite gefunden hatte. Dann hielt sie mir das Ding direkt unter die Nase.

»Hier, du hast damals in meinem Poesiealbum gar keinen Berufswunsch eingetragen.«

»Ja«, sagte ich, »und heute lebe ich meinen Traum!«

Maik kam bereits mit der nächsten Runde und gab dem kleinen, oder besser gesagt, dem großen Luke-Lukas High Five.

Grinsend beobachteten die beiden, wie am DDR-Tischkreis lauter neugierige Augen über die Absperrung schauten, weil das Leben außerhalb so viel freier und toller zu sein schien. Und wie erneut ein Verzweifelter über den antifaschistischen Schutzwall zu klettern versuchte, dabei aber sofort von den Wachen per gezieltem Bierglaswurf an der Republikflucht gehindert wurde.

»LOL!«, lachte Maik. »Aldr, die hamm's immer noch nich begriffen!«

Luke-Lukas warf ein paar Rosinen über die Mauer, und Maik rief.

»LOL, offjepasst! Rosinenbomber!«

Dann zündete er einen Knaller an und warf ihn hinterher. Sofort versuchten sich noch mehr Leute an der Republikflucht.

»Und wie ist das mit Jens«, rief ich Luisa zu. »Ihr seid jetzt zusammen oder so?«

»Jawohl!«, gab Luisa schroff zurück. Offensichtlich lernte sie sehr viel bei ihrer neuen Arbeit.

»Ich nehme an, er hat auch einen neuen Job?«

Luisa zeigte in Richtung Bar. Jens nahm gerade einige Biergläser entgegen und kam in unsere Richtung getrabt.

»Mach dir aus'n Wech, Eiter!«, schrie Jens einen jungen Ritter an.

»Is''ne Berliner Catering-Firma«, erklärte Luisa, »so sind wir wenigstens in einer Stadt.«

»Soso«, sagte ich.

Kzzz, Krz, Kch, schallte es aus den Boxen. Der kleine Direktor kam auf die Bühne gewankt und bedeutete DJ Chris per Handzeichen, dass er eine Ansage machen wollte. Der drehte die Musik lauter, wahrscheinlich, weil er mal wieder Aus- und Einfaden verwechselt hatte.

»Äh, ja, meine Damen und Herren, liebe Genossen, liebe Geschichtsrevisionisten, liebe, äh, Gäste«, bemühte sich der Direktor auf der Bühne, »herrlich, dass Sie diesen erfolgreichen Abend so erfolgreich machen! Äh, ja!«

Der Ü70-Tisch hatte mittlerweile seine Position verlassen und marschierte im Spalier quer durch die Halle, was witzig aussah, weil die Hälfte der Oldschool-Nazis ziemliche Schwierigkeiten hatte, mit ihren Rollatoren den Takt des Marsches zu halten.

Luke-Lukas nahm sich einen Böller, Maik entzündete ein Streichholz.

»FEUER!«, rief er, und Luke-Lukas beförderte den Knaller mitten ins Glied.

»Äh, wie dem auch sei, ääh, Sie da, sind das da Knaller?«

»PYROTECHNIK IS KEEN VERBRECHEN!«, skandierte Maik und gab Luke-Lukas High Five.

»Na ja, äh, also hier, willkommen und so«, fuhr der Direktor äußerst eloquent fort. »Ich hoffe, Sie haben schon Ihre Eintrittskarten bereitgelegt, denn in circa einer Stunde wollen wir die großartige Tombola auslosen!«

Der Direktor hatte seine Arme in die Luft gerissen, aber niemand applaudierte. Bestimmt hatte die obligatorische Schachtel Weinbrandbohnen schon jeder einmal gewonnen.

»Und, äh, jetzt freue ich mich, äh, heute verkünden zu dürfen, dass einer unserer Ehemaligen kürzlich den heiligen Bund der Ehe …«

»Wie süüüüüß«, riefen zahlreiche Frauen wie aus einem Mund.

»Jeh beiseite, du hässliche Kackwaffel!«, rief Jens, während er sich durch die Massen drängte.

»Äh, ja, äh, Sebastian und Tschamihla Hübner haben sich den 12.12.2012 zum Heiraten ausgesucht, denn auch im Alltag sind die beiden immer für einen Spaß zu haben«, las der Direktor eines seiner Kärtchen vor.

Ach du Scheiße, dachte ich, ein richtig freches Pärchen. Wieso hatte Sebastian davon nichts erzählt? Immerhin hatte er mir sogar nahezu die komplette Funktionsweise seines komischen Bio-Hauses erklärt. Die richtigen News hatte er allerdings für sich behalten.

Der Direktor wies zum Bühnenrand. Und da kamen sie. Sebastian im schwarzen Smoking, als wäre er gerade frisch aus dem Quelle-Katalog gekrabbelt, daneben seine Frau mit diesem komischen Namen. *Seine Frau*, wie sich das anhörte. Und wie unpassend sich das anfühlte, wenn man bedachte, dass Sebastian und ich an genau dem gleichen Tag geboren waren. Und dass der eine von uns vor zwei Wochen geheiratet hatte, während der andere vermutlich gerade in Boxershorts vorm Computer gesessen, Bon-Jovi-Songs gehört und Gummischlümpfe gegessen hatte.

Die Halle applaudierte, und plötzlich kam ich mir sehr alt vor.

Dreißig Minuten später

Ich saß wie angewurzelt auf meinem Platz und starrte vor mich hin. Krass, dachte ich, krass.

»Du sollst beiseite jehn!«, hörte ich Jens von Weitem.

»Sorry, English?«

»Aus'n Wech, motherfucker!«

Maik und Luke-Lukas hatten sich mittlerweile kichernd direkt vor dem antifaschistischen Schutzwall postiert, hinter dem die eingeschlossene Meute gierig Richtung Westen lugte. Abwechselnd aßen sie dabei demonstrativ eine Banane oder warfen einen Knaller über die Mauer.

»Na? Überrascht?«, grinste Sebastian, der plötzlich vor mir stand.

»Krass«, sagte ich, »geheiratet. Bist du nicht ein bisschen jung dafür?«

»Ich bin 26!«, rief Sebastian. »Du übrigens auch!«

»Jaja«, sagte ich, »aber zu meiner Verteidigung: Ich kann auch alle Trickfilm-Intros mitsingen!«

»Du kommst nicht drüber hinweg, oder?«

»Doch doch«, sagte ich, »ich kann mir nur nicht vorstellen, dass man das freiwillig macht.«

Ich konnte es mir wirklich nicht vorstellen. Erwachsensein, das hieß für mich, alles zu dürfen, wenig zu wollen und für nichts davon Zeit zu haben.

»Darf ich vorstellen«, sagte Sebastian und riss mich aus meinen Gedanken, »das ist die Djamila, meine Frau.«

»Hallo, ich bin die Djamila, ich habe schon viel von dir gehört! Weißt du, ich habe ja auch einmal mein Studium abgebrochen. Uuuund dann hab ich stattdessen einfach gleich zwei Bachelor gemacht. Die Direktpromotion gleich danach hab ich aber dann doch nicht gemacht, weil ich ja eigentlich immer noch Medizin studieren wollte. Na ja, und so ein Masterstudium kann man eben viel einfacher nebenbei machen, weißt du?«

Djamilas Worte prasselten wie ein Platzregen auf mich ein. Okay, für ihre Stimme, die verdächtig nach einem Thomaner klang, dem man gehörig zwischen die Beine getreten hatte, konnte sie zwar nichts, aber sie verschlimmerte den Informationsstrahl nur noch, der mich gerade voll am Kopf erwischt hatte. Wayne, wayne, wayne, dachte ich, wayne interessiert's?, und sagte: »Aha, interessant.«

»Ahahahahaha«, lachte Djamila grundlos, und ich hatte kurz Angst, sie würde gleich alles in die Luft sprengen. Zumindest war das in den Filmen meist so. Erst lachte jemand ohne jeden Zusammenhang, und zack! lag die ganze Innenstadt in Schutt und Asche.

»Also, ich …«, hob ich an und suchte im Getümmel nach Maik. Der war noch immer mit Luke-Lukas zugange. Ich heftete meinen Blick auf ihn, in der Hoffnung, er würde es irgendwie mitbekommen, dass ich ihn anstarrte, aber er merkte es nicht.

»Also, ich …«, begann ich erneut.

»Also, *ich* find das total schön, dich mal kennenzulernen, ich finde, wir haben irgendwie voll die Verbindung und so. Aber du bist auch eher so der schweigsame Typ, hm?«

»AHAHAHAHA«, lachte ich, wohl etwas zu offensichtlich, denn Djamila hielt für den Bruchteil einer Sekunde irritiert inne. Immerhin, dachte ich und genoss den kurzen Moment der Ruhe.

Hilfe!, dachte ich. Hilf mir, Maik! Und tatsächlich kam Maik in unsere Richtung, stoppte unterwegs bei Jens, der ihm irgendeine Beleidigung entgegenschrie und ihm dann mehrere Biergläser übergab.

Sag, dass ich unbedingt mitkommen soll!, versuchte ich ihm telepathisch zu übermitteln, los!

»Soooooooooo«, sagte Maik, als er bei uns stand und ich ihn mit flehendem Blick ansah, »schön austrinken, ihr Hübschen!«

Er nahm die geleerten Gläser, blickte auf Djamila und zog anschließend prüfend seinen Stimmungsschlagring aus der Tasche. Er leuchtete rot und lila, das untrügliche Zeichen für Hippies und Veganer.

Maik sah mich an, grinste und ging einfach weg.

Fuck, dachte ich und griff nach zwei Biergläsern.

»AHAHAHAHA«, machte Djamila, »der Sebastian hat dir ja bestimmt schon davon erzählt, also dass wir ja erst mal nur standesamtlich geheiratet haben, wegen des Datums und so. Sonst hätten wir bis zum 11.12.2013 um 14:15 Uhr warten müssen, hihi, voll das witzige Datum, aber die richtige Hochzeit vor Gott holen wir natürlich nach!«

Moment, Moment, dachte ich, die *richtige* Hochzeit, *vor Gott*? Mannomann, hatte Djamila nicht irgendetwas von einem Medizinstudium erzählt? Müsste man da nicht besser Gott außen vor lassen? Half der beim Führen des Skalpells? Konnte man mit Beten plötzlich Krebs heilen? Oder war das wie bei Psychologen, wo jeder in erster Linie Psychologie studierte, um seine eigenen Komplexe zu kompensieren?

»Hörst du?«, sagte Djamila. »So eine richtige Traumhochzeit. Wie bei *How I Met Your Mother*!«

»Legen … Warte einen Moment!«, rief Sebastian mit erhobenem Zeigefinger.

»… DÄR!«, riefen beide zusammen.

»Pfui!«, sagte ich. »Schlimm genug, dass ihr das Heiratszeug tatsächlich ernst meint, aber *How I Met Your Mother* auf Deutsch zu gucken, das geht zu weit!«

Komm schon, dachte ich und starrte erneut auf Maik. Komm, dreh dich noch mal zu mir um!

»AHAHAHA«, lachte Djamila wieder.

Auweia, dachte ich, hoffentlich trägt sie keine Waffe bei sich.

Und tatsächlich, Maik hatte meinen suchenden Blick bemerkt. Rette mich, versuchte ich mit den Augen zu sagen, rette mich, die erzählen mir hier Zeug, das mich nicht interessiert, aber ich bin einfach zu freundlich, um ihnen klipp und klar zu sagen, dass mich ihr Geprotze nicht beeindruckt, sondern ausschließlich nervt.

Maik blickte mich an, dann zuckte er mit den Schultern und warf einen Knaller in unsere Richtung.

»WAAAH!«, machte Djamila und rannte mit Sebastian davon.

Danke, signalisierte ich in Maiks Richtung und gab ihm telepathisch High Five.

Wenn ich Maiks Schulterzucken richtig interpretierte, dann hieß es so viel wie: Keene Ursache, Aldr!

Fuck, dachte ich, als ich wieder zur Ruhe kam. Das durfte doch alles nicht wahr sein. Was waren das für Menschen, die man zum allerersten Mal traf und die dann nichts anderes taten, als dreißig Minuten nonstop über sich selbst zu reden? Klar, man konnte nicht einfach ausholen und sie umboxen, dafür war man dann doch wieder zu zivilisiert, aber genau deshalb regierten solche Leute ja auch die Welt. Wahrscheinlich war sie auch noch in der SPD, dachte ich, als ich nebenbei Luisa betrachtete, die sich gedankenverloren wieder und wieder mit der flachen Hand über ihren Borstenkopf fuhr, weil sich niemand mit ihr unterhalten wollte.

Heiraten, krass. Und zu Hause eine medizinische Puppe beherbergen. Das arme Kind irgendwann. Nicht, dass ich per se etwas gegens Kinderkriegen oder Heiraten hatte, aber der Imperativ des Kinderkriegens und Heiratens machte mich kaputt. Dieses blanke Unverständnis, das einem entgegengebracht wurde, wenn man mal wieder mit blankem Unverständnis reagierte.

»Voll süß, die beiden, oder?«, sagte Melissa, das Riesenbaby, die nun neben mir saß.

»Jaja«, sagte ich.

»Du musst echt mal aufhören, alles schlechtzumachen«, sagte sie.

»Gar nichts muss ich«, sagte ich. »Hast du dich mal mit der unterhalten? Die klingt, als würde auf dem Klo kostenlos Speed verteilt!«

»Bist du immer noch enttäuscht, dass der Sebastian sich so gemausert hat?«

»Quatsch!«, sagte ich und musste mir innerlich eingestehen, dass Melissa ausnahmsweise nicht so unrecht hatte. »Aber guck ihn dir doch an. Wahrscheinlich wählt er CDU und würde es sogar zugeben, wenn man ihn danach fragt!«

»Schau mal«, sagte Melissa und deutete in den Saal, »jeder hier muss sehen, womit er seinen Lebensunterhalt bestreitet, der Martin muss arbeiten, der Sebastian muss arbeiten, der Maik, äääh, na ja, aber du weißt, was ich meine! Du kannst dem Sebastian doch nicht vorwerfen, etwas aus sich gemacht zu haben!«

Jajaja, dachte ich, natürlich hatte sie recht. Aber das hieß doch noch lange nicht, dass ich damit einverstanden sein musste, *wie* er es tat. Immerhin gab es Leute, die arbeiteten heimlich im Kindergarten, oder auch nicht, jedenfalls würden sie es so oder so nicht zugeben, geschweige denn es jedem auf die Nase binden! Und warum war es ausgerechnet Melissa, die als Baby verkleidete Schwangere, die hier die steilen Weisheiten droppte? War ich wirklich längst einer dieser Psychologen geworden? Der anderen Fehlerhaftigkeit attestierte, obwohl er eigentlich sich selbst meinte? Beneidete ich in Wirklichkeit eigentlich alle hier? Ließ ich mich deshalb immer wieder mit hierherzerren? Keine Ahnung, was ich ab nächstem Jahr machen sollte. Immer, wenn ich an meine Zukunft dachte, sah ich nichts als diese gähnende Leere. Und dann musste ich sofort an irgendein Trickfilm-Intro aus den Neunzigern denken. War ich denn tatsächlich der Einzige, dem das so ging? CHIP CHIP CHIP CHIP UUUUUND CHAP! RITTER DES REEHEECHTS!, dachte ich, Mann! Wo war ich? Ach ja. So jemand wie ich, war der überhaupt geschaffen für all das? DEN BÖÖÖÖSEN GEHT ES SCHLECHT!

Ich exte mein Bier und griff nach dem nächsten. Wenigstens die Bierzufuhr klappte in diesem Jahr ausgezeichnet.

»Alles okay bei dir?«, fragte Melissa.

»Alles bestens!«, sagte ich und merkte, wie meine Zunge langsam schwerer, mein Mundwerk gleichzeitig aber loser wurde. »Alles gut, krieg du mal deine Kinder!«

»Weißt du«, sagte Melissa, »von allen hier, hab ich immer gedacht, dass du am weitesten kommen könntest. Aber manchmal glaub ich, dass du dir einfach zu gern selbst im Weg stehst.«

»Quatsch«, sagte ich, »ich kann nur keine Kinder kriegen, deswegen wollen die, dass ich arbeiten gehe!«

Melissa schüttelte den Kopf und stand auf.

Jajaja, dachte ich, als mir der Gedanke kam, dass das womöglich nicht allzu nett gewesen war. Jajaja, das dachte ich ziemlich oft, wenn sich irgendeine unbequeme Wahrheit in meinen Kopf schlich. Jajaja, vielleicht lebt nicht jeder sein Leben so, weil er dich damit angreifen will.

Jajaja, es könnte ja auch sein, dass sie die Rentenversicherung tatsächlich haben wollen.

Jajaja, wahrscheinlich sind sie glücklicher, als du es in Wirklichkeit wahrhaben willst.

Jajaja, nur du glaubst es ihnen nicht, weil du nicht der einzige Unglückliche sein willst.

Jajaja, das hatte Melissa schon vor sechs Jahren gesagt. Und du warst nicht nur äußerlich auf diesem Stand geblieben, sondern offensichtlich auch innerlich.

»Jajaja«, sagte Djamila zu Sebastian, als sie wieder vor mir standen.

Ich leerte das zweite Glas und griff nach dem dritten.

Djamila redete einfach weiter, so als hätte es überhaupt keine Unterbrechung gegeben. Ja, sie stieg sogar an einer völlig anderen Stelle wieder ins *Gespräch* ein, wahrscheinlich, weil es völlig egal war, auf wen sie da einredete.

»Ja, aber bis daaaaahin mach ich noch mein Ärztliches Praktikum in der Herzklinik, uuuund wenn ich dann noch Zeit hab, daaaaann begleite ich gern die Rettungssanitäter, weeeeeil, das macht sich total gut, weeeeenn ich mich später mal in einem Krankenhaus bewerbe, weißt du?«

HEY JETZT KOMM' DIE HERO-TURTLES, SUPERSTARKE HERO-TURTLES!, dachte ich, während ich »Mhm mhm mhm«, sagte, trank und nickte.

»Ja, und wenn wir dann abends nach Hause kooooommen, daaaaann gehen wir gern noch eine Runde aufs Laufband! Aaaaalso keine großen Strecken, zwanzig, dreißig Kilometer, das reicht dann auch. Wusstest du eigentlich, daaaass sich die meisten Laufbänder nach neunzig Minuten automatisch abstellen? Aaaaaber ich mein, ist ja auch okay, manchmal laufe ich auch alleine, weil der Sebastian ja immer mal mit seinen Arbeitskollegen zum Paintball geht.«

»Ich sag immer: Work hard, play hard«, grinste Sebastian.

»Jaja, und ich sag immer: Haha, was für ein Depp du geworden bist«, sagte ich und lachte.

Oje, hatte ich das laut gesagt? Upsi. Jetzt nur nichts anmerken lassen, dachte ich und sang innerlich das Intro von *Mila Superstar*. Wenn meine Theorie des unendlichen Redeschwalls stimmte, würde sie es sowieso nicht merken.

»Also, was fällt dir denn ein!«, rief Djamila. »So kannst du doch nicht mit uns reden! Ehrlich mal! Was soll denn das? Wir sind hier total nett zu dir, und du …«

»Pass mal auf, Dschamiroquai!«, begann ich. »Ich hoffe, du laberst nicht immer erst mal alle Unfallopfer dreißig Minuten voll damit, wie toll du bist, bevor du ihnen hilfst!«

»Also, das ist ja …«

Sebastian war aufgesprungen und wollte etwas sagen, als …

Krrz, Kch, Krrr, tönte es von der Bühne. Der kleine Direktor stand vorm Mikrofon. Ich nutzte die Sekunde der Verwirrung, griff mir zwei Biergläser vom Tisch, stand auf und drängte mich durch die Masse Richtung Ausgang.

»So!«, rief der Direktor. »Saren Sie ma, haben Sie die Leute da eingesperrt? Also, ich mein, äh, das geht doch nicht! Wir sind doch hier nicht in der …«

In diesem Moment kam ein älterer Mann auf die Bühne gestürmt, der mich mit seiner schwarzen Brille, dem grauen Anzug und den grauen Haaren an irgendwen erinnerte. Sofort schubste er den völlig perplexen Direktor zur Seite und riss das Mikrofon an sich.

»Liebe Genossinnen und Genossen der Deutschen Demokratischen Republik. Wir von der 8. Kommunistischen Internationale verlangen mit sofortiger Wirkung die Umbenennung des Klassentreffens in *Klassenloses Treffen*!«

»Ist das geil!«, hörte ich von Weitem Maik lachen. »Aldr, die hamm üüüübelst 'n Rad ab!«

Erst jetzt schienen auch die übrigen Partygäste zu bemerken, dass sich unter ihnen eine kleine Diktatur mit sozialistischem Anstrich eingenistet hatte. Überall wurde getuschelt. Was würde jetzt geschehen?

Maik hatte längst die Faust in die Luft gereckt: »Und jetz wie '89!«, rief er, und alle stimmten mit ein.

»DIE MAUER … MUSS … WEG! DIE MAUER … MUSS … WEG!«

Ganz automatisch formierten sich alle Anwesenden zu einer riesigen Demonstration, die nur deshalb kurios aussah, weil sie aus lauter Cowboys, Rittern, Schulkindern sowie Alt- und Neunazis bestand, die jetzt für ein Leben voller RTL und mies bezahlter Arbeit durch die Halle marschierten.

Es war aberwitzig.

Sofort zog ich mein iPhone aus der Tasche, haha, ein iPhone, dachte ich und knipste, so schnell ich konnte.

Doch da packte mich mit einem Mal eine Hand an der Schulter.

»Sag mal, geht's noch?«, sagte Sebastian.

»Lass mich in Ruhe!«, sagte ich. »Musst du nicht noch aufs Laufband?«

Ich wollte mich umdrehen und einfach weggehen, aber Sebastian hielt mich an der Schulter fest.

»Was ist eigentlich mit dir los?«, fragte er.

»Das wollte ich auch schon fragen!«, rief ich.

»Du sitzt hier rum, obwohl du eigentlich gar nicht willst, und wartest nur darauf, irgendjemandem ans Bein zu pissen, oder was?«

»Ich schwall hier wenigstens niemanden zu, wie toll ich bin!«

»Nee, aber du schwallst alle damit zu, wie scheiße du sie findest! Komm mal klar!«

Ich griff nach Sebastians Anzug, packte ihm mit Daumen und Zeigefinger am Revers und ließ es anschließend abschätzig aus den Fingern gleiten.

»Und jetzt bist du so einer, der darauf besteht, gesiezt zu werden, oder was?«

»Hast du mir mal die Leute anguckt, die mit vierzig noch jeden Abend in der Kneipe vor sich hin scheitern? Willst du mir erzählen, dass ich uncool bin, weil ich nicht zwei Drittel meines Gehalts in Bier investiere? Weil ich mehr davon haben will als einen Kater? Ich hab's so satt, mir von solchen verkappten Weltverbesserern sagen zu lassen, wie kacke ich bin, nur weil sie sich selbst dafür hassen, nie etwas aus ihren Möglichkeiten gemacht zu haben!«

»Ach komm, leck mich doch!«, sagte ich. »Guck dich lieber mal im Spiegel an. Beziehungsweise, guck dich mal ein bisschen weniger im Spiegel an!«

»Du hast übrigens recht! Ich hab mich verändert. Aber du bist und bleibst immer derselbe! Solang dir alles in den Kram passt, ist es cool, aber sobald sich irgendetwas ändert, drehst du völlig am Rad!«

Wieder wollte ich gehen, aber Sebastian hielt mich fest.

»Immerhin muss ich nicht meinen ganzen Tag in irgendeiner Klitsche verbringen, nur um am Ende tausend Euro mehr aufm Konto zu haben«, rief ich.

»Als ob das nicht meine Entscheidung ist! Komm du erst mal in die Verlegenheit, im Monat mehr als ein WG-Zimmer bezahlen zu müssen! Ich werd doch nicht dir zuliebe die Arbeitslosigkeit feiern, nur weil ich sonst deine sensible Künstlerseele verletze! Die es übrigens auch nur auf dem Papier gibt, auf dem du sonst ja, so weit ich das mitbekommen habe, bis dato auch noch nichts zustande gebracht hast!«

»Ach komm, hör mir off!«, rief ich, und diesmal gelang es mir tatsächlich, mich von ihm abzuwenden und wegzugehen.

Ich wusste nicht, ob es am Bier oder etwas anderem lag, aber es war mir völlig egal, dass mir mittlerweile etliche Blicke folgten, die mit angesehen hatten, was gerade mitten auf der Tanzfläche vorgefallen war. Sollten sie doch alle machen, was sie wollten.

Alles war durcheinandergeraten.

Vor der Mini-DDR hatte sich eine riesige Menschenmenge gebildet, angeführt von Maik und dem großen Luke-Lukas, die immerfort gegen die Wand trommelte und dabei skandierte: »Die Mauer muss weg! Die Mauer muss weg!«

Von drinnen krabbelte ein ums andere Mal eine grau gekleidete Person über den antifaschistischen Schutzwall, nur um sofort von Maik ein Bier gereicht zu bekommen.

Ich ging zur Bar, die Anlaufpunkt für haufenweise Leute war, die gerade eine Pause von der Revolution machten. Ohne auf die anderen zu achten, drängte ich mich nach vorne.

»Ein Bier!«, rief ich über die Theke.

»Hey Sie! Das Ende der Schlange ist da hinten!«, rief jemand.

Langsam drehte ich mich um.

Vor mir stand ein junger Typ, der wahrscheinlich erst in diesem Jahr Abi gemacht hatte und versuchte, möglichst angsteinflößend zu gucken.

»Was hast du gesagt?«

»Ich hab gesagt, dass Sie sich nich vordrängeln sollen!«

»Hast du mich gerade gesiezt?«

»Was will der Alte?«, rief ein ebenso junger Typ.

»Was habt ihr gesagt?«

In diesem Moment klinkte sich mein Vernunftbewusstsein aus. Mürrisch stellte mir die Barfrau ein Bier auf den Tresen. Ich griff danach und beförderte das Glas mit der Faust direkt in Richtung der beiden Kiddies. Den einen traf zwar nur das Bier, den anderen aber immerhin das Glas.

Fuck, dachte ich, meine Hand schmerzte. Sofort standen zwei riesige Schränke in Anzügen vor mir und packten mich an den Armen.

»Ach ja!«, rief ich. »Tag, die Herren!«

Als mich die Securities an unserem Tisch vorbeischleiften, hörte ich schon wieder Djamila fröhlich vor sich hin plappern: »Nein nein, es ist wirklich erwiesen, dass die Menschen im Süden Deutschlands viel glücklicher sind, während die Menschen im Osten oftmals aggressiv und perspektivlos sind.«

»Halt die Fresse! Ich scheiß dir in den Hals!«, rief Jens, der gerade neues Bier vorbeibrachte.

»Ist doch eh alles sinnlos!«, rief jemand vom Nachbartisch.

Ich musste dringend mal meine alten Handyaufnahmen durchsuchen, womöglich fand sich da noch ein Video von Sebastian, wie er vor ein paar Jahren noch standhaft geschworen hatte, niemals heiraten zu wollen. Das, so dachte ich, wäre doch ein prima Hochzeitsgeschenk, zusammen mit zwei Eintrittskarten für den ZDF-Fernsehgarten.

Draußen vor der Tür war es ruhig, nur am nahe gelegenen Parkplatz herrschte ein reges Kommen und Gehen. Mein Rücken schmerzte, da ich von den Sicherheitsaffen etwas unsanft auf den Boden befördert worden war.

Fuck, dachte ich, als ich meine Nase befühlte und anschließend ein wenig Blut an meiner Hand entdeckte.

Ich richtete meinen Schal und fingerte eine Zigarette aus meiner Tasche.

»Was'n da drinne los? Total laut mit einem Mal?!«, fragte jemand hinter mir.

»Die Mauer ist offen«, sagte ich.

»Is' voll der Hammer, die kommen jetzt alle rüber«, sagte die Stimme, und ich musste grinsen. Herr-Lehmann-Referenzen hörte man normalerweise so gut wie nirgendwo.

Ich drehte mich um. Vor mir stand eine Frau und rauchte. Auch Kathrin hatte sich verändert, was wegen der drei Jahre, die ich sie nicht gesehen hatte, wohl zu erwarten gewesen war. Sie sah erwachsen aus, ein Zustand, den ich bei mir im Spiegel bisher noch nicht entdeckt hatte. An ihren Augen hingen kleine Krähenfüße, ihre Haare waren kurz und praktisch, wahrscheinlich arbeitete sie viel.

»Wieso bist du nicht drinnen?«, fragte ich.

»Das ist mir ein bisschen zu viel heile Welt da«, sagte Kathrin. »Und du?«

»Geht mir ähnlich«, sagte ich und wischte mir das Blut von der Nase.

Wir schwiegen einen Moment, und ich überlegte, ob es klug wäre, nachzufragen, ob sie immer noch mit ihrem Mann zusammen war, für den sie ihr Studium abgebrochen hatte, aber ich schob den Gedanken beiseite.

»Vielleicht hat Sebastian recht«, sagte ich, »vielleicht bin ich wirklich der Einzige, der hier Probleme hat.«

Kathrin dachte einen Moment nach.

»Ja«, sagte sie dann.

»Das hätte ich jetzt etwas weniger deutlich erwartet.«

Sie nahm einen tiefen Zug von ihrer Kippe. Einen Moment lang sagten wir nichts.

»Wobei«, hob sie wieder an, »ich bin geschieden, alleinerziehend, arbeite in einer Schule und habe Angst vor der Nebenkostenabrechnung. Ist vielleicht nicht so weltbewegend, aber mir reicht's in puncto Drama.«

Krass, dachte ich und war gleichzeitig ein wenig beruhigt, auch wenn das makaber war. Aber es beruhigte mich wirklich, zu sehen, dass offensichtlich doch nicht jeder ganz selbstverständlich nach der Schule seinen Platz im Leben gefunden hatte. Klar war das ein total egoistischer Gedanke, aber für heute war ich sowieso schon der Arsch, da machte das jetzt auch nichts mehr.

»Und wie ist das, Lehrerin zu sein?«, fragte ich.

»Das ist die größte Scheiße, die's gibt«, grinste Kathrin.

»Aber du bist nicht hier, oder?«, sagte ich und deutete auf das Schulgebäude.

»Doch doch«, nickte Kathrin.

»Ach du Scheiße!«

»Und wie sind die so alle?«

»Genauso wie früher«, sagte sie und zuckte mit den Schultern, »stinknormal.«

»Sorry übrigens wegen deinem Stiftekästchen damals.«

»Ach, das war vielleicht ganz richtig so. Zwei Drittel der Referendarinnen haben so ein Teil bis heute noch. Einfach, weil's ihnen in der siebten Klasse keiner mit der Faust zertrümmert hat. Frau Pleier übrigens auch.«

»Haha, gern geschehen!«, sagte ich und deutete auf die Turnhalle. »Eigentlich müsste ich jetzt meine Masterarbeit schreiben. Aber Maik …«

»Ach, sei doch froh«, sagte Kathrin, »mich gucken sie da drin total schief an, weil sie meinen, ich hätte als Geschiedene irgendeine Sünde begangen oder so was.«

»Und weil du auf die dunkle Seite der Macht gewechselt bist!«, ergänzte ich.

Kathrin nickte.

»Meinst du, dass die auch mal wieder normal werden?«, fragte ich.

»Das da ist die Normalität«, sagte sie.

»Hm.«

»Und was machst du dann nach der Masterarbeit?«

Ich zuckte mit den Schultern: »Wird sich schon was ergeben.«

»Glaub ich auch.«

»Und bei dir?«, fragte ich. »Ich mein, hast nicht gerade Glück gehabt, oder?«

»Ist besser so«, sagte Kathrin, »wirklich besser so.«

Ich nickte. »Dann ist ja gut.«

Wieder schwiegen wir und rauchten. Meine Haut spannte von der kalten Luft. Langsam wurde ich müde. Vermutlich würde ich heute Abend keine einzige Minute mehr in die Arbeit investieren, so gut kannte ich mich dann schließlich doch.

Aber schon lustig, dachte ich, jetzt gab es schon zwei 180-Grad-Drehungen, eine von Sebastian und eine von Kathrin, wobei mir, dem kleinen Elendstouristen, Letztere eindeutig sympathischer war.

»Ich glaube, die meisten klammern sich nur so sehr an all das, weil sie wissen, wie zerbrechlich es ist. Hab ich ja auch gemacht.«

»Aber ich bin einfach nicht so«, sagte ich.

»Du bist nur viel rigider. Du versuchst das alles halt erst gar nicht, weil du auf diese Weise nicht scheitern kannst und dadurch unangreifbar bleibst.«

»Na ja …«

»Ich glaube, das legt sich mit der Zeit. Wahrscheinlich wird man milde. Und dann kauft man sich einen Minivan, weil einem die Bequemlichkeit beim Einsteigen wichtiger ist als die unendliche Hässlichkeit eines Minivans.«

»Ja«, grinste ich, »wahrscheinlich.«

»Das einzige Problem ist, dass man mit so einer Einstellung meistens vollkommen allein bleibt«, sagte Kathrin und trat ihre Zigarette aus.

»Hm«, machte ich, nicht, weil ich ihr nicht zustimmte, sondern weil es schon die zweite Breitseite war, die ich heute Abend kassierte.

»Ich wäre gern so ein ›Weißt du noch, der André!‹-Typ«, sagte ich, »das würde mir reichen. Auch wenn das völlig sinnlos ist: Nie mitmachen, aber trotzdem nicht vergessen werden wollen.«

»LOL, Aldr«, lachte Maik, der gerade seinen randvoll gefüllten Kanister die Treppen hinunterhievte. »Aldr, weißt du noch, der André! Wie der damals seinem guten Kumpel Maik nach'm Klassentreffen in der Bahnhofskneipe ein Bier nach'm anderen ausjejeben hat?«

»Du hast doch noch den ganzen Kanister voller Bier!«, sagte ich und trat gegen das Plastikungetüm.

Maik schürzte die Lippen: »Wegbier, Aldr, Wegbier!«

»Is'n Argument«, sagte ich, drehte mich zu Kathrin und grüßte.

»Warte mal!«, rief Kathrin, als wir schon ein Stück weg waren. »Vielleicht hast du ja mal Lust, dass wir, ich mein …«

Maik zerrte unbarmherzig weiter. »Mach keene Scheiße, Aldr, ich hab's genau gehört, dass die Lehrerin is'! Wirf doch dein Leben nich weg, Aldr!«

»Dann mal bitte Ihren Park-Wautscher!«, sagte der Typ, der noch immer den Parkplatz bewachte.

Galant zog Maik eine Karte aus der Tasche und reichte sie ihm, sodass er sie in ganz viele Schnipsel zerreißen konnte, um wenigstens etwas zu tun zu haben.

Maik hievte den Kanister in den Kofferraum und wir fuhren los.

Plötzlich fiel es mir wieder ein. Na klar! Das ganze Bier, das Maik ausgegeben hatte! Runde um Runde! Das alles konnte er ja unmöglich mit Pfand bezahlt haben!

»Jetzt versteh ich das mit dem Kanister!«, rief ich. »Du hast ja noch den Gutschein von Jens!«

Maik verzog das Gesicht zu einem breiten Grinsen.

»Zeig ma, ich hab den noch nie gesehen!«, sagte ich.

Maik griff in seine Tasche und reichte mir ein Kärtchen.

»Parkservice Ehemaligentreffen Goethe-Gymnasium 2012«, las ich vor. »Nee«, sagte ich, »ich will den Gutschein. Das hier ist die Parkkarte!«

Maiks Augen wurden groß, und sein Gesicht fror ein. Er griff noch einmal in seine Tasche – da begriff auch ich, was gerade geschehen war.

»Ooooooh the irony!«, lachte ich.

»OAARNEEEEEYSOEINEVERFICKTESCHEISSE!«

In einer fernen Zukunft

Ende gut, alles gut

Es war ein Mittwoch.

Punkt 19 Uhr wartete ich zwischen meiner alten Schule und dem riesigen Krater, genau so, wie es in der mysteriösen E-Mail gestanden hatte. Früher war hier einmal die Mehrzweckhalle gewesen, in der bis vor zehn Jahren noch jährlich unsere Klassentreffen stattgefunden hatten.

Tja, und dann hatte ich das Teil einfach sprengen lassen. Wenn man den Leuten genug zahlte, sprengten sie alles, was man wollte. Und Geld war schon lange kein Problem mehr für mich.

Wer hätte gedacht, dass mich kurz nach dem Studium mein Roman erst wohlhabend und dann die Idee mit der Zahnbürste in Form einer E-Gitarre sogar steinreich machen würde?

Doch trotz meines unendlichen Reichtums und der Sache mit der Sprengung war mir das Geld nie wirklich zu Kopf gestiegen.

Okay, ich hatte die Leipziger Oper abreißen und mir an ihrer Stelle mitten in der Stadt einen Turm nach dem Vorbild Isengards errichten lassen, aber gleichzeitig spendete ich allen Kultureinrichtungen viel Geld, und alles, was ich dafür verlangte, war freier Eintritt und das Recht, wann immer mir danach war, ungestraft »Laaaaaaaaaaaangweilig!« brüllen zu dürfen.

Und ich hatte meine alte Schule verschont, ja, hatte sogar hier und dort mal die ein oder andere Million gespendet, wenn dafür beispielsweise Biologie durch das neue Pflichtfach *Mario Kart* und die Lektüre des *Faust* durch die meines Romans ersetzt wurde.

Jean-Paul Sartre hatte schon recht, als er schrieb: »Die Hölle, das sind die anderen«, obgleich ich mittlerweile gnädig hinzufügen würde: »Ja, aber nur so lange, bis ich stinkreich bin, dann wird der Spieß mal richtig umgedreht!«

Und jetzt stand ich hier vor meiner alten Schule. Ich schulterte mein Hoverboard und sah mich um. Niemand war zu sehen. Es war ruhig. Zu ruhig. So ruhig, dass ich langsam Angst bekam, es könnte gleich ein Musical beginnen.

Ich wusste nicht, wer mir diese E-Mail geschrieben hatte, aber alles, was darin zu lesen gewesen war, war »Mittwoch, 27. Dezember 2023, 19 Uhr, Treffpunkt: André-Herrmann-Memorial-Krater!« – Das konnte ich mir doch nicht entgehen lassen.

Plötzlich schwang die Flügeltür der Schule auf. Eine Gestalt in einem wallenden braunen Kapuzenmantel kam auf mich zu.

Auweia, dachte ich, hatte ich das veranlasst? War ich wieder einmal betrunken gewesen? Oder war das hier eine geheime Versammlung der CDU, die neuerdings im Untergrund operierte, nachdem ich sie hatte verbieten lassen? Der Kapuzenmann führte mich durch den riesigen Eingangsraum, den ich mit Barock-Porträts berühmter Disneyfiguren hatte ausschmücken lassen, nach oben in den ersten Stock.

Wir kamen vorbei am von mir finanzierten Musikraum, in dem seit Jahren ausschließlich Slayer gelehrt wurde, vorbei an der Schulkantine, wo ich Deutschlands einzigen Taco Bell hatte installieren lassen, und endeten vor einem Raum, der mir so gar nichts sagte.

Ich öffnete die Tür, und Dutzende Elternaugenpaare richteten sich auf mich. Die Kapuzengestalt deutete auf einen freien Platz in der letzten Reihe und hieß mich eintreten.

»Das ist kein Lehrer!«, flüsterte eine Frau.

Ein übereifriger Mann kam auf mich zugeeilt.

»Müller mein Name, ich bin hier der Elternsprecher!«

»Lord Herrmann«, erwiderte ich, »ich steh auf der Gästeliste!«

»Was wollen Sie hier? Geht Ihr Kind auch in die 9b?«

»Gottes Kind geht in jede Klasse, mein Sohn!«, sagte ich und ließ mich auf den Stuhl fallen.

»Tschuldigung, ist hier noch frei?«, kam es plötzlich von nebenan.

»Wenn Sie auch Ebola haben, dann schon irgendwie«, sagte ich.

»Nee!«, rief die Frau, als sie sich neben mich gesetzt hatte, ich drehte mich um.

Ach je, Melissa. Ich hatte sie fast vergessen. Luke-Lukas musste jetzt schon fast zwanzig sein.

»Gut siehst du aus!«, sagte sie. »Nicht so alt wie ich, hihi.«

»Jaja, ich werde nicht alt, ich werde vintage!«, sagte ich.

»Und *du* hast ein Kind in der 9b?«

»Nö«, sagte ich, »ich bin freiberuflicher Schulschließer und schau mich nur mal um!«

»Was machst'n du jetzt so? Ist das nicht langweilig, wenn man so viel Geld hat?«

»Och«, sagte ich, »manchmal rufe ich tagelang wahllos Leute aus dem Telefonbuch an und sage so etwas wie: ›An Ihrer Stelle würde ich heute lieber nicht in die Zeitung schauen!‹«

Seit ich vor Jahren die FAZ mit der Titanic zur Frei Verallgemeinernden Zeitung hatte fusionieren lassen, war das nicht einmal gelogen. Na gut, die Nachrichten stimmten nicht immer haargenau, aber sie waren immerhin sehr unterhaltsam.

»Wir hamm ja ewig nichts mehr voneinander gehört! Wie geht's 'n dir? Wusstest du, dass der Jens jetzt der Schulhausmeister ist? Dem sein Kind geht sogar mit unserm klein' Pablo in eene Klasse! Also, mir geht's jedenfalls super! Jetzt, wo der kleene Martin junior da ist und ich wieder alles essen kann, geht's mir richtig gut!«

Ich wollte gerade fragen, was sie sonst in den letzten zehn Jahren so getrieben hatte, da drängte sich ein junges Mädchen nach vorn. Ich schätzte sie auf Anfang zwanzig. Was wollte sie hier? War das eine von den ganz Sportlichen, die mit 23 schon ein Kind in der neunten Klasse hatten?

»Checheche«, hüstelte das Mädchen und klopfte dabei auf sein Diddl-Stiftekästchen aus Metall, aber niemand hörte zu. Die eine Hälfte spielte fröhlich mit ihrem iPhone 13, die andere surfte dank ihres im Kopf eingebauten Chips im sogenannten Interhead, eine Erfindung des genialen Julius Fischer, und starrte abwesend in der Gegend herum.

»Liebe Eltern«, begann das Mädchen, »mein Name ist Mandy Bachmann, ich bin Referendarin in der 9b und unterrichte Relikjon und Mathematik.«

Oje oje, dachte ich, Mathematik meinetwegen, aber Fantasy?

»Bevor wir zum eigentlichen Krund unseres Treffens kommen, möchte ich gemeinsam mit Ihnen unseren heutigen Gast bekrüßen.«

Ganz langsam krochen dicke Rauchschwaden über den Fußboden, und aus unsichtbaren Lautsprechern erklang *Spiel mir das Lied vom Tod*. Der Kapuzenmann betrat wieder den Raum. Bedächtig schritt er an erstaunten Eltern vorbei und ging vor bis zum Lehrertisch. Erst jetzt bemerkte ich, dass er einen goldenen Schlagring als Logo auf seinem Rücken trug. Einige Eltern hielten sofort mit dem iPhone drauf und filmten, was das Zeug hielt. Geil, dachte ich, jetzt wird jemand geköpft!

Die Musik stoppte, und der Kapuzenmann donnerte mit eiserner Stimme: »SO! ZETTEL RAUS! NAME! DATUM! KURZKONTROLLE!«

Verschreckt begannen die Eltern, in ihren Taschen zu wühlen, eine Frau in der ersten Reihe rief: »Oh, das ist voll unfair, das war gar nicht angekündigt!«, und überall hörte man Kugelschreiber klicken, hier und da erkundigte sich jemand nach einer vollen Patrone.

»Nee nee, war 'n Witz!«, rief die Gestalt und ließ mit dramatischer Geste die Kapuze vom Kopf gleiten.

»Na ein Glück!«, rief die Frau in der ersten Reihe. »Ich hatte nämlich gar nicht gelernt!«

LOL, dachte ich, als ich sah, wessen Kopf da zum Vorschein gekommen war. Mein guter alter Kumpel Maik zwinkerte mir zu.

»Darf ich mich vorstellen, mein Name ist Maik Werner, ich bin hier der Schuldirektor!«

Ich musste lachen.

»Entschuldijen Sie den Offriss hier, aber's macht halt übelst Spaß, und man kommt ja so selten dazu, nich wahr?«

Ich grinste noch immer.

Maik zum Schuldirektor zu machen, das wäre selbst mir zu krass gewesen, dachte ich. Aber wie schon Alf sagte: Manche Dinge erledigen sich ganz von selber.

»Ich freue mich, Ihnen heute mitteilen zu können, dass unsere geschätzte Frau Melissa Hildmann es als erstes Elternteil unserer schönen Schule geschafft hat, in jeder Klassenstufe von fünf bis zwölf ein eigenes Kind zu haben! Ich denke, das is'n Applaus wert, meine Damen und Herren!«

Irritiert begannen alle anwesenden Eltern zu applaudieren. Ach so, dachte ich, das hatte Melissa also in den letzten zehn Jahren gemacht. Mechanisch stand sie auf und grüßte in die Reihen. »Offjepasst«, rief Maik, »die erste Regel der Elternversammlung lautet: Mein Kind war es nich!«

»Checheche«, machte die Referendarin, »ja, vielen Dank, Herr Werner, wir würden dann gern zum ersten Tagesordnungspunkt übergehen …«

»Die zweite Regel des Elternversammlung lautet: Was will denn die Referendarin überhaupt?«

Die Eltern applaudierten. Hier und da schrie jemand »Jawoll!« und »Was will die denn?«

»Checheche«, machte die Referendarin, »ich habe Sie herbestellt, weil der Schüler Michael Jackson Hildmann letzte Woche versucht hat, die Klasse zur Revolution anzustiften.«

»Also, mein Junge war das nicht!«, rief Melissa.

»Mein Kind lässt sich zu gar nichts anstiften!«, riefen vereinzelte Eltern.

»Doch, Frau Hildmann, genau Ihr Junge war das!«, erklärte die Referendarin.

»Die erste Regel der Elternversammlung lautet …«, begann Melissa.

»Genau!«, rief Maik.

»Die zweite Regel der Elternversammlung«, rief die Frau aus der ersten Reihe.

»Was will denn die Referendarin überhaupt?«, schrie ein Mann von hinten.

»Genau!«, brüllte Maik.

Und dann wurde es auch schon unübersichtlich. Auf Maiks Fingerzeig hin dröhnte aus den Lautsprechern motivationsfördernd *Spiel mir das Lied vom Tod*, iPhones flogen, irgendwo begann es zu brennen, hier und da rief jemand »Revolution!«, und die Referendarin wurde gestürzt.

»Ey, in der Schule darfste nich roochen!«, erklärte Maik, während er sich neben mich setzte.

Fröhlich beobachteten wir, wie am Lehrertisch unterdessen begonnen wurde, aus mehreren Tischen und Stühlen eine Guillotine zu bauen.

Ich zog zwei Fünfhundert-Euro-Scheine aus der Tasche und schob sie in Maiks Richtung.

»Warte, ich geb dir Feuer!«, grinste er.

»Richtig schön, was du aus unserer alten Schule gemacht hast«, sagte ich.

»Ey, hast du nicht mal Lust, wieder was zu spenden?«

»Kommt drauf an«, sagte ich.

»Okay, Angebot: Wir nennen den Religionsunterricht in Zukunft *Verteidigung gegen die dunklen Künste.*«

»Fein«, grinste ich, »ich schreib dir einen Scheck!«

2013

Glück im Unglück

Es war ein Montag.

Ich hatte mich extra rasiert, das heißt, wenn ich später noch hätte ins Kino gehen wollen, wäre ich vermutlich zum Kinderpreis reingekommen.

Der Bus war voll besetzt mit Menschen, die, ihren zur Faust geballten Gesichtern nach zu urteilen, alle hinter irgendeiner Fleischtheke arbeiteten.

Ich blickte auf die Haltestellenanzeige. Noch genau drei Stationen. Eilig zog ich mein Notizbuch aus der Tasche und skizzierte die Zahnbürste in Form einer E-Gitarre, von der ich letzte Nacht geträumt hatte. Was für ein Schwachsinn, mein Unterbewusstsein wurde auch immer seltsamer. Aber gut, wenn das mit dem Buch schiefgehen sollte, dann hatte ich so vielleicht noch ein Ass im Ärmel. Ich musste dringend wieder zurück nach Leipzig, Sachsen-Anhalt bekam mir einfach nicht mehr länger als die drei Tage im Jahr.

Auch mein Gesicht trug dunkle Kerben des Missfallens, selbst wenn es ohne das bisschen Bart eher dem eines bockigen Zwölfjährigen glich, dem die Mutti einfach keinen Minihubschrauber kaufen wollte.

Ganz freudig hatte es mir meine Mutter am Vorabend verkündet: Ja, sie hätte alles in Bewegung gesetzt und es tatsächlich geschafft, man würde mich am Montag um Punkt neun im Arbeitsamt zur Berufsberatung erwarten.

Scheiße, dachte ich, wie konnte denn so was sein? Wie hatte meine Mutter das überhaupt gemacht, einem Volljährigen einen Termin beim Arbeitsamt zu besorgen? Ich hatte doch erst vor neun Monaten meine Masterarbeit abgegeben? War einem denn nicht einmal eine klitzekleine Auszeit vergönnt? Wahrscheinlich war ich schon längst die große Lachnummer in der gesamten ARGE. Wie ich meine Mutter kannte, hatte sie es sich bestimmt nicht nehmen lassen, mit ein paar Babyfotos nachzuhelfen, um Mitleid zu erregen. Erst Jahre später hatte ich herausgefunden, dass ich auf dieselbe Art und Weise an meine erste Freundin … lassen wir das.

An der Haltestelle *Jobcenter* lungerte ein ganzer Pulk Jugendlicher herum, die mir irgendwie bekannt vorkamen, sodass ich die Haltstelle in Gedanken in *Packstation* umtaufte. Etwas weiter abseits hatte sich ein junger Rolf-Zuckowski-Liedermacher-Terrorist postiert und klimperte einige selbst geschriebene Songs auf seiner Gitarre. Wie lang würde er wohl durchhalten, dachte ich, bis er kapierte, dass es eine blöde Idee war, ausgerechnet vorm Arbeitsamt für Geld spielen zu wollen.

In guten Filmen explodierte immer alles im Hintergrund, während der Held ohne eine Miene zu verziehen davonstapft. Aber so angestrengt ich auch auf das Jobcenter zustolzierte, der Barde wollte einfach nicht detonieren.

Bis dato hatte ich immer gedacht, ich könnte nicht tiefer sinken als damals, da mich der Bowlingbahnbesitzer mit »Na, auch wieder hier?« begrüßt hatte. Aber als ich am Bratwurstmann vorbeilief, der schon die ersten Fleischdübel auf den Rost knallte, und in das hässliche Glasgebäude trat, kam ich mir erst richtig wertlos vor.

Was für ein komischer Laden.

Ich schlenderte die Treppe nach oben und überlegte, wie ich mich hierfür gebührend an meiner Mutter würde rächen können. Mit einem Edding haufenweise Fantasiewörter in ihre Kreuzworträtsel eintragen, um sie unbrauchbar zu machen, fiel leider flach, denn das praktizierte mein Vater seit Jahren mit Erfolg, sobald meine Eltern Streit hatten.

Eigentlich hatte es meine Mutter ja nur gut gemeint. Aber sie hatte es auch gut gemeint, als sie mir in der fünften Klasse einen Unterwäsche-Body gekauft und mir gesagt hatte, der sei *todschick*, den könne man heutzutage *ruhig tragen als Junge*. Und ich hatte ihr geglaubt – bis zu dem Tag, da die anderen Jungs in meiner Klasse vorm Sportunterricht meinen hellblauen Unterwäsche-Body zu Gesicht bekamen und mich vor lauter Anerkennung mit ihren Sporttaschen verprügelten.

Vor der Tür des Beratungsraums A131 nahm ich Platz und ging im Kopf noch einmal alle Rambo-Zitate, die ich kannte, durch.

»Na, mein Kleener!«, raunte eine alte Frau, die zwei Plätze weiter saß. »Wärst ooch lieber zu Hause geblieben, oder?«

»Mir bedeutet das Zivilleben gar nichts!«, rief ich. »Im Krieg, da hatten wir einen Ehrenkodex: Du deckst meinen Arsch, ich decke deinen!«

Plötzlich sprang die Tür auf, und ein mürrisches »Herein!« ließ mich eintreten. Der erstaunte Blick der Frau folgte mir bis zur Tür, wo ich mich noch einmal umdrehte und rief: »Da drüben flog ich einen Hubschrauber, oder ich bin Panzer gefahren. Ich war verantwortlich für eine Million Dollar Ausrüstung, und hier krieg' ich nicht mal einen Job als Parkwächter!«

Die Tür fiel hinter mir ins Schloss. Die Wände des kleinen Raums waren mit Aktenschränken tapeziert. In seiner Mitte zwei kleine Schreibtische. Ein rundlicher Mann, der erstaunliche Ähnlichkeit mit dem Überraschungseier-Mann aufwies, winkte mich näher heran. Dann ließ er seinen Drehstuhl auf magische Art und Weise nach hinten gleiten, indem er einfach seinen voluminösen Bauch rausstreckte.

»Sei'n Se jegrüßt, mein Name ist Schibullski, ich bin Ihr Fallmanager.«

»Ich, äh, ich wollte nur zur Berufsberatung«, sagte ich.

»Da sind Se richtig hier«, pflichtete Herr Schibullski bei, »wir sind alles Umgeschulte hier! Ich war damals noch Hygieneinspektor!«

Soso, dachte ich, und dann auch kurz als DIN-Norm für Buslenker gearbeitet.

»Und anschließend bin ich in der Berufsberatung jelandet.«

Herr Schibullski pickte mit dem Zeigefinger einige Staubflusen auf, begutachtete sie ein wenig und sog sie dann mit einem genüsslichen Flopp! in seinen Mund. Hygieneinspektor, alles klar, dachte ich. Herr Schibullski deutete in Richtung des zweiten Schreibtischs im Raum, an dem sich eine dünne Gestalt hinter einem großen Bildschirm versteckte.

»Das da drüben ist der Herr Scherom, Dscheesn Scherom. Der war mal Paketausfahrer.«

Herr Scherom streckte seinen Kopf hinterm Bildschirm hervor.

»Ich hab irgendwann einfach alle Pakete aus dem fahrenden Auto geschmissen, da haben sie mich rausgeworfen. Und seitdem bin ich Berufsberater.«

Komisch, dachte ich, bei Hermes sucht man solche Leute doch händeringend.

»Herrmann, Antreh steht hier, stimmt das?«, rief Herr Schibullski.

Ich überlegte. Jetzt oder nie, dachte ich.

»Lord Herrmann«, erwiderte ich, »der Dritte, wenn ich doch bitten darf. Meine Mutter vergisst das manchmal, aber mir ist der Titel sehr wichtig.«

»Lord Herrmann, soso. Also nicht Antreh.«

»Doch doch, stimmt schon, was da steht«, sagte ich.

»Und Sie wollen also arbeiten?«

»Hehe.« Ich musste lachen.

Auch Herr Schibullski schien sich ein Schmunzeln nicht verkneifen zu können.

»Hier steht, Sie haben studiert. Was hamm' Se denn studiert?«

»Politikwissenschaft«, sagte ich.

»Ach herrje, wollten Se mal Politiker werden?«

»Damit wird man kein Politiker«, sagte ich mechanisch. »Dafür weiß man dann einfach zu viel von Politik.«

Ganz beiläufig öffnete Herr Scherom sein Fenster und warf eine Topfpflanze nach draußen. Anscheinend hatte er seinen alten Job noch immer nicht ganz verarbeitet.

»Herr Scherom, ich meine Dscheesn! Höre off damit! Das gibt wiedor Ärger!«, geiferte Herr Schibullski.

Herr Scherom begann zu kichern.

»Ehrlich ma! Äh, na ja, was wollten Sie denn früher immer so werden?«

»Früher wollte ich mal einen Ratgeber namens *Nichts geregelt kriegen* schreiben, aber ich stecke einfach zu tief im Thema«, sagte ich.

Verständnislose Blicke.

»Feuerwehrmann!«, sagte ich.

»Ach, Sie werden sehen, die Zeiten ändern sich. Wenn Sie dann erst einmal verheiratet sind …«

»Werd' ich nicht«, unterbrach ich.

»Wieso?«

»Weiß nicht«, sagte ich, »heiraten würde ich eigentlich nur, wenn ich den Nachnamen ›Nein‹ annehmen könnte. ›Guten Tag, Müller mein Name!‹ ›Angenehm, Nein!‹ ›Entschuldigen Sie, können Sie das wiederholen?‹ ›Nein!‹«

»LOL!«, rief Herr Schibullski.

Herr Scherom schmiss vor Freude ein paar Stifte aus dem Fenster.

Die Veranstaltung kam mir mehr und mehr sinnlos vor. Entweder das Jobcenter glich tatsächlich diesem Büro-Irrenhaus

aus *Asterix erobert Rom*, oder sie hatten meine Mutter schlichtweg verarscht und einfach zwei Leute aus dem Wartezimmer in dieses Büro gesteckt.

»Na ja«, sagte Herr Schibullski, als er mein Nachdenken bemerkt zu haben schien, »wir können ja mal in die Datei gucken, was wir so im Moment hätten. Was machen Sie denn gerne?«

Ich überlegte. Wenn ich ehrlich war, konnte ich nicht einmal das wirklich beantworten. Okay, in der Regionalbahn fremde Fahrräder mit meinem Schloss anschließen und dann die Leute beim Verzweifeln beobachten, aber das wollte Herr Schibullski sicher nicht hören. Auch dass ich über die Jahre praktisch ein wandelndes Bud-Spencer-Lexikon geworden war, war hier sicher nicht von Relevanz.

»Weiß nicht«, sagte ich, »ich glaub, ich kann ganz gut organisieren. Und so ein bisschen schreiben.«

»Wie ist es mit Nachtarbeit?«

Hm. Ich überlegte. Eigentlich plagte mich nachts immer diese Angst, dass sich plötzlich mein Schrank öffnet, Thomas Gottschalk herausspringt und *What happened to Rock and Roll?* singt. Auch war es eine schlimme Erkenntnis gewesen, dass ich mich täglich um Mitternacht nicht in Batman, sondern in einen Freddie-Mercury-Fan verwandelte.

»Von mir aus«, sagte ich.

»Okay. Dann hätte ich hier zum Beispiel was: Helfer beim Wach- und Sicherheitsdienst in einer Kleingartenanlage.«

»Prima«, rief ich, »das haben Sie uns beim ›Was kann ich später als Politikwissenschaftler mal arbeiten?‹-Seminar auch vorgeschlagen!«

Herr Schibullski zielte mit dem Finger auf eine Fruchtfliege auf seinem Bildschirm, stach zu und schnipste sich das tote Tierchen in den Mund.

»Herr Herrmann, mal ehrlich, ich zum Beispiel hab mir den Job hier auch nicht ausgesucht«, erklärte Herr Schibullski,

»Hygieneinspektor, das war meine Welt. Sie wissen doch, es herrschen harte Zeiten off'm Markt, und wir alle müssen uns da 'n bisschen anpassen!«

Ganz beiläufig öffnete Herr Scherom eine Schreibtischschublade und holte ein dickes Glas voller Bockwürste heraus. Vorsichtig angelte er sich mit den Fingern eine Wurst, reckte sie hoch in die Luft und lutschte genüsslich das Wurstwasser ab, damit es nicht tropfte. Mit einem Mal fühlte ich mich seeeehr, sehr merkwürdig.

»Passen Sie auf«, sagte ich, »ich hab keine Ahnung, was ich mal machen will. Ich weiß nur, was ich nicht machen will. Und das ist leider eine ganze Menge. Aber kennen Sie dieses komische Gefühl, wenn man an einem Montagmorgen in Frankfurt U-Bahn fährt und sich plötzlich, ohne es zu merken, aus Gruppendynamik eine Financial Times gekauft hat? Das ist doch gruselig!«

Wieder und wieder schob sich Herr Scherom die Bockwurst in den Mund und zog sie sogleich wieder heraus.

Ich sah es schon vor mir. In fünf Jahren würde ich zufällig einen meiner alten Schulkameraden treffen, der dann irgendwo Chef wäre und haufenweise Kohle verdienen würde. Wir würden uns ganz nett unterhalten, und dann würde er fragen: »Und, was machst du jetzt so?«

Und mir bliebe dann nichts anderes übrig, als zu antworten: »Ach, ich hab ja damals Politikwissenschaft studiert. Möchtest du die Pommes mit Ketchup oder mit Mayo?«

Und dann würde ich ihm vor Aufregung auch noch das Falsche einpacken. Es würde furchtbar werden, ganz sicher.

»Dscheesn, du sollst dich zusammenreißen, hab ich jesacht!«, unterbrach Herr Schibullski die Stille. »Die schmeißen dich achtkantig raus!«

Herr Scherom deepthroatete noch einmal seine Bockwurst, um sie dann gänzlich in seinem Hals verschwinden zu lassen.

Donnerwetter, dachte ich, ob er früher wirklich nur Paketausfahrer gewesen war?

Herr Schibullski drehte sich wieder zu mir: »Na ja, sollten wir also Ihr Interesse an Hartz IV geweckt haben, dann kann ich Ihnen gern mal 'n Antrag mitjeben!«

»Ich hab drüber nachgedacht, ob ich nicht ein Buch schreiben sollte«, antwortete ich.

»Ah, Sie haben sich also schon für Hartz IV entschieden!«, rief Herr Schibullski, während ich aufstand. Im Weggehen schwor ich mir, nie nie nie nie nie wieder dieses Horrorhaus zu betreten. Lieber arm sterben.

Ich grüßte zum Abschied und verließ das Büro.

»Na, war's schlimm?«, fragte die Frau, die noch immer im Warteraum saß.

Ich ging vorbei, dann drehte ich mich noch einmal um: »Niemand von Ihnen war draußen in diesem Dschungel, Sie wussten gar nicht, worum es geht!«

Und dann verließ ich das Jobcenter, ging stoisch auf die Haltestelle *Packstation* zu, immer in der Hoffnung, dieses Haus würde jeden Moment hinter mir explodieren.

Doch nichts von alledem geschah, außer dass Herr Scherom noch einmal das Fenster aufriss, mir zum Abschied freudig ein paar Aktenordner hinterherwarf und man Herrn Schibullskis Geschrei vernehmen konnte.

Ich schnippte ein Eurostück in den Hut des Rolf-Zuckowski-Terrorbardens und griff nach meinem Handy. Hoffentlich hatte mein Vater genügend frische Eddings zu Hause.

Ich geh da nicht hin

Es war abends.

Natürlich war der Stolz von selbst gekommen, und natürlich hatte ich dann doch eine Bewerbung geschrieben. Ganz fix zusammengetippt, die Unterlagen angehängt und ab die Post. Wenn die Leute von meinem Praktikum bei der Zeitung mir vor einem Jahr ein Volontariat angeboten hatten, dachte ich, dann galt das vielleicht immer noch, wer wusste das schon.

Das Swoosh-Geräusch bestätigte den erfolgreichen Versand der Unterlagen. Ich schloss das Mail-Programm und blickte noch ein letztes Mal auf die geöffneten Dokumente.

Ach du Scheiße, dachte ich, als ich den Lebenslauf überflog. Ach du Scheiße. Hatte ich diese Version abgeschickt? Wieso stand dort statt »Goethe-Gymnasium« wieder »JVA Stars Hollow«? Und statt »Universität Leipzig« »World Wrestling Entertainment«? Ich dachte, ich hätte meine kleinen Witze, die ich damals eingebaut hatte, um mich für das Pflichtpraktikum zu bewerben, allesamt bereinigt? Sofort öffnete ich das Mail-Programm, manövrierte zum Ordner *Gesendete Elemente* ... fuck! Angehängte Dokumente: Anschreiben.pdf, Zeugnis.pdf und zu guter Letzt Lebenslauf_todsichere_Absage.pdf, na geil. Das mit dem Volontariat hatte sich gerade erledigt.

Ich warf die Tastatur auf die Pärchenbank und fuhr den Computer runter. Jetzt hatte ich wirklich überhaupt keine Idee mehr, was ich in Zukunft würde machen können. Das heißt, außer es mit Schreiben und Auftreten zu probieren.

Als ich aus meinem Zimmer trat, saß meine Mutter am Esstisch und starrte auf ihr neues iPhone. Ja, Mutter besaß jetzt ein iPhone. Keine Ahnung, ob sie überhaupt wusste, wie das Gerät zu bedienen war. Womöglich saß sie einfach seit mehreren Stunden stoisch davor und versuchte es per Telepathie anzuschalten.

»Vielen Dank übrigens für den Quatsch mit dem Arbeitsamt!«, sagte ich.

»Mhm«, machte meine Mutter und sah nicht einmal vom Handy auf.

»Hat sich total gelohnt, dort den halben Tag zu vergeuden!«

»Mhm.«

»Ich glaub, ich geh heute nicht zum Klassentreffen«, sagte ich.

Meine Mutter reagierte nicht, sondern hatte ausschließlich Augen für ihr neues Handy.

»Hörst du mir eigentlich zu?«

Meine Mutter tippte auf dem Handy herum, hin und wieder vibrierte es, und dann grinste sie kurz.

»Mhm.«

»Kannst du bitte mal das Handy weglegen, wenn ich mit dir rede?«, rief ich.

Es knirschte in meinem Kopf. Au Backe, dachte ich, als dieser Satz, den normalerweise nur frustrierte Eltern zu ihren Kindern sagten, meinen Mund verlassen hatte.

»Mhm, mhm«, machte meine Mutter.

»DU, ICH REDE MIT DIR!«, rief ich.

Aua, es knirschte schon wieder in meinem Kopf. Was passierte hier gerade mit mir? Tauschten wir gerade die Rollen? Oder wurde man in den ersten Wochen des Smartphone-Besitzes automatisch zum asozialen Teenager?

»Mhhhhhhm.«

»Was machst du denn da die ganze Zeit?«, rief ich.

»Mhm.«

»Jetzt reicht's mir aber!«, rief ich. »Du hast für den Rest der Woche Hausarrest!«
»Mhm, mhm.«

Entnervt griff ich nach der Zeitung und schlug den Lokalteil auf. Ich traute meinen Augen kaum. Das durfte doch nicht wahr sein! Träumte ich das gerade, lag ich noch im Bett?
Mehrmals kniff ich die Augen zusammen, um mich zu vergewissern, dass das hier die Wirklichkeit war. Dann las ich die Schlagzeile erneut: *Gebietsreform verändert Schullandschaft – Goethe-Gymnasium ab Sommer 2014 geschlossen.*
Krass, dachte ich und überflog den Artikel.
Im Zuge einer kommunalen Gebietsreform … in Zukunft ins fünf Kilometer entfernte Schiller-Gymnasium … boah, die Spacken vom Schiller, dachte ich … *damit auch das Ende des alljährlichen Klassentreffens besiegelt* … nee, oder? … *am 27. Dezember 2013 zur letzten Ausgabe in die Mehrzweckhalle geladen.*
Zur Sicherheit las ich den letzten Absatz gleich mehrmals, aber es stimmte. In der Zeitung stand es glasklar.

»Hast du das gelesen?«, fragte ich meine Mutter.
»Mhmmmmm«, sagte sie.
»Dacht ich mir!«, sagte ich.
Krass. Ich konnte es kaum fassen. Ich war am Ziel! Und das ohne jemals einen Benzinkanister berührt zu haben. Alf hatte recht gehabt. Mir wurde warm, das muss das Glück sein, dachte ich, das mich durchströmt.
»Hahahahahah!«, rief ich, wobei sich meine Stimme mehrmals überschlug und dadurch umso wahnsinniger klang.
Im Hintergrund begann es kurz zu donnern und zu blitzen.
Selbst meine Mutter sah irritiert von ihrem Handy auf und machte »Mhm, mhm«.

Der Zeitungsartikel war gespickt mit O-Tönen und Interviews. Alle waren schwer geschockt und bedauerten ausgiebig das Ende einer Ära. Alle, außer mir. Es gab sogar ein Spendenkonto, auf dem man ein bisschen Geld einzahlen konnte, um die Party im kommenden Jahr noch irgendwie zu retten. Ich überlegte kurz, ob ich vielleicht einen Cent überweisen sollte, Verwendungszweck »LOL«.

Ich war wirklich am Ziel. Es fühlte sich gut an, aber irgendwie hatte ich es mir anders vorgestellt. Nun gut, man konnte wahrscheinlich wirklich nicht erwarten, dass es sich anfühlte, als hätte man gerade den Ring der Macht im Schicksalsberg versenkt.

Aber dennoch, hier würde es nun enden. In ein paar Tagen würde ich automatisch exmatrikuliert werden, gleichzeitig würden die Türen meiner alten Schule für immer schließen. Es war magisch. In der Zeitung stand, dass die Eltern der Schüler nicht einmal wussten, was ihre Kinder jetzt machen sollten. Genauso ging es mir auch! Es passte alles zusammen! Selbst wenn ich nie an Fügungen geglaubt hatte, musste hier ein Gnädiger seine Finger im Spiel gehabt haben.

Ich nahm mir eine Zigarette und ging raus auf die Terrasse. In der Ferne hörte ich dumpfe Bässe und erkannte einige Lichtkegel, die aus der Innenstadt in den Himmel ragten. Es würde ein ruhiger Abend werden, dachte ich, als plötzlich ein Knaller vor meinen Füßen explodierte.

Ich zuckte zusammen. Meine Ohren dröhnten und meine Augen brauchten einige Sekunden, ehe sie sich von dem grellen Lichtblitz erholt hatten, der unmöglich von einem handelsüblichen Böller hatte stammen können.

Ich rieb mir die Augen, und als ich wieder klar sehen konnte, packten mich zwei massige Hände an den Schultern.

»ANTREH, ALDR! ANTREH!«

Jetzt bloß nicht aufwachen, dachte ich. Wehe, wenn das doch nur ein böser Traum gewesen war. Ich rieb mir die Augen und erkannte Maik, der direkt vor mir stand.

»ANTREH! Aldr, was roochst du denn da? Komm ma klar, Aldr!«

Maik war völlig aufgebracht und schüttelte mich.

»Ey Maik!«, lachte ich, als ich ihn endlich erkannte. »Hast du das in der Zeitung gelesen?«

»Aldr! Wir müssen looos!«

»Vergiss es«, sagte ich, »es is' vorbei! Endlich vorbei!«

»Looos, zieh dich an!«, kommandierte Maik. »'s alles außer Kontrolle geraten!«

»Nix«, rief ich, »es ist alles genau richtig! Nie wieder Klassentreffen! Heute endet es!«

»Komm jetz mit, Aldr!«, rief Maik und zerrte mich von der Terrasse.

»Spinnst du? Was soll denn der Blödsinn?«

»Aldr, du hast keene Ahnung, was da abgeht!«

»Was wo abgeht?«, fragte ich, während mich Maik immer weiter ums Haus Richtung Einfahrt schubste.

»Aldr, bei'n Klassentreffen!«

»Traurige Veranstaltung, oder?«, grinste ich. »Sooo ein Pech, dass es heute zum letzten Mal stattfindet.«

»Siemtausend!«, rief Maik.

»Was siemtausend?«, fragte ich.

»Zusagen!«

»Was denn für Zusagen? Hast du denn keine Zeitung gelesen?«

»Ne, tlar!«, sagte Maik. »Pass off! Ich hab da vielleicht 'n kleen' Fehler gemacht!«

»Was für einen Fehler?«

»Bei Facebook!«

»Ja und?«

»Aldr, ich hab so'n Event erstellt! So aus Mitleid, weil wejen de Spenden und so!«

»Du sprichst in Rätseln!«

»Aldr, ich wollt da so was kleenes Benefizmäßiges machen. Also hab ich da so'n Event erstellt! Und irgendwie is' das wohl … Ich hab doch keene Ahnung, wie das funktioniert! Und jetz siemtausend Zusagen! Du weeßt gar nich, was da abgeht!«

»Was wo abgeht?«

»Aldr! Hör doch mal hin!«, rief Maik und bedeutete mir, kurz ganz ruhig zu sein. Natürlich, da waren die Bässe, aber die hörte man nahezu jedes Wochenende, wenn die Dorfjugend mit ihren tiefergelegten Autos Richtung Disko ausrückte.

»Ja, und?«, fragte ich.

»Hör genau hin!«

Ich versuchte mich zu konzentrieren. Okay, da waren die Bässe. Und da eine komische Melodie. Und, Moment, waren das Stimmen? Sehr viele Stimmen?

»Was rufen die? Rufen die da ›Antreh! Antreh!‹?«

Maik seufzte, als wir um die Hausecke bogen und er zur Einfahrt zeigte.

»Aldr, ich hab mir das ooch alles ä bissl anders vorgestellt. Steig ein!«

Vorm Haus meiner Eltern parkte ein kleines Golfauto, in dem zwei riesige Typen saßen und in unserer Richtung blickten.

»'n Marcus und 'n Steffen kennste ja!«, sagte Maik und hieß mich einsteigen.

»Wieso rufen die meinen Namen?«, rief ich, als ich mich setzte.

»Jaaaaaa«, sagte Maik, »das is' 'ne komplizierte Geschichte!«

Und dann brausten wir los.

Ich verstand kein Wort von dem, was Maik mir auf dem Weg erzählte. Nur dass er bei Facebook eine Benefizveranstaltung zur Rettung des Klassentreffens erstellt hatte. Und irgendwie hatten sich dann …

Ich stutzte, als wir von der Hauptstraße abbogen und in etwa fünfhundert Metern unsere alte Schule sehen konnten.

Fuck, dachte ich.

Was ging denn hier ab? Die gesamte Straße, die Nebenstraßen, sogar der Vorplatz der Schule, alles war voller Menschen. Direkt vor der Halle erkannte ich eine monströse Bühne, und über allem donnerten die Bässe. Dazu zahllose grölende Menschen, dauernd kamen Busse an, aus denen sichtlich Betrunkene herausstolperten und sich zum Eingangsbereich, der jetzt direkt vor uns lag, bewegten. Manche trugen hässliche Raveroutfits, andere hatten ihre ältesten Bandshirts herausgekramt. Alle Altersklassen waren vertreten. Da gab es Ü40er, die, ihren blinkenden Geweihen auf den Köpfen nach zu urteilen, noch immer in Weihnachtsstimmung waren, dazu Massen von Mittzwanzigern und immer wieder minderjährige Mädchen, die so wenig anhatten, dass man Angst haben musste, sich beim Vorbeischlängeln-und-zufällig-Berühren direkt strafbar zu machen. Ganz Sachsen-Anhalt, ach was, auch ganz Sachsen, Thüringen, Brandenburg und Berlin musste angereist sein. Vorm angrenzenden Supermarkt hatte man einen kleinen Hubschrauber-Landeplatz eingerichtet, auf dem minütlich easyJet-Hubschrauber landeten, die spanische Partytouristen ins Freie entließen.

Markus und Steffen steuerten das kleine Golfcart sicher durch die Menge, dauernd klopften mir irgendwelche Leute auf die Schultern. Mein Mund stand offen – ich musste wirklich völlig verdattert aussehen.

Was um alles in der Welt war hier los?

»Das hast du alles gemacht?«, fragte ich Maik. »Per Facebook?«

»Na ja«, sagte Maik, »also faktisch schon, aber irgendwie ist das dann alles ein bisschen ausgeufert. Weeßt ja, Aldr, die Wege des Internets sind unergründlich.«

Ich schüttelte den Kopf und sah mich um. Zugegeben, ich war ziemlich schlecht im Schätzen, aber ich war mir sicher, dass hier locker über 10.000 Menschen, also praktisch die gesamte Kleinstadt, anwesend waren. Wie hatte das Maik nur angestellt? Einfach so per Facebook? Überall Bierbuden und herumlungerndes Volk, der Schulhof war ein Zeltplatz, und die Zahl der kursierenden Bierbongs kaum zu erahnen. Dazu gab es den üblichen Festivalquatsch. Slackliner, die auf zwischen den Bäumen gespannten Seilen herumsprangen, Betrunkene, die sich im Schlamm wälzten. Ganz sicher gab es irgendwo auch noch einen Jongleur oder irgendwelche Diabolospieler. Es gab immer Jongleure!

»Geil! Ihr habt ihn hergebracht!«, rief der Ober-Security-Mann uns am Eingang zu, während wir mit dem Golfcart durch die VIP-Schleuse fuhren.

Maik nickte ihm im Vorbeifahren zu und gab ihm High Five. »Tach, Jörn!«

»Der Jörn!«, rief ich.

»Der echte«, nickte Maik.

»Ich dachte, der ist bei der Bundeswehr?«

»Lange Geschichte«, sagte Maik.

»Und wieso rufen die hier alle meinen Namen und klopfen mir auf die Schulter?«, fragte ich.

»Ich sare ja, faktisch hab ich des jemacht, aber des Event …«

»Du bist hier der Chef?«, sagte ich ungläubig, als wir uns durch Tausende Feiernde schlängelten.

»Joa, na ja«, nickte Maik, »aber ich muss dir noch was erzähln …«

»Halt mal an!«, sagte ich und tippte Markus auf die Schulter.

Dann sprang ich aus dem Cart und ging zu einer Horde Raver, die allesamt Signalwesten trugen, obwohl 1990 schon seit über zwanzig Jahren vorbei war.

Ich griff einen der Raver und nahm sein Handgelenk, an dem ein dünnes Festivalbändchen baumelte.

»Du bist hier wirklich der Chef?«, fragte ich Maik, er nickte.

Dann riss ich dem Raver das Festivalbändchen ab und warf es in die Menge.

»Ups«, sagte ich.

Maik seufzte, dann nickte er Markus und Steffen zu und zeigte lakonisch Richtung Ausgang. Sofort schleiften die beiden den armen Raver, der fortwährend seine Unschuld beteuerte, davon.

»Musste das sein, Aldr?«, fragte Maik, als wir beide allein weiterfuhren.

»Ich mag es, wenn ihre Welt wegen Kleinigkeiten untergeht«, grinste ich. »Was wollteste erzählen?«

Maik trat etwas unsanft auf die Bremse, sodass ich fast aufs Armaturenbrett knallte.

Vor uns standen Frau Pleier und Frau Stamm. Beide trugen neonfarbene Jacken mit der Aufschrift *FESTIVAL STAFF* und dirigierten irgendwelche tanzenden Massen durch die Gegend. Zwischendurch sprachen sie kryptische Kommandos in Walkie-Talkies.

»Enno, wir brauchen mehr Bier auf der A.32! Ja, benutz halt dein neues iPhone, meine Fresse! Und frag mal bei den Stadtwerken an, ob die Stromversorgung noch für 'ne Extra-Stage ausreicht!«

»Aaaaaaaaaaach, der Herr Herrmann!«, rief Frau Pleier. »Ist das schön! Sie wissen gar nicht, wie großartig wir das alle finden, was Sie für unsere …«

Maik machte urplötzlich einige abwiegelnde Gesten.

»Also, ja! Grad weil Sie ja letztes Jahr … So schön, dass Sie da sind!«, sagte Frau Stamm nervös.

Skeptisch blickte ich Maik an, doch der trat sofort aufs Gas.

»Ja! Ich sare ja, mehr Bier auf der A.32. Und mach die A.33 gleich mit!«, hörte ich Frau Pleier noch hinter uns in ihr Walkie-

Talkie schreien. »Ja! Die Spanier saufen wie die Blöden! Und sorgt mal bitte einer dafür, dass die Sportfreunde Stiller sich zur Mainstage bewegen!«

Na klasse, dachte ich. Jetzt waren sogar noch die Sportfreunde Stiller vor Ort. Langsam wurde mir das alles sehr unheimlich. Was hatte Frau Pleier damit gemeint, »wie großartig wir das alle finden, was Sie für unsere …«?

Weiter kam ich jedoch nicht, denn direkt vor uns erkannte ich ein paar Gesichter.

Während Herr Kaiser mit freiem Oberkörper mit einigen Neuabiturienten im Schlamm catchte, stand Melissa samt Kinderwagen daneben und kam keinen Zentimeter vorwärts.

»Heyyyyyyyyyy!«, rief Melissa, als sie uns erkannte. »Ist das nicht der Wahnsinn? Das nenn ich mal eine Benefizveranstaltung!«

»Ja«, sagte ich, »vielleicht kannst du mir ja erklären, was hier eigentlich abgeht!«

Martin klopfte mir auf die Schulter. »Denkt man gar nicht, dass gerade du …«

»Jaja«, sagte ich, »der Maik hat mich hergeschleift.«

»Na ja, aber dass gerade du das alles …«

Maik fuchtelte schon wieder mit den Händen.

Ich blickte auf den Kinderwagen und dann auf Melissa, die wider Erwarten gar keinen Babybauch hatte.

»Lass mich raten«, sagte ich, »du hast gerade ein neues Kind bekommen, oder?«

»Neee«, sagte Melissa und drehte den Kinderwagen, sodass ich hineinsehen konnte, »das ist so 'ne medizinische Puppe! Die macht sogar Aa!«

»Ah ja«, sagte ich. Wahrscheinlich hatte ihr der Arzt einfach eine dieser bekloppten Puppen verschrieben, sodass sie nicht alle neun Monate ein neues Kind bekommen musste. Sicher war es die Bundesregierung langsam leid, alle neun Monate mehr Kindergeld an die Familie Hildmann überweisen zu müssen.

Und wer weiß, dachte ich, vielleicht hatte Melissa ihre Puppe ja günstig Sebastian und dieser komischen Djamila abgekauft.

»Hast du denn jetzt ein Buch geschrieben?«, fragte Melissa.

»Ja, na ja, nee«, sagte ich.

Ich hatte wirklich andere Sorgen, als Melissa zu erklären, dass das mit den Auftritten und dem Schreiben bisher tatsächlich irgendwie funktioniert hatte. Nicht bombastisch, aber immerhin ganz passabel. Das einzige Problem war, dass ich keine Ahnung hatte, wie lang das anhalten würde.

»Was machst du denn jetzt so? Der Martin und ich ...«

»Wo habt ihr denn Luke-Lukas gelassen?«, wechselte ich listig das Thema. »Ist der wieder im Survival-Internat?«

In diesem Moment hob sich neben Melissa und Martin der Schlamm. Den Tarnklamotten nach zu urteilen, die das Wesen trug, materialisierte sich gerade ein US Marine vor uns.

»Übelst geil, Aldr!«, rief Maik und gab Luke-Lukas High Five, dass es nur so spritzte.

Aha, dachte ich, der jahrelange Aufenthalt im Survival-Internat machte sich also endlich bezahlt.

»Der Luke-Lukas ist doch so ein großer Puhdys-Fan!«, kicherte Melissa, und ich erkannte unter dem Schlamm auf Luke-Lukas' Brust ein Puhdys-Shirt.

»Du hast die Puhdys gebucht?«, fragte ich Maik.

»Off gar keen Fall, Aldr! Aber du weeßt doch, des Internet!«

Jaja, dachte ich, das Internet. Das Internet war heute für meinen Geschmack schon etwas zu oft für all das verantwortlich gemacht worden.

Im selben Moment beobachtete ich, wie einige Meter weiter eine Bungee-Jump-Anlage aufgerichtet wurde.

»Auch Internet?«, fragte ich Maik.

Er zuckte mit den Schultern. »Irgendwie hat das alles so'n kritischen Punkt überschritten, und jetzt passiert das irgendwie von alleene.«

Am Backstage-Eingang war das Gedränge kaum noch zu ertragen. Tausende Menschen drückten sich an die Absperrungen, und die Ordnungskräfte hatten alle Hände voll zu tun, damit sich der Mob nicht selbst zerquetschte.

Maik manövrierte das Golfcart durch eine Schleuse. Ich musste lachen: Vor uns standen kein Geringerer als der Victory-Micha und seine Dorfjungs, wobei Ersterer uns mit ausgestreckter Hand gebot anzuhalten, dabei aber unvermeidlich auch das Peace-Zeichen zeigte. Sie alle trugen signalfarbene Jacken, auf denen in großen Lettern ORDNER stand. Dazu hielt jeder von ihnen einen Briefkasten unterm Arm, wahrscheinlich, weil sie Angst hatten, dass ihnen zu Hause in der Zwischenzeit jemand einen Böller reinstecken könnte.

»Das Internet hat dafür gesorgt, dass der Victory-Micha die Security macht?«, lachte ich, als sie uns durchgewinkt hatten.

»Nee, Aldr! Das war ich!«, rief Maik. »Wennde da keen Auge droff hast, dann stellen dir die hier 'n paar Nazis als Ordner hin, und das kann ich gar nich ab! Außerdem bleibt so mein Briefkasten heil!«

»Aber ich dachte …«

»Quatsch! Der kann mit sein' zwee Fingern doch nich ma den komischen Gruß richtig machen. So jemanden nehmen die da nich!«

Maik parkte das Wägelchen hinter der Bühne. Auch dort war der Trubel atemberaubend. Überall schleppten Roadies Kisten durch die Gegend, hier und da stachen sich irgendwelche Bandmitglieder gegenseitig Tattoos und am ausufernden Buffet labten sich gerade die Sportfreunde Stiller.

»Was'ch dir sagen wollte«, hob Maik an, und ich zog die Augenbrauen hoch. »Also …«

In diesem Moment wurde die Mainstage taghell und ein unendlich lautes Geschrei begann.

Donnergrollen war zu hören, gepaart mit undeutlichen, aber immer rhythmischer werdenden Rufen aus dem Publikum. Offensichtlich setzte gerade eine Band, die zum Glück nicht die Sportfreunde Stiller war, zu spielen an.

»Ja«, sagte Maik, »also pass off!«

Der Mob johlte, und ich sah, wie Victory-Micha und seine Jungs alle Mühe hatten, die Leute zu beruhigen. Immer und immer wieder warfen sie Knaller in die Reihen, um die Leute unter Kontrolle zu halten.

»Also, ich hab mir extra Mühe gegeben, dass die alles so machen, dass es dir gefallen würde.«

»Hi! We're Slayer!«, kam es von der Bühne. Ich traute meinen Ohren kaum. »It's an honor to be here at Klassentreffen 2013!«

Das durfte doch nicht wahr sein! Verwirrt schaute ich mich um. Tatsache! Direkt hinter der Bühne standen haufenweise Kisten, auf denen »Property of Slayer« stand. Mir stiegen die Tränen in die Augen. Ich hätte alles erwartet, aber nicht das. Meine Rührung war grenzenlos. Maik war ein echter Freund! Sofort fiel ich ihm um den Hals, doch er löste sich sogleich aus meiner Umarmung und sah mich streng an.

»Es gibt nur een Problem!«, sagte er.

Und dann erklang das unverkennbare Riff von *Raining Blood*! Es war der absolute Wahnsinn. Deng, Deng, Deng, Deng! Aus dem Augenwinkel beobachtete ich, wie sich der kleine Direktor am Bühnenaufgang zu schaffen machte.

»Also, weil du vorhins da meentest, des würde dich irritieren, weil die dir hier alle off de Schulter kloppen und so.«

Der Direktor redete mit jemandem, der mit Kopfhörern und Klemmbrett bewaffnet war. STAGE MANAGER stand auf seinem Rücken, und er gestikulierte wie wild und versuchte, den Direktor zurückzuhalten, doch der kleine Mann riss sich los und stürmte auf die Bühne.

Krz, Kch, Kzzzzzzz, schallte es durch die ganze Stadt.

»Äh, ja, äh, danke, Herr Slayer!«

Ungelenk verklang der letzte Akkord. Sofort wurden Buh-Rufe laut. Der Direktor hatte die Feindschaft von rund 10.000 Festivalbesuchern auf sich gezogen.

Ich drehte mich um, aber Maik war verschwunden. Was hatte er gemeint? Und wo verdammt war der Kerl schon wieder?

»Ja, äh, meine Damen und Herren«, begann der Direktor. »Also, äh, ich bin überwältigt von der Resonanz, die unser Ehemaligentreffen in diesem Jahr hervorgerufen hat.«

Noch immer flogen Bierbecher zur Bühne, ich konnte das platschende Geräusch von einschlagenden Flüssigkeiten hören.

»Wie Sie sicher aus, ääh, den Metjen erfahrn hamm, ääh, stand mit der bevorstehenden Schließung unseres schön' Gümmnasjumms auch unser wunderbares Ehemaligentreffen off der Kippe!«

Stand? Stand? Wieso Präteritum? Hatten die Leute so viel Eintritt gezahlt? Wobei, wenn Slayer hier aufspielten … Oje, dachte ich und meine Gedanken überschlugen sich.

»Wer hätte gedacht, dass ein einzelner Offruf im Internet …«

»Antreh, Antreh, Antreh!« riefen die Leute plötzlich.

Was war los? Wieso riefen die meinen Namen? War das hier doch die *Truman Show*, und jetzt endlich würden sie zugeben, dass ich mein ganzen Leben verarscht worden war und Sachsen-Anhalt in Wirklichkeit zu hundert Prozent aus schlechten Schauspielern und Statisten bestand? Was war das wieder für ein kranker Witz, den Maik sich ausgedacht hatte?

»… EIN einziger Offruf im Internet dazu führen würde, dass mittlerweile über VIER Millionen Euro an Spenden für unser Ehemaligentreffen zusammengekommen sind!«

Ein Applaussturm brach los.

Nein, dachte ich. Das durfte doch alles nicht wahr sein. Vier Millionen Euro? Was sollte das? Mit vier Millionen Euro konnte man das Klassentreffen sicher …

»Mit vier Millionen, ääh, Euro sollten die nächsten, Moment, ääh, na ja, sagen wir Pi mal Daumen hundert Jahre des Ehemaligentreffens gesichert sein.«

Fuck, dachte ich. Was hatte Maik angerichtet? Die nächsten hundert Jahre des Klassentreffens gesichert? Meine Hände verkrampften sich zu Fäusten. Wo war dieser Penner? Und wie war er überhaupt auf diese dämliche Idee gekommen? Sein Bier-Gutschein war doch eh längst Geschichte.

»*hust* Na ja, äh«, erklang es von der Bühne.

In mir wütete ein barbarischer Sturm.

»Natürlich wollen wir uns auch gebührend bei demjenigen bedanken, der den Anstoß zu dieser Festivi…, äh, tät gegeben hat. Ich bitte deshalb auf die Bühne, Herrn …«

Okay, dachte ich. Sobald Maik jetzt auf die Bühne geht, lasse ich ihn nicht aus den Augen. Und wenn er wieder hier runterkommt, werde ich ihm so was von eine reinhauen, dass er sich auf ewig daran erinnert.

»Herrn Antreh Herrmann!«

»Antreh, Antreh, Antreh!«, skandierten die Leute.

Was zum Teufel? In diesem Moment fühlte ich mich sehr, sehr allein.

Plötzlich ging alles sehr schnell. Eine riesige Traube von Menschen hatte sich um mich herum gebildet, ganz nah bei mir der Victory-Micha und seine Mannen, die noch immer ihre Briefkästen unter den Armen trugen. Gott, man müsste ihnen einfach schon deswegen einen bekackten Böller reinstecken, dachte ich. Die gesamte Backstage hatte sich um mich versammelt. Die Sportfreunde Stiller bettelten nach einem Autogramm, aber Victory-Micha hielt sie mir glücklicherweise vom Hals. Ohne es zu wollen, wurde ich zum Bühnenaufgang geschoben und die Treppe hinaufbugsiert.

Als ich die Bühne betrat, herrschte im Publikum blanke Ekstase. Kerry King, der vermutlich härteste Gitarrist aller Zeiten, ging vor mir auf die Knie, sodass mir ganz anders wurde, und Tom Araya, der Sänger von Slayer höchstpersönlich, verbeugte sich vor mir, griff nach meiner Hand und riss sie in die Luft. Der Mob war kaum noch zu halten, die Ordner hatten Höchstleistungen zu vollbringen, um die Leute im Zaum zu halten.

»Ja, ääh, klasse, Herr Herrmann, da hammse echt 'ne feine Idee jehabt!«, sagte der Direktor und schüttelte mir die freie Hand.

Ich rekapitulierte: Das Klassentreffen, das eigentlich zum letzten Mal hatte stattfinden sollen, war gerettet. Gerettet, weil Maik offensichtlich unter meinem Namen eine dämliche Facebook-Veranstaltung erstellt hatte, die aus irgendwelchen magischen Internetgründen völlig aus dem Ruder gelaufen war. Und jetzt war die Veranstaltung für die nächsten hundert Jahre gesichert, und Slayer fielen vor mir auf die Knie. Wenn das tatsächlich ein Traum war, dann wäre es spätestens jetzt höchste Zeit, wieder aufzuwachen, dachte ich.

Krrrz, Krrrrrr, machte es erneut, und ein mächtiges Fiepen drang aus den Boxen.

Ich wollte mich losreißen und runter von der Bühne, aber der Direktor hielt mich fest.

»Ääh, ja, ääh, und weil Sie des so klasse gemacht hamm, haben wir beschlossen, das Ehemaligentreffen umzubenennen in André-Herrmann-Memorial-Klassentreffen!«

Die Meute rastete komplett aus.

»Antreh, Antreh, Antreh!«, schrien die Leute überall.

Tränen liefen meine Wangen hinunter. Das hatte ich nicht verdient.

Zehn Minuten später

In der Backstage war ein wenig Ruhe eingekehrt. Slayer spielten wieder ihr Set und begeisterten die Gäste, die Sportfreunde

Stiller fraßen sich weiter durchs Buffet, die Tattooleute ließen sich tätovieren, nur ich war völlig durcheinander.

Wo um alles in der Welt war Maik? Er war wie vom Erdboden verschluckt.

Ich schaute in alle Richtungen, doch ich fand ihn nicht, sondern bemerkte nur, dass es am Bühnenaufgang einen kleineren Tumult gab.

»Hey, wir sind Frei.Wild, wir sollen hier heute Abend spielen!«, erklärten vier komisch aussehende Männer dem Typen, auf dessen Rücken STAGE MANAGER stand.

»Frei.Wild, Moment«, sagte der Stage-Manager und durchforstete sein Klemmbrett. »Aaaah nee, tut mir leid, wir mussten euch doch leider streichen. Ihr könnt nicht spielen!«

»Ey, wieso das denn nicht? Wir sind extra 14 Stunden aus dem schönen Südtirol hierhergefahren, um die Massen mit unseren rechts…, äh, mit unseren heimatlichen Liedern zu beglücken!«

»Nee, sorry, tut mir leid!«, sagte der Stage-Manager.

Mit hängenden Köpfen zogen die selbst ernannten Heimatsänger von dannen.

»'s war 'n echt feiner Zug, lieber Jens!«, donnerte eine Stimme von der Seite. Maik stand wieder neben mir.

Der Stage-Manager drehte sich um, und ich wusste auf einmal, worum es ging.

Jens richtete seine signalfarbene Jacke und grinste. »Kein Ding!«

»Maik!«, rief ich. »Und Jens! Krass, du bist hier der Stage-Manager?«

»Ja, ich glaub, ich schlag mich ganz gut!«

»Der Jens macht des ganz ausgezeichnet!«, rief Maik.

»Du bist mir übrigens einiges an Erklärungen schuldig!«, rief ich.

»Also, der Maik hat mich einfach gefragt, ob ich so ein bisschen die Artists managen könnte, und da dachte ich, vielleicht krieg ich das hin und …«

»Nicht du!«, sagte ich zu Jens. »Ich mein …«

Aber Maik war schon wieder verschwunden. Es war zum Kotzen.

»Was meinst du?«, fragte Jens.

»Ach, nichts. Schöne Aktion mit den Frei.Wild-Leuten!«

»Danke!«

»Bist du alleine hier?«

»Nee nee«, sagte Jens, »die Luisa ist auch da, aber die is' im Dienst!«

»Catering?«, fragte ich.

»Nee, die arbeitet nich hier!«, sagte Jens und zeigte in eine Ecke.

Dort stand Luisa, im schwarzen Anzug und mit schwarzer Sonnenbrille, die blonden Haare straff zum Zopf gebunden. Aufgeregt blickte sie nach links und nach rechts, dann flüsterte sie irgendetwas in ihren Kragen.

»Ist das normal?«, fragte ich und deutete auf Luisa.

»Jaja«, sagte Jens, »das ist ihr neuer Job.«

Ich wollte gerade fragen, was Luisa sich nun schon wieder für einen Job ausgesucht hatte, als Jens sich entschuldigend wegging und auf sein Klemmbrett starrte, weil Slayer gerade ihr Set beendet hatten.

»Ich geh mal Maik suchen!«, rief ich ihm zu, aber Jens war schon zu beschäftigt, um es zu hören.

Wo zur Hölle war Maik, der Arsch? Warum hatte ich ihn nicht gleich zur Rede gestellt?

Ich ging zum Backstage-Eingang und spähte in die Zuschauerreihen. Jung und Alt drängten sich vor der Bühne. Im Hintergrund entdeckte ich Herrn Kaiser, der gerade mit Luke-Lukas im Schlamm rang. Und da war Sebastian. Er trug einen Anzug, neben ihm Djamila im Abendkleid, beide bis zu den Knien im Dreck. Es war ganz offensichtlich nicht ihre Musik, auch wenn ich hätte schwören können, dass es zumindest für Sebastian vor ein paar Jahren noch anders gewesen war. Und während ich starrte, traf mich Sebastians Blick. Was sollte ich tun? Winken? Zugegeben, unser letztes Zusammentreffen hatte nicht gerade freundlich geendet, und eigentlich hatte ich überhaupt keine Lust, mich mit ihm abzugeben, die Fronten waren geklärt. Aber irgendwie hatte es mich doch beschäftigt. Nicht, dass ich Sebastian recht gegeben hätte. Auf gar keinen Fall. Aber vielleicht war es tatsächlich nicht an mir, die beiden zu verurteilen. Vielleicht veränderten sich Menschen nun einmal. Auch so sehr, dass Leute, die vorher viel mit ihnen zu tun hatten, plötzlich nichts mehr mit ihnen anfangen konnten. Aber dann war es eben so.

Sebastian schaute mich noch immer an. Ich hob eine Hand und wedelte sie ein bisschen durch die Luft. Sebastian schnaubte abfällig, das konnte ich sehen, selbst wenn er sicher hundert Meter entfernt stand. Dann tippte er Djamila an, und die beiden rückten ein wenig beiseite, sodass ich sie nicht länger sehen konnte.

Dann eben nicht, dachte ich nicht ganz ohne Trotz und wandte mich ebenfalls ab. Sollte er halt machen.

»André? Bist du nicht André?«, kam es von der Seite.

Ich drehte mich um.

Die Sportfreunde Stiller standen vor mir und grinsten.

Na klasse, dachte ich. Jetzt auch noch die. Der Tag wurde immer besser.

»Hey, wir sind die Sportfreunde aus Minga, und wir wollten dir nur mal sagen, dass wir deine Texte total super finden! Mir san voi die Fens.«

»Ah ja«, sagte ich.

»Die Clarissa, herrlich! Gibt's die wirklich?«, lachte der kleine Lead-Sänger.

»Alles erfunden«, sagte ich, »nichts davon stimmt.«

Im Hintergrund sah ich, dass mittlerweile schon zwei kleine Alternativ-Bühnen entstanden waren. Auf der einen lief *Over the Top*, mein liebster Sylvester-Stallone-Film, und zahlreiche Besucher saßen wie gebannt vor der Leinwand. Direkt daneben gab es Armdrückturniere und lauter Trucker-Devotionalien zu kaufen. Vielleicht hatte Maik es wirklich nur gut gemeint?

Als ich zurück zum Buffet sah, stutzte ich.

Als wäre es das Normalste auf der Welt, standen dort Maik und Sandy, das Nachbarsmädchen, hielten einander in den Armen und witzelten vor sich hin.

»Könnten mia vielleicht noch ein Autogramm?«, fragten die Sportfreunde, aber ich rannte los in Richtung Catering-Ecke.

Maik und Sandy schauten mich irritiert an, als ich mit hochrotem Kopf auf sie zugerannt kam. Also doch, dachte ich. Ich hatte es gewusst! Das Notfallbier! Die Freundin! Sa…, Sa…, Sandy und nicht Samanta! Ich wusste gar nicht, weswegen ich Maik zuerst anbrüllen sollte. Wegen seiner offensichtlichen Beziehung zu meiner Hooligan-Nachbarin oder wegen dieser saudummen Aktion hier.

»So!«, rief ich und zeigte auf Maik. »Du bleibst jetzt mal schön hier und haust nicht direkt wieder ab! Es gibt hier nämlich einiges zu klären, mein lieber Maik.«

Maik und Sandy starrten mich verwirrt an.

»Hö? Aber ich bin doch der Mirko!«, sagte Maik.

»Ach komm, hör off mit der Scheiße, Maik! Ich weiß es doch ganz genau!«

»Ey Herrmann, du musst echt ma wüller 'n bissl klarkomm', Eiter!«, rief Sandy und wirbelte dabei ihren blau-weißen Fanschal durch die Luft.

»Halt die Klappe!«, rief ich. »Komm du ma'n bisschen auf dich selbst klar! Redest die ganze Zeit nur von Schwulheit und so 'ner Scheiße!«

»Des sieht manchmal echt nich mehr so janz jesund aus, wie du dich so jebärdest, mein Freund!«

»Nix hier, mein Freund! Du bist Maiks Freundin!«

»Aber ich bin doch der Mirko!«

»Ach komm, halt die Fresse, Maik! Du kannst doch nicht einfach alles, was dir peinlich ist, in deinen ausgedachten Zwillingsbruder auslagern! Und wenn du wirklich dein *ominöser* Zwillingsbruder Mirko wärst, wo bitte ist dann jetzt Maik? Schon komisch, dass man euch nie auf einem Fleck sieht, oder?«

»Eiter, der Maik is' doch da drüben! Läufst escht nee mehr janz reene, Herrmann!«, sagte Sandy und zeigte zum Bühnenaufgang.

Langsam und äußerst skeptisch drehte ich mich um. Wenn dort jetzt tatsächlich Maik stand, dann war ich wahrscheinlich wahnsinnig geworden. Womöglich war ich einfach einer der Passagiere aus dem *LOST*-Flugzeug, lag in diesem Moment bewusstlos am Strand herum, während die DHARMA-Initiative ... Ich traute meinen Augen kaum. Nein, dachte ich, nein, bitte nicht! Am Aufgang stand Maik und redete mit Jens, der irgendetwas auf seinem Klemmbrett abhakte. Was geschah hier? War das das Shining, das sich jetzt bei mir bemerkbar machte, oder drehte ich einfach endgültig durch?

Ich wandte mich um, aber Sandy stand plötzlich allein vor mir.

»Wo? Häh?«, stammelte ich.

»Der Mirko is' ma kurz off de Hütte!«, sagte Sandy unbeeindruckt.

»Aber der war doch ...«, ich drehte mich wieder Richtung Bühnenaufgang. Maik redete noch immer mit Jens. Etwas abseits stand Luisa und beobachtete argwöhnisch die Gesamtsituation, während sie in ihren Hemdkragen sprach. Offensichtlich hatten wir ganz ähnliche Probleme.

»Du gehst hier nicht weg!«, rief ich Sandy zu, als ich davoneilte. »Und wenn dein ›Mirko‹ kommt, behältst du den hier!«

Ich stürmte zum Bühnenaufgang.

»Ja, Aldr, machmer so!«, hörte ich Maik sagen, als ich näher kam.

»So, Mirko!«, rief ich.

»Häh? Aldr, ich bin doch der Maik!«, sagte Maik.

»Und Mirko!«

»Nee, Aldr! Der Mirko is' …«, Maik drehte sich zum Buffet, aber Sandy stand allein dort und grinste. »Na ja, eben war er noch bei der Sandy!«

»Jaja«, sagte ich, »alles klar. Kannst offhören, mich zu verarschen!«

»Also dann geb ich jetz das Go!«, sagte Jens.

»Machste rischteh, Aldr!«, nickte Maik.

»Komm, wir gehen!«, sagte ich zu Maik. »Der Mirko kriegt das hier alleine hin!«

»Wir können nicht«, sagte Maik.

»Warum nicht?«

Maik zögerte einen Moment und begann zu grinsen. Urplötzlich war es wieder taghell auf der Hauptbühne.

»Wir warten auf den Main Act!«, flüsterte er.

»Main Act? Nach Slayer? Hast du 'ne Macke? Das ist Blasphemie!«, rief ich noch, aber niemand hörte meine Frage, denn ein irrsinniger Trommelwirbel ertönte, und sofort brüllte das Publikum wieder.

Das Bühnenlicht ging in einen Stroboskopeffekt über, sodass es mich nicht gewundert hätte, wenn die ersten zehn Reihen epileptische Anfälle bekommen hätten.

DJ Chris betrat die Bühne, gekleidet in ein wallendes Batikhemd. Auch das Publikum schien vorgesorgt oder sich zuvor an einem der vielen Merch-Stände eingedeckt zu haben: Nahezu alle trugen jetzt Batikhemden, die im Schwarzlicht zu leuchten begannen.

Wie in Trance begab sich DJ Chris zu seinem CD-Player, kramte einen Moment in seiner Tasche und hielt eine gebrannte CD in die Höhe. Die Meute tobte.

Gekonnt legte er die CD ein, das Klicken des Play-Knopfes schallte aus der Anlage. Alle hielten den Atem an. Mit welchem Hit würde DJ Chris seinen …

»WHAT IS LOVE?«

Ein ekstatisches Raunen schob sich, dem dröhnenden Bass gleich, von vorn nach hinten durch die Menge.

»BABY DON'T HURT ME!«, schrien alle.

»DON'T HURT ME!«, antworteten die Boxen. »DON'T HURT ME!«

»NO MORE!«

Als die Synthies einsetzten und den Beat vorantrieben, hatte DJ Chris bereits sein halbes Batikgewand durchgeschwitzt. Wie eine zweite Haut klebte es an seinem dürren Körper, und ich wünschte mir, er hätte wenigstens nicht darauf verzichtet, Unterwäsche zu tragen.

Alle tanzten und hüpften. Der Boden bebte. Wahrscheinlich löste die versammelte Partygemeinschaft genau in diesem Moment mehrere schreckliche Erdbeben in der südlichen Hemisphäre aus.

Da näherte sich ein Hubschrauber. Ich vermutete, dass einfach ein neuer Schub easyJet-Spanier angeliefert wurde. Doch der Heli schwebte nun direkt vor der Bühne. FLAPP-FLAPP-FLAPP-FLAPP, machten die Rotorblätter.

Und dann ging alles ganz schnell.

Aus dem Hubschrauber wie auch vom Bühnendach seilten sich mehrere schwarze Gestalten ab.

Luisa stürmte an uns vorbei und rief immer wieder »ZUGRIFF! ZUGRIFF!« in ihren Kragen.

Maik und ich blickten verwirrt auf Jens.

»Keine Ahnung, sie erzählt ja nie, was sie arbeitet!«, sagte Jens.

Mehrere Rauchbomben wurden gezündet, und abrupt stoppte die Musik, es gab ein Handgemenge, Schreie waren zu hören, dazu das irritierte Gemurmel aus dem Publikum. In Panik rannten die Leute durcheinander, DJ Chris nahm Anlauf, sprang in letzter Sekunde, bevor ihn einige der Gestalten fassen konnten, ins Publikum und surfte auf der Crowd davon. Sofort sprangen ein paar weitere Verfolger hinterher und ließen sich von Dutzenden Händen hinter ihm hertragen. Gerade noch sah es so aus, als könnte DJ Chris entkommen, da tat sich vor ihm eine Lücke in der Crowd auf.

»Aua, Scheiße!«, hörte man ihn den Aufprall kommentieren, da klickten auch schon die Handschellen.

Als sich der Rauch auf der Bühne verzogen hatte, trat Luisa ans Mikrofon. Sie zog etwas portemonnaieähnliches aus der Innentasche ihres Jackets und hielt ein Abzeichen in die Höhe.

»Mein Name ist Agent Luisa!«, hörte ich ihre Stimme übers Gelände schallen. »Ich arbeite für die GEMA!«

Ich musste lachen. Maik stieß mich etwas unsanft in die Seite.

»Sie wurden gerade Zeuge der Festnahme eines gesuchten Kriminellen! Seit über zehn Jahren hat Chris Rücke, besser bekannt unter seinem Decknamen *DJ Chris*, öffentlich nicht angemeldete Musik bei Tanzveranstaltungen abgespielt. Damit ist jetzt Schluss!«

Wieder flogen Bierbecher.

»Cool, dürfen wir stattdessen jetzt unser Set spielen?«, fragten die Südtiroler, die plötzlich neben uns standen.

»Verpisst euch, ihr Spacken!«, rief Maik und drohte den Heimatliedersängern mit der Faust, an der sein Stimmungsschlagring gelb leuchtete.

Jens sah peinlich berührt aus und rannte sofort los, um Slayer zu einer Zugabe zu bewegen.

Verdutzt beobachteten Maik und ich, wie DJ Chris von der Spezialeinheit der GEMA abgeführt und in einen schwarzen Van verfrachtet wurde.

Luisa sah uns stolz an und warf Jens eine Kusshand zu. Krass, dachte ich, jetzt konnte sie wirklich nur noch Terroristin werden. Wobei, manch einer würde argumentieren, dass sie das ja schon längst war.

»Was war das?«, fragte ich Maik.

»Wahrscheinlich Internet«, sagte Maik kopfschüttelnd.

»Meinst du nicht, dass das alles ein bisschen außer Kontrolle geraten ist?«

»Aldr, ich hab's doch nur gut gemeint!«, murrte Maik.

»Weiß ich, weiß ich«, sagte ich, »aber du musst zugeben, dass du gern übers Ziel hinausschießt.«

»Quatsch!«, sagte Maik. »Ich hab eenfach bessere Munition, Aldr!«

»Ich glaub, das war's jetzt für mich«, sagte ich, während ich etwas verschämt auf den Boden starrte.

Maik drückte mir ein paar Getränkemarken in die Hand.

»Du trinkst erst ma'n schönes Pils, dann sieht die Welt ganz anders aus!«

»Nee, ich mein so generell!«

»Ach, das kann man doch jetzt noch gar nich wissen! Wer weeß, wie viel Lösegeld für DJ Chris droffgeht, Aldr!«

Ich musste lachen. »Na ja, witzig war's schon.«

»Aber hallo!«

»Warum sehen wir uns eigentlich immer nur am 27. Dezember?«, fragte ich. »Ich könnt doch einfach mal im Januar bei dir vorbeikommen.«

»Geht leider nich, Aldr, da bin ich arbeit…, da hab ich Armdrückturnier!«

»Alles klar«, seufzte ich, »du kannst mich ja einfach mal bei Facebook anschreiben.«

»Ich hab doch keen Account, Aldr!«

»Du hast meinen«, sagte ich.

»Is'n Punkt«, nickte Maik.
Dann gaben wir uns High Five.

Am Ausgang der Backstage hielt ich kurz an, um mir eine Zigarette anzuzünden.

»Hast du dich mit Sebastian wieder vertragen?«, fragte Melissa, die ihren Kinderwagen in den letzten Stunden offensichtlich nur ein paar Meter weit hatte zerren können. Vermutlich würde sie irgendwann gegen Neujahr wieder festen Boden erreichen, es sei denn, es kam Nachtfrost.

»Nee«, sagte ich, »is' auch egal.«

»Aber is' schon schade!«

»Jaja.«

»André-Herrmann-Memorial-Klassentreffen, wie das klingt«, lachte Melissa.

»Setzt sich hoffentlich eh nicht durch«, schnaubte ich.

»Ich hab deine Auftrittsliste auf deinem Blog gesehen. Rechnet sich das?«

»Es geht«, sagte ich, »muss irgendwie.«

»Na ja, du könntest sicher auch immer beim Martin …«

»Danke, aber ich passe.«

Einen Moment lang sagten wir nichts.

»Du kommst nächstes Jahr nicht mehr, oder?«, fragte Melissa.

Ich zog an meiner Zigarette. »Ich glaub nich.«

»Weißt du«, sagte Melissa, als ich schon weitergehen wollte, »du bist kein schlechter Mensch. Du bist nur stur. Und hast ein bisschen komische Ansichten. Aber du kannst andere Leute zum Lachen bringen. Und zum Nachdenken. Deshalb mögen sie dich auch, sobald sie dich kennen. Ansonsten eher nich so, hihi.«

»Das hör ich neuerdings öfter«, sagte ich und musste an Kathrin denken. Was die jetzt wohl machte?

»Na ja«, lachte Melissa, »aber wenn man dich nur kurz kennenlernt, dann denkt man schon, du bist …«

In diesem Moment kamen Victory-Micha und seine Jungs auf uns zugestapft. Noch immer trugen sie alle einen Briefkasten unterm Arm. Ach je, dachte ich, jetzt würden sie sich vermutlich für all das rächen, was wir ihnen über Jahre hinweg angetan hatten. Wahrscheinlich würde ich für jeden einzelnen Briefkasten, den Maik und ich von ihren Häusern abgesprengt hatten, mit Blut bezahlen müssen.

Ich biss die Zähne aufeinander und machte mich auf ein kurzes Wortgefecht und dann auf einen schmerzhaften Hagel von Schlägen gefasst.

»Ey Antreh!«, rief Micha, als er fast vor mir stand.

»Ja?«

Victory-Micha griff in seine Tasche und wühlte darin herum. Wahrscheinlich, so dachte ich, suchte er nur nach seinem Springmesser, um das Ganze abzukürzen. Dann zog er einen silbernen Edding aus der Tasche.

»Ey, ich wollde ma fraren, ob du mir vielleicht ma'n Autogramm hier off mein' Briefkasten schreiben könntest. Vielleicht ist der dann irgendwann ma was wert!«

»Was wert?«, fragte ich.

»Na eBay und so! Für wenn du mal 'n Buch machst mit der Jeschichte mit mir und so. Mir glaubt das hier keener, dass du tatsächlich mich damit meinst!«

»Warum? Weil's so viele gibt, die nur noch Zeige- und Mittelfinger haben?«

»Jenau! Der Sebi, der Marco, der Basti, der ...«

Ich musste grinsen.

»Ich sag ja auch immer, dass er das mal machen soll!«, rief Melissa.

»Jaja«, sagte ich.

In diesem Moment hob sich zwischen uns der Schlamm. Ein Hügel aus Matsch wuchs in die Höhe, und Luke-Lukas tauchte genau in unserer Mitte auf.

»Angriff!«, schrie er und zündete vier Böller an, die er gekonnt in einer Hand hielt, dann steckte er sie blitzschnell in Victory-Michas Briefkasten, den ich gerade unterschrieben hatte.

»Deckung!«, schrie Luke-Lukas und tauchte wieder in den Schlamm.

Victory-Micha schaffte es gerade noch, den Briefkasten in hohem Bogen über die Absperrung des Backstage-Bereichs zu werfen, ehe ein wahnsinniger Knall losging und es den Briefkasten in Fetzen riss.

»Aua!«, »Scheiße, ich blute!«, »Mir steckt Metall im Kopf!«, bläkten mehrere Stimmen hinter dem Absperrzaun.

»Oha«, rief eine mir nur allzu bekannte Stimme, »ob man mit *der* Hand noch ordentlich Heimatlieder schreiben kann, na ich weeß ja nich, Aldr!«

Ich musste grinsen.

»Luke-Lukas«, schrie Melissa den Matsch an, »du tauchst sofort wieder auf und entschuldigst dich!«

»Übelst geil, Aldr!«, lachte Maik hinterm Zaun. »Wie der droff is', Aldr!«

Victory-Micha schaute ziemlich finster drein.

Ich wedelte mit der Hand Richtung Ausgang, um anzuzeigen, dass ich jetzt lieber gehen und zu Hause den Briefkasten meiner Eltern abschrauben wollte. Nur so zur Sicherheit.

»Okay«, sagte ich, »ich glaub, ich geh dann mal. Vielleicht probier ich das wirklich mit dem Buch.«

Melissa grinste, und ich trabte los.

»Was'n für'n Buch?«, rief Maik hinter der Absperrung. »Lesen, oder was?«

2014

Wir müssen reden

Es war Samstag.

Gerade hatte ich die Sprengsätze rund um die Mehrzweckhalle verlegt. Niemand war zu sehen, ein Käuzchen rief irgendwo in die Nacht hinein, es war Vollmond. In etwa 50 Metern Entfernung ging ich in Deckung und zog den Zünder aus meiner Jackentasche. Der süßliche Duft des Sprengstoffs stieg mir in die Nase. Für den Fall, dass mich doch jemand sehen würde, hatte ich mir einen Bauarbeiterhelm aufgesetzt und ein Klemmbrett in der Hand. Niemand hinterfragte Männer mit Bauarbeiterhelm und Klemmbrett.

Jetzt würde es ein für alle Mal ein Ende finden, dachte ich und begann mit dem Countdown.

3 – 2 – 1 –

Es klingelte, ich wachte auf.

Kacke, dachte ich, als ich bemerkte, dass das alles nur ein Traum gewesen war. Ich sah mich um. Ich lag in meinem Bett in meiner winzigen Wohnung in Leipzig. Als ich mich in die Aufrechte wuchtete, stieg mir der ätzende Geruch von zu vielen Zigaretten am Vorabend gepaart mit einem Döner vom Nachhauseweg in die Nase. Bah, dachte ich. Ich sah auf meinen Wecker, 6.30 Uhr. Wer um alles in der Welt klingelte an einem Samstagmorgen um diese Uhrzeit?

Ich beschloss, nicht weiter darauf zu achten, sicher hatten irgendwelche verrückten Jugendlichen, die gerade aus einer der vielen Kneipen in meiner Gegend gestolpert waren, mal wieder wahllos alle Klingeln unseres Hauses gedrückt.

Ich strich mir durch die fettigen Haare und legte mich wieder hin. Mit etwas Glück, so dachte ich, würde ich es schaffen, einfach weiterzuträumen und die Mehrzweckhalle endlich in Schutt und Asche zu legen.

Es klingelte.

Ich knurrte und drehte mich noch einmal um.

Noch immer hielt ich den Zünder in der Hand, nur dass er jetzt nach Döner und zu vielen Zigaretten roch.

Ich richtete meinen coolen Bauarbeiterhelm und sah auf das Klemmbrett. Dann begann ich wieder mit dem Countdown.

3 – 2 – 1 –

Es klopfte.

Ich stöhnte.

»Pakeeeet!«, rief jemand durch die Tür.

Leck mich, dachte ich. Ich war hier nicht der Concierge. Immer wenn ich dem Paketmann öffnete, gab er mir achtzig Pakete für alle möglichen Nachbarn, nur für mich war so gut wie nie eins dabei. Nicht umsonst ließ ich mir immer alles zur Packstation schicken.

Es klopfte wieder, aber ich reagierte nicht.

»Komm, verarsch mich nicht, ich weiß, dass du da bist! Du bist immer da!«, schrie es durch die Tür.

Na prima, dachte ich, jetzt wurde der Paketmann sogar noch frech. Dann erst recht nicht.

Warum konnte ich nicht ein einziges Mal meine Ruhe haben? Ich war doch nicht umsonst direkt nach dem zweiten Weihnachtsfeiertag wieder zurück nach Leipzig gefahren. Alles, was ich wollte, war, bis zum neuen Jahr meine Ruhe zu haben. Und dann nichts als Rumsitzen, Filme mit Sylvester Stallone gucken und vielleicht ein bisschen lesen.

Es hämmerte noch ein paar Mal gegen die Tür, dann hörte ich Schritte, die sich entfernten. Geht doch, dachte ich, geht doch.

Ich schloss die Augen und versuchte, wieder einzuschlafen. Ich dachte an den Sprengstoff, den Bauarbeiterhelm und den Countdown, als …

PING!, machte mein Handy.

Ich seufzte.

PING!

Einfach ignorieren, dachte ich.

PING! PING! PING!

Ich griff nach meinem Handy. 6.32 Uhr stand auf dem Display, na klasse!

Vier ungelesene Nachrichten, allesamt von einer unbekannten Nummer. Hatten die verrückten Jugendlichen jetzt auch noch meine Handynummer herausbekommen, oder was?

Hallihallo lieber Antreh!

das war ja ganz schön schwierig, deine nummer herauszufinden

aber deine Mama war so freundlich und hat sie mir gegeben!

heeeerzlichen glückwunsch zu deinem buch! voll supi, dass ich jetzt so einen richtigen autor kenne

Boah, nee, dachte ich, und sofort war mir klar, wer mich da zu dieser unmenschlichen Uhrzeit mit Nachrichten bombardierte.

PING!

du kommst aber schon heute abend oder?

PING

weil deine Mama sagte, dass du schon wieder nach Leipzig gefahren bist :(((

Ja, komm, dachte ich, schick am besten noch jedes Wort extra ab!

PING

sag mal

PING

könntest du

PING

vielleicht mal bei deinem verlag fragen ob die vielleicht auch meine gedichte rausbringen könnten

PING

???????ßß

Löschen, löschen, löschen, dachte ich und begann, eine Nachricht nach der anderen ins Daten-Nirwana zu verabschieden.

PING

sag einfach bescheid, dann bring ich heute abend das manuskript mit, LG Melissa

PING

*alter bestsellerautor *grins**

Hoffentlich hatte ich die Nachrichten schnell genug gelöscht, dachte ich, bevor Melissa hatte sehen können, dass ich sie tatsächlich gelesen hatte.

PING!

Boah, lasst mich doch alle in Ruhe, dachte ich, doch diesmal war es keine Nachricht von Melissa, sondern eine E-Mail. Ich öffnete das Mail-Programm und machte mich darauf gefasst, dass Melissa genau dasselbe noch einmal per E-Mail geschrieben hatte, doch im Postfach erwartete mich etwas anderes.

Absender: Mein Verlag
Betreff: Sehr gute Nachrichten
Lieber André,
wir alle im Verlag hoffen, deine Release-Lesung gestern Abend war ein voller Erfolg. Vielleicht hast du es schon selbst gesehen, aber gerade habe ich bemerkt, dass dein Buch über Nacht beim großen bösen A so richtig nach oben gegangen ist. Direkt auf Platz 3.406.002, Glückwunsch! Wir wünschen dir jedenfalls viel Erfolg bei deiner Lesung heute Abend! Der Vorverkauf brummt, es sind schon drei Karten weg.
Liebe Grüße, bla bla bla.

Toll, dachte ich. Platz 3.406.002, da waren es ja nur noch grob 3,4 Millionen Plätze, bis das Buch tatsächlich halbwegs relevant werden würde. Das Ganze stand wirklich unter keinem guten Stern. Bei der Release-Lesung gestern waren sage und schreibe zwölf Gäste da gewesen. Na ja, einer, wenn man meine Eltern, die vier Leute an der Bar und die fünf Leute von der Sozialistischen Deutschen Arbeiterjugend abzog, die sich geweigert hatten, Eintritt zu bezahlen, weil sie beim Titel *Klassenkampf* etwas anderes erwartet hatten.

Es klingelte. Ich ließ den Kopf hängen.

Gut, dachte ich, während ich mich aufsetzte. Es war ein Experiment gewesen. Bis Ende 2014 hatte ich mir gegeben. Und wenn das jetzt also doch nichts würde mit der Schreiberei und dem Auftreten, dann würde ich mir wohl oder übel doch einen Job suchen müssen. Ich könnte es vielleicht noch einmal bei der Zeitung probieren. Immerhin hatten sie ja nicht abgesagt, sondern einfach nur nie auf meine Bewerbung reagiert. Vielleicht ein gutes Zeichen. Zwar hatte ich die fünfhundert Euro Vorschuss, die ich vom Verlag erhalten hatte, nicht angerührt, aber ewig weit kam man damit auch nicht. Das Einzige, was mich jetzt noch spontan reich machen konnte, war ein Wunder. Na ja, und die Zahnbürste in Form einer E-Gitarre, von der ich vor Kurzem immerhin schon mal einen Prototyp gebastelt hatte.

Es klingelte schon wieder.

Ich warf die Decke nach hinten und stand auf. *Krrrrkkz*, machte es, als ich meine Füße auf den Boden setzte. Unter meinem linken Fuß erkannte ich die Überreste der Zahnbürste in Form einer E-Gitarre. Okay, dachte ich, dann eben direkt Neujahr zum Amt.

Ich zog mir eine Hose an und schlurfte zur Tür. Als ich sie öffnete, fiel mir ein Berg aus Paketen entgegen. Ich blickte in den Hausflur, aber niemand war zu sehen. Danke, du Arsch, dachte ich und begann, die Pakete, die allesamt für meine Nachbarn waren, bei mir im Flur zu verstauen. Als ich fertig war, ging ich runter zum Briefkasten, denn immerhin erwartete ich noch eine Antwort von Oral-B und Dr. Best bezüglich meines bahnbrechenden Prototyps.

Und tatsächlich, ich hatte einen Brief bekommen!

Mit zitternden Händen öffnete ich das Kuvert und entfaltete den darin befindlichen Zettel.

… beläuft sich die Nachzahlung laut beiliegender Nebenkostenabrechnung auf 496,00 Euro …

Warum hatten sie dem Schreiben neben dem vorgedruckten Überweisungsträger nicht einfach einen Strick beigelegt? Mein Vorschuss war gerade auf ganze vier Euro geschrumpft. Geil, dafür bekam man in Leipzig nicht mal mehr einen Big Döner.

Kopfschüttelnd trabte ich wieder nach oben. Gerade als ich die Tür hinter mir geschlossen hatte, klingelte es.

Ich drehte mich um und öffnete.

Vor mir stand meine Nachbarin mit verschränkten Armen.

»Paket abholen?«, fragte ich.

»Haben Sie meinem Sohn beim Müllrunterbringen erklärt, sein Leben wäre sinnlos und absurd?«

Ups.

»Äh, nö!«, log ich.

Gut, der Kleine war vielleicht erst sechs oder sieben, aber man konnte nie früh genug lernen, dass die Welt ungerecht war.

Die Nachbarin lugte in meinen Flur und beäugte die vielen Pakete.

»Sind Sie Internet-Betrüger?«, fragte sie.

»Nee, ich öffne nur zu oft die Tür!«, sagte ich und ließ selbige ins Schloss gleiten.

Es klingelte.

»Jaja, tut mir leid, mach ich nie wieder!«, rief ich, während ich die Tür aufriss.

»Tach, GEZ!«, sagte ein kleiner, rundlicher Mann.

»Häh?«

»Gebühreneinzugszentrale!«, rief der Mann.

»Aber die GEZ gibt's doch gar nicht mehr!«, rief ich.

»Stimmt, wir heißen jetzt Beitragsservice. Wir fanden, das klingt netter.«

»Aber im Prinzip sind Sie genau derselbe blöde Verein wie vorher?«

»Genau! Wir haben uns den Trick vom Arbeitsamt abgeguckt!«

»Sie meinen die Agentur für Arbeit?«

»Nee, das Jobcenter!«

»Ach so«, sagte ich und wollte gerade die Tür schließen, als der Mann seinen Fuß dazwischenstellte.

»Sie haben nicht auf unsere Briefe reagiert.«

»Wie bitte?«

»Jaja, die Leute denken immer, wir schicken nur drei Mahnungen, und das war's dann!«, lachte der Mann. »Aber so läuft's nich! Sie haben doch sicher ein Smartphone, oder? Das muss man auch anmelden! Kostet alles Gebühr!«

So unauffällig ich konnte, schielte ich auf meine Hosentasche, in der sich das iPhone befand.

»Hören Sie die Musik?«, flüsterte ich.

»Ja, wieso?«

Ich lehnte mich ein Stück aus dem Türrahmen und deutete auf die Tür der Nachbarin.

»Ich glaub, das ist alles nicht angemeldet«, sagte ich hinter vorgehaltener Hand.

»Oha! Danke!«, rief der Mann und wackelte davon.

Ich blickte auf meine Uhr. Es war gerade mal 7 Uhr, und schon jetzt hatte ich keine Lust mehr auf diesen Tag. Missmutig hockte ich mich an den Schreibtisch und fuhr den Computer hoch. Dann ging ich auf die Seite des großen bösen A und suchte nach meinem Buch. Aha, dachte ich, es war im Ranking schon wieder gesunken, ich war auf Rang 5.003.086 gerutscht.

Durchschnittliche Bewertung: Zweieinhalb Sterne.

Kunden, die dieses Buch kauften, interessierten sich auch für: *Hand an sich legen. Diskurs über den Freitod.*

Ich scrollte nach unten.

Eine Rezensentin namens MelissaH hatte 5/5 Sterne vergeben und schrieb:

Wow, herzlichen Glückwunsch, lieber André! Jetzt bist du ein echter Schriftsteller! Wenn du das liest, schreib mir doch mal zurück! Anscheinend hast du meine Nachrichten nicht gekriegt!

Darunter folgte ein gewisser FCBayern4Life1994 (3/5):

Als begeisterter Tommy-Jaud-Fan habe ich nach dem Lesen der Zusammenfassung sofort zugeschlagen. Leider musste ich bereits im Prolog feststellen, dass der Autor mit weitaus weniger Intellekt und Wortwitz agiert, als man es bspw. aus Vollidiot *gewohnt ist. Ich werde das Buch meinen Kollegen im Graduiertenkolleg für Quantenphysik nicht weiterempfehlen.*

LohnArbeitProfit (2/5 Sterne):

Achtung, Genossen. Der Titel ist irreführend, es geht um etwas ganz anderes!

Ein Benutzer namens Enno schrieb (1/5 Sterne):

Nicht witzig, du Arsch.

MelissaH (4/5):
Enno, bist du das?

M. Ranicki (3/5 Sterne):
Spitzenbuch! Bestsellerwürdig! 3 von 5 Sternen!

Enno (1/5 Sterne):
@MelissaH: Nein.

Metroid4711 (1/5 Sterne):
Ey, das ist kein Chat hier!

Oleoleole (1/5):
Halt dein dummen Maul, häslichen Opfer! In Internet große Fresse aber draußen nix!!11

MelissaH (3/5 Sternen):
Hey Enno! Das ist ja cool! Aber der André meint doch keine echten Menschen! Der verwendet nur manchmal, was wir sagen!

Enno (1/5 Sterne):
Natürlich meint der uns! Oder was denkst du denn, wer Clarissa sein soll?

MelissaH (2/5 Sterne):
André, wir müssen reden!

MamaHer (1/5 Sterne):
War eigentlich der Paketmann schon da?

MelissaH (1/5 Sterne):
Schreib mal zurück!11

OmaHer (5/5 Sterne):

Wir haben dich trotzdem lieb!

Mann, Mann, Mann, dachte ich, mein Leben war ein Trümmerhaufen. Das Schlimmste aber war, dass das nicht ausreichen würde, um ins Zeugenschutzprogramm aufgenommen zu werden und irgendwoanders unter falschem Namen eine neue Existenz beginnen zu können.

Es klingelte. Eine Sekunde lang überlegte ich, mich einfach tot zu stellen, aber jetzt war es auch irgendwie egal.

»Ihre Nachbarin sagt, Sie wären Internetbetrüger. Haben Sie zufällig einen Computer, den Sie nicht angemeldet haben?«

»Nö.«

»Darf ich mal reinkommen und nachsehen?«

Ich überlegte einen Moment. Soweit ich wusste, durften die Leute von der GEZ überhaupt nichts. Man musste sie nicht reinlassen, man musste ihnen keine Auskunft geben, ja, man musste nicht einmal mit ihnen reden.

»Nö«, sagte ich.

»Och, bitte!«

Als ich die Tür wieder schloss, konnte ich ein leises Schluchzen hören. Das tat gut. Ein kleines bisschen zwischenmenschliche Grausamkeit, und der Tag erschien einem direkt viel gelungener.

Es klopfte.

»Ha! Ich wusste doch, dass Sie da sind! Sie sind immer da!«, rief der Paketmann.

Etwas abseits saß der traurige GEZ-Mann auf dem Boden und wischte sich die Tränen aus dem Gesicht.

»Ich hab nämlich wirklich was für Sie!«, sagte der Paketmann und überreichte mir eine Schachtel.

»Na los, aufmachen!«

Das Paket stammte von meinen Eltern. *Herzlichen Glückwunsch zum Romandebüt!*, stand obenauf.

Wow, das war nett, dachte ich. Wahrscheinlich hatten sie es abgeschickt, bevor sie einen Blick in das Buch geworfen hatten. Ich entfernte die Klebestreifen und hob den Deckel ab.

Die Siedler von Catan.

»Haha!«, lachte der Paketmann. »Voll das witzige Spiel! Mögen Sie auch Spieleabende?«

Fuck you, dachte ich und schmetterte die Tür zu.

Vielleicht hatten sie das Paket doch abgeschickt, nachdem sie das Buch gelesen hatten. Was für eine Frechheit.

Ich warf mich aufs Bett und versuchte, zu sterben. Selbst meine Eltern dissten mich, schlimmer konnte es nicht werden.

Es klopfte.

»Meine Frau hat mich extra hergefahren. Aus'm schönen Harz! Eine Kollegin hat mir da 'n Tipp gegeben!«, schluchzte der rundliche Mann.

»Das tut mir leid«, sagte ich, »vielleicht dürfen Sie ja im Zug anschreiben.«

»Na ja«, sagte der Mann und trottete Richtung Treppe, »schönen Tag noch.«

»Ihnen auch«, sagte ich. »Gute Heimfahrt!«

Als er schon auf der Treppe war, drehte er sich noch einmal um. »Wobei, ich könnte ihr ja kurz Bescheid sagen, dürfte ich vielleicht mal telefonieren?«

»Klar«, sagte ich und zog mein iPhone aus der Tasche.

Der runde Mann begann zu grinsen und zog ein Klemmbrett aus seiner Tasche.

Fuck, dachte ich, schlimmer geht es nicht mehr.

Dann klingelte das Handy.

Kaputt

»Guck«, sagte meine Mutter und zeigte aufgeregt durchs Wohnzimmerfenster auf das Dach des Gartenhäuschens, »da hat er eingeschlagen.«

Tatsache, auf dem Dach prangte ein faustgroßes, an den Rändern verbranntes Loch.

»Bei Bergers nebenan hat's die ganzen Leitungen in der Wand zerschmort!«

»Nicht schlecht«, sagte ich und nickte.

»Das hat gerumst, sag ich dir!«

Aufgeregt rannte meine Mutter hin und her, griff hier und da herumliegende Zettel, wirbelte sie nach einem undurchsichtigen Ordnungssystem gleich wieder durcheinander und legte sie dann an neuer Stelle ab.

»Wo war denn eigentlich gleich ... ach herrje! Ich komm hier zu gar nichts! Noch nicht mal dein Buch konnte ich mir angucken!«, sagte meine Mutter

»Ach, lass dir Zeit«, sagte ich beruhigt. »Aber danke für das Geschenk.«

»Cool, häh? Kannste mit deinen Freunden mal so'n schönen Spieleabend machen.«

»Richtig klasse, ja. Und jetzt?«, ich deutete auf den Fernseher. »Alles hin, oder was?«

»Herd, Kühlschrank und Heizung hamm's überlebt«, sagte meine Mutter, »Fernseher hin, Receiver hin, dein Vater prüft seit gestern schon alle Geräte! Aaach, das ist alles kompliziert mit den ganzen Rechnungen! Ich wer' bald nich mehr!«

Fünf Meter entfernt kniete mein Vater angestrengt vor der Stereoanlage.

Er drückte auf Power, und das Display begann normal zu leuchten.

»Hmm«, murmelte er, dann kippte er ein Glas Wasser in die Lüftungsschlitze. Sofort knallte es, das Display wurde schwarz.

»Dachte ich mir«, nickte er fachmännisch. »Brauch 'mer ooch 'ne neue! Muss de Versicherung übernehmen. Is' leider kaputt!«

Klasse, dachte ich, Mutter verliert die Nerven, weil ein paar Geräte im Arsch sind, und Vater übt sich im Versicherungsbetrug. Alles wie immer also.

»Hach«, plapperte meine Mutter weiter, »und ausgerechnet der Fernseher is' kaputt. Gestern nach'm Abendbrot, wir wussten ja gar nich, was wir machen sollen, also, also …«

»Da habt ihr mal miteinander geredet? Oder habt was Fesches gespielt?«

»Nee, da simmer einfach schlafen gegangen«, nickte meine Mutter, »Bild war ja schwarz! Aber der neue is' schon bestellt!«

»Hmm«, nickte nun ich, »und wieso musste ich jetzt unbedingt herkommen? Dann guckt ihr halt mal drei Tage lang kein Fernsehen!«

»Na wegen dem Telefon!«, rief meine Mutter. »Der Mann von der Telekom hat uns gleich so eine neue Station gegeben, mit Telefon und Internet, aber das funktioniert alles nich!«

Meine Mutter warf die Arme in die Luft, so als könnte sie damit irgendeine Art Technikgott besänftigen.

»Ja, und wo is' das Ding?«

»Hier«, sagte meine Mutter und zeigte auf einen großen Karton auf dem Dielentisch.

»Du hast ihn ja gar nicht ausgepackt!«, sagte ich.

»Ach herrje!«, meine Mutter schlug die Hände überm Kopf zusammen.

»Ernsthaft?«, fragte ich.

»Du, Antreh, ich hab alles probiert, aber ich kann das nich, mit den ganzen Kabeln und …«

»Der Karton ist sogar noch eingeschweißt!«, sagte ich.

»Ich sare ja, wenn du's schon schwierig findest, wie soll ich's dann hinbekommen?«

»Meint ihr das ernst?«, fragte ich.

Im Hintergrund lief mein Vater vorbei, in der rechten Hand unseren Toaster, in der linken eine Gabel. Schnurstracks hielt er auf die Küche zu, es klimperte kurz, dann knallt es.

»Antreh«, rief er, »Antreh, sag mal deiner Mutter, sie soll den Toaster mit offschreiben, der's leider ooch kaputt!«

»Hmhm«, machte ich kopfschüttelnd.

»Orr nee, nee, nee, nee«, keuchte meine Mutter und suchte nach einem Stift.

»Pass mal auf«, sagte ich, »das ist alles vorkonfiguriert, da musst du nichts einstellen.«

»Ach na ja, das weeß ich doch nich«, stammelte meine Mutter, »das is' alles so neu und geht alles so schnell.«

Meine Güte, dachte ich. Jetzt war es also so weit. Meine Eltern hatten die nächste Stufe des Altwerdens erreicht. Ihr Interesse am technischen Fortschritt war endgültig erloschen. Von nun an würden sie alles, was noch kommen würde, für Mumpitz oder gar Zauberei halten.

»Aufgepasst«, sagte ich, öffnete den Karton, entnahm den Router, stöpselte das Telefon an und steckte anschließend den Stecker in die Steckdose. Das Telefon piepte zuverlässig, und nach zehn Sekunden leuchtete auch das WLAN-Lämpchen am Router.

»So«, sagte ich grimmig, »läuft.«

»Orrr, wenn wir dich nich hätten«, rief meine Mutter begeistert, »wie du das immer machst!«

»Ja«, sagte ich, »kurz nachdenken, Stecker reinstecken und 'ne Prise Magie! Mann, Mann, Mann, jahrelang regt ihr euch darüber auf, dass eure eigenen Eltern gerade mal mit Mühe und Not ihr Seniorenhandy mit diesen abartig großen Tasten bedienen können, und jetzt fangt ihr genauso an. Vater weigert sich schon komplett, ein Telefon zu benutzen!«

In diesem Moment klingelte das soeben angeschlossene Telefon.

Mein Vater kam aus der Küche gerannt und griff nach dem Hörer.

»Moment!« schrie er ins Telefon und hielt es sogleich meiner Mutter hin.

Das darf doch alles nicht wahr sein, dachte ich.

Sie nahm den Hörer und hielt ihn ans Ohr. Nichts passierte.

»Wer's dran?«, rief mein Vater.

»Sagt nix«, sagte meine Mutter.

»Du musst dich vielleicht mal melden?!«, rief ich. »Was ist denn los mit euch?!«

Mein Vater zuckte mit den Schultern. »Ja, Herrmann?«, rief er in die Luft.

»Nicht du!«, sagte ich und zeigte auf meine Mutter.

»Ja, Herrmann?«, sagte sie ins Telefon.

»Wer's dran?«, rief mein Vater.

»Ach Oma, orr, schön, dass du anrufst!«

»Wer?«, brüllte mein Vater.

Klasse, dachte ich, meine Großeltern waren sogar noch 'ne Ecke schärfer. Immerhin hatten sie bereits die finale Stufe des Altseins erreicht: gesundes Desinteresse gepaart mit einer handfesten Schwerhörigkeit. Meine Großeltern waren also nicht nur hilflos, sondern lebten praktisch komplett in ihrer eigenen Welt. Sie vergaßen selbst die einfachsten Dinge.

»Was? Wo seid ihr?«, rief meine Mutter ins Telefon. »Ach, ihr steht vor der Haustür?«

»Hmm«, nickte ich, »haben bestimmt vergessen, wie die Klingel funktioniert.«

»Ja, da müsst'er auf den Knopf drücken, das ist die Klingel!«, brüllte meine Mutter in den Hörer.

Dann wandte sie sich an mich: »Tze, wie die sich manchmal anstellen!«

»Jaaaaa«, sagte ich, »schlimm ist das!«

Zwei Minuten später schlurften meine Großeltern zur Tür herein.

»Aaaach Mutti, sind die Pflastersteine für uns? Das ist ja lieb von euch! Wo habt ihr die denn her?«

»Was? Ach, die haben bei uns doch grad die ganze Straße neu jemacht! War noch alles total lose!«, rief mein Opa begeistert.

»Na, mein Junge, wie geht's?«, fragte mich meine Oma.

»Ja, ganz nett, ich bin jetzt bei der Fremdenlegion«, antwortete ich.

»Jaaa, bei uns hat's geregnet heute!«

In der Küche knallte es erneut.

»Schreib ma off: Die Kaffeemaschine is' ooch kaputt«, brüllte mein Vater.

»Wo is'n dein Vater?«, brüllte mein Opa.

»Noch in der Küche, aber vermutlich bald im Gefängnis«, erklärte ich.

Dann wandte ich mich an meine Mutter: »Ich brauch mal euren Laptop, damit ich das neue WLAN-Passwort eingeben kann. Dann müsste alles funktionieren. Ich muss dann auch bald los. Ich muss doch heut noch nach …«

»Mutti«, rief meine Mutter und trabte ins Arbeitszimmer, »bei uns hat nämlich der Blitz eingeschlagen! Der André, der richtet uns grad alles wieder ein!«

Meine Oma blickte mich strahlend an.

»Na, mein Junge, wie geht's?«, rief sie.

»Das hast du mich eben schon mal gefragt«, rief ich.

»Bei uns hat's heute nämlich geregnet«, brüllte mir mein Opa ins Ohr.

»Interessant«, rief ich zurück, »ich habe jetzt übrigens Ebola!«

»Ja«, brüllte meine Mutter aus dem Arbeitszimmer, »das hamm sich Bergers von nebenan ooch kürzlich geholt!«

»Nee, is' schon schön, wenn das alles so klappt, na?«, sagte meine Oma.

»Ich habe bestimmt schon Tausende Menschen angesteckt«, erklärte ich.

»Ja, das hab ich ooch gehört, dass des kompliziert is' mit den Steckern!«, brüllte meine Mutter, während sie mit dem Laptop zurückkam.

»Na ja, man kann nich alles hamm, nich wahr?!«, brüllte meine Oma.

»Och, Mutter«, rief ich, als ich den Laptop aufklappte und sofort Dutzende Sinnlosprogramme, Toolbars und anderen Scheiß auf dem Desktop erblickte. »Mutter, du sollst doch nicht immer überall droffklicken und alles Mögliche installieren.«

»Ich hab nichts gemacht«, rief meine Mutter.

»Stimmt, das machen die Computer ja heutzutage meistens ganz von alleine.«

»Und die Natur!«, erklärte meine Oma. »Das richtet sich alles nach'm Mond!«

Meine Mutter nickte zufrieden.

Ich klickte auf das Netzwerksymbol, sofort öffneten sich Dutzende Fenster mit Gewinnspielen. Emsig begann ich, jedes einzelne zu schließen, woraufhin sich immer direkt drei neue öffneten. Der Lüfter beschleunigte auf Highspeed und die ganze Maschine röhrte, als würde sie jeden Moment abheben und zur Haustür hinausfliegen.

»Orr, Mutter«, sagte ich, »wie hast du denn das geschafft?«

»Ich hab nur ganz normal ausgemacht, und dann war das so!«

»Hmmhm, ganz bestimmt«, sagte ich.

»Was'n mit dem Computer?«, rief mein Vater aus der Küche. »Kaputt? Könnwer offschreiben! Blitzschaden!«

»Na ja«, sagte ich, »vielleicht bringste einfach ’n Glas Wasser, und dann überprüfen wir das ma.«

Thale

Es war so gegen 17 Uhr.

»Jaaa!«, sagte ich ein wenig genervt. »Jaaaa, Mutter, ich versuch's! Jaaa! Tschüss!« Dann legte ich auf, der Zug hielt, und ich stieg aus.

Auf dem Bahnsteig atmete ich kurz durch. Es wurde immer schlimmer. Zum sechsundachtzigsten Geburtstag meiner Oma, so hatte es mir meine Mutter gerade verkündet, würde ein Zauberer auftreten. Und weil mir wahrscheinlich sowieso niemand abnahm, dass ich hin und wieder auch etwas anderes tat, als herumzusitzen und an die Decke zu starren, war ich damit beauftragt worden, einen solchen zu engagieren. Keine Ahnung, wo ich einen Zauberer herkriegen sollte. Gut, Verrückte gab es in Leipzig genug, aber die meisten davon jagten einer Sechsundachtzigjährigen sicher nur einen Schrecken ein, statt sie mit der wunderbaren Welt der Magie zu beeindrucken.

So eine Scheiße. Warum gingen sie nicht einfach bowlen, dachte ich und verwarf den Gedanken sofort, als ich mir vorstellte, wie zehn Über-80-Jährigen beim Herunterbeugen gleichzeitig das künstliche Hüftgelenk herausploppte.

Ich hatte noch gut drei Stunden Zeit, ehe ich in der Stadtbibliothek, wo die Lesung stattfinden sollte, anwesend sein musste. Ich rechnete noch mal kurz durch: Drei Stunden mit einem Bier in zwanzig Minuten während der ersten Stunde und dann pro Stunde fünf Minuten mehr pro Bier, das machte drei, zweieinhalb, rund acht Bier, genug, um mehr als einmal mein gesamtes Blut durch Gerstensaft zu ersetzen und über den Fakt hinwegzukommen, dass ich mich tatsächlich dazu hatte breitschlagen lassen, nach Thale zu fahren.

Thale. Im Harz.

Eigentlich hatte ich mir schon zu Schulzeiten geschworen, nie wieder einen Fuß in dieses verfluchte Gebirge zu setzen, doch dann war den Leuten aus dem Verlag *der Coup schlechthin* gelungen, wie sie es genannt hatten.

Eilig ging ich auf die Kneipe zu. Schon von Weitem war der recht unübliche Name *Fettgusche* gut zu erkennen. Vor der Tür hielt ich kurz an, um wieder zu Atem zu kommen. Dann drückte ich die Klinke und trat ein.

Vor mir saß die Crème de la Crème des sozialen Abstiegs. Männer, die ohne Probleme acht Biere in ihren dicken Bäuchen würden verstauen können, alte Vetteln, die nur darauf warteten, dass ebenjene Männer endlich acht Bier getrunken hatten und dann richtig rattig wurden, und ein paar Junge, die es meist noch bis nach Hause schafften und auf dem Weg jemandem die Zähne einschlugen. All das zusammengehalten von Onkelz-Songs aus den Boxen, dem hyperaktiven Wirt und dem ermunternden Schild *Wir hamm off, bis der Letzte jeht!*.

»Hey André«, rief jemand von einem kleinen Tisch zu mir herüber, ich nickte und setzte mich in Bewegung.

»Krass, dass das geklappt hat!«, sagte Jens. »Wozu Facebook doch manchmal gut ist!«

»Tag«, sagte ich artig und nahm Platz.

Eigentlich beachtete nie jemand meine »Heute Abend lese ich in Bad Bengsheim. Es wird sicher mindestens mittel«-Postings. Umso trauriger war es, dass sich ausgerechnet jemand bei Thale gemeldet hatte.

Der hyperaktive Kellner brachte Bier, und ich war mir unsicher, ob das große Pflaster auf seinem Arm war irgendeine

Wunde oder doch ein verfassungsfeindliches Tattoo bedeckte. Wir prosteten uns zu.

»Wohnst du hier?«, fragte ich Jens.

»Klar.«

»Wie kommt man denn in die Verlegenheit, ausgerechnet nach Thale zu ziehen?«

»Wie kommt man denn dazu, ausgerechnet in Thale aufzutreten?«, fragte Jens.

»Guter Punkt«, grinste ich, »du zuerst.«

»Ach na ja, die Luisa arbeitet jetzt bei der GEZ«, sagte Jens.

»Ha!«, rief ich.

»Was ›Ha!‹?«

»Ach nichts«, sagte ich.

»Die baut hier im Harz eine ganz neue Einheit auf. Die fahren überall hin und überführen Gebührenpreller!«

»Ah ja, das ergibt Sinn!«, sagte ich und musste an den rundlichen Mann vom Vormittag denken. Jetzt wusste ich, wer ihm den Tipp gegeben hatte. Danke, Luisa, dachte ich.

Jens sah mich mit großen Augen an.

»Ach so«, sagte ich, »jaaa, mein Verlag hat das eingefädelt, so wegen Promo. Für das Buch, weißte?«

»Nö«, sagte Jens schulterzuckend.

Gott sei Dank, dachte ich. Wahrscheinlich hatten Melissa, Enno und die anderen längst die Messer gewetzt und warteten beim Klassentreffen in meiner Heimatstadt nur auf mein Eintreffen, um mich des Buches wegen zu skalpieren. Dabei hatte ich mich doch nur ein *ganz kleines bisschen* inspirieren lassen.

»Na ja, ich hab doch ein Buch ge…«

Jens starrte mich ausdruckslos an.

»Egal, und du so?«, fragte ich, um die peinliche Stille zu überbrücken, die sich zwischen uns breitgemacht hatte, während um uns herum Onkelz-Songs lärmten.

»Elternzeit«, sagte Jens. »Ich hab ja nie so Glück mit den Jobs.«

»Ach ja? Das wusste ich ja gar nicht!«, unkte ich.

Hoffentlich würde er nie das Buch in die Finger bekommen, dachte ich und nahm wir vor, gleich morgen meinen Namen zu ändern.

Die Kneipe war äußerst merkwürdig. Hinterm Tresen dancte sich der vielleicht dreißigjährige Inhaber zu den Riffs der Onkelz ins Delirium. In regelmäßigen Abständen ging er durch den Raum, setzte sich zu seinen kahl geschorenen Gästen an den Tisch und sagte »Da steckt noch Wahrheit drin!«, wenn gerade ein Onkelz-Song verklungen war, oder »Na Männer, harte Woche jehabt?«, während er einem ungefragt einen Kümmerling ins Bier kippte. Die Barfrau zog Runde für Runde aus den Zapfhähnen, es wurde wenig gesprochen, und wenn, dann nur über Dinge von Substanz.

»Na ja, wenigstens bin ich nicht der Einzige, der heute das Klassentreffen verpasst«, grinste Jens.

»Kann man ruhig mal aussetzen«, sagte ich und überlegte, ob gerade Thale ein adäquater Ersatz war.

»Was da jetzt wohl abgeht?«, sinnierte Jens.

Ich leerte das zweite Bier und sah auf meine Uhr, halb sieben.

»Wahrscheinlich dasselbe«, sagte ich und deutete auf die leeren Gläser.

»Und der Maik?«

»Keine Ahnung«, sagte ich mit einem Schulterzucken, »der wird's verkraften.«

Das einzig Charmante an diesem Ort war, dass noch nicht das Berufsprekariat Einzug gehalten und sich somit niemand mit einem Laptop hierherverirrt hatte. Hier brachte man maximal seinen Kampfhund und reichlich Vorurteile gegenüber Ausländern mit.

»Ich find das übrigens voll krass«, sagte Jens, »dass du jetzt so Künstler bist, mit Auftritten und so.«

»Na ja«, sagte ich, »ich bin ja heute nur die Vorband, und ich kenn' den Hauptact eigentlich gar nicht, diesen Schwabel…«

»Hammer!«, sagte Jens. »Besser kann man sein Geld doch gar nicht verdienen!«

Nun ja, dachte ich, von Geld sollte man lieber nicht sprechen. Wenn sie einem schon nicht einmal per E-Mail schrieben, wie viel Geld man für diese Vorband-Sache bekam, dann vermutlich nur deshalb, weil es nicht der Rede wert war. Aber wer weiß, dachte ich, vielleicht war Thale ja mein dringend benötigter Durchbruch. Sonst wäre es ziemlich ungünstig, jahrelang Witze darüber gemacht zu haben, nicht arbeiten gehen zu wollen, und dann plötzlich an dem Punkt angelangt zu sein, wo man doch dringend Geld braucht.

»Jo, passt«, log ich.

Das war der Stolz, der sich meldete. Und irgendwie vertraute ich darauf, dass er es war, der es auch diesmal geregelt kriegen würde.

»Krass!«, sagte Jens. »Mir würd da ja nicht mal was einfallen!«

»Ach, meist muss man ja nur mitschreiben«, sagte ich, während ich mitschrieb. »Beim Geburtstag meiner Oma zum Beispiel, da soll ein Zauberer auftreten. Und ich muss einen auftreiben.«

An der Bar saß ein Mann, der uns etwas zu auffällig beäugte. Als ich meinen Satz beendet hatte, sprang er von seinem Stuhl und hechtete in unsere Richtung.

»Wenn ich mich vorstellen darf?! *Zauberei mit Zauber-Kai. Die freche Zaubershow mit Pfiff!*«

»Jaja, komm, geh weiter!«, sagte ich.

Der Mann griff in sein Sakko, zog einen platt gedrückten Zylinder heraus und ließ ihn mit einem Schlag aufs Handgelenk zu voller Größe aufploppen.

»Schauen Sie, mein Hut ist leer, und nun, Simsalabim!«

Er wedelte mit der Hand über dem Hut, griff hinein und zog eine miauende Katze hervor.

»Ganz recht, meine Herren, eine wunderschöne Taube!«

»Ob du bitte unsere Katze in Ruhe lässt!«, schrie der Wirt, dessen Pflaster ein wenig nach oben gerutscht war und jetzt die politische Ausrichtung des Lokals offenbarte.

»Du sitzt nicht umsonst in Thale an der Bar, Kollege«, sagte ich und runzelte die Stirn.

Okay, dachte ich, jetzt musste ich also nur noch herausfinden, wo man die *guten* Zauberer finden konnte.

Jens war völlig euphorisch geworden, was vermutlich am vierten Bier mit Kümmerling lag, das gerade unsere Kehlen hinabrann. Es war schwierig. Einerseits ertrug ich es nicht, von ihm bewundert zu werden, andererseits war ich zu stolz, ihm einfach die Wahrheit zu sagen. Genauer, dass ich all die anderen heimlich dafür bewunderte, zu wissen, woher sie im nächsten halben Jahr ihr Geld bekommen würden. Und dass ich keine Ahnung hatte, wo ich mich überhaupt hätte bewerben sollen und wofür. Das Einzige, was mich das Politikstudium gelehrt hatte, war, dass man immer einen Flaschenöffner dabeihaben musste.

»Oah, ich stell mir das voll geil vor! Ständig unterwegs sein!«, rief Jens mit zunehmend ausladender werdenden Gesten.

»Jaja«, sagte ich, »aber spätestens wenn du sechs Stunden im Zug neben einer rüstigen Rentnerreisegruppe sitzen musst und dann in Eisenach noch ein Jongleur zusteigt, findest du das auch zum Kotzen.«

»Aber immer in Hotels schlafen!«, rief Jens.

»Zwei Sterne ohne Frühstück, WLAN kostet fünf Euro extra, und Punkt 8.30 Uhr fahren sie draußen mit dem Staubsauger gegen deine Tür?«, unkte ich.

»Herrlich! Niemals jeden Morgen auf Arbeit sein müssen!«

»Nee, aber dafür immer dann unterwegs sein, wenn all deine Freunde Zeit haben und was machen wollen!«

»Du hast doch voll das Leben! Allein die Groupies und so!«

»Ich glaub, du stellst dir das krasser vor, als es ist. Okay, das mit den Groupies stimmt natürlich«, sagte ich.

»Echt?«

»Nee.«

»Entschuldigen Sie, sind Sie nicht Andreas Herrmanns?«

Ein bildhübsches junges Mädchen stand neben unserem Tisch und schaute mich mit aufgerissenen Augen an. Jens begann zu grinsen.

»André Herrmann«, sagte ich.

»Ja, vooooll cool, Sie hier zu treffen, wissen Sie, ich bin ein Megafan vom Schwabelhaften Sven«, sagte das Mädchen.

»Du kennst den Schwabelhaften Sven? Ist das geil!«, rief Jens.

»Jaja«, sagte ich und knetete meine Hände, »voll cool. Wollen wir uns nicht lieber duzen?«

»Kommt der Sven auch noch vorbei?«

»Das wär ja der Hammer!«, pflichtete Jens bei.

»Ich kenn den Sven eigentlich gar nicht, das hat alles mein Verlag …«

»Also ich fand ja schon das erste Buch super, aber *Halt deine Maultaschen!* ist noch viiiiel witziger!«

»Ich hab irgendwo gelesen, dass das nächste Buch *Mein Spätzle und ich* heißen soll!«

Das Mädchen brach in Gelächter aus und klatschte aufgeregt in die Hände.

»Soso«, sagte ich und nahm einen großen Schluck von meinem Bier, während ich versuchte, nicht allzu interessiert zu gucken.

»Ob Sie da vielleicht nach der Lesung mal ein Autogramm … Der Schwabelhafte Sven gibt ja so selten Autogramme … Also, vielleicht, wenn ich Ihnen mein Buch mitgebe und Sie mir das dann nach der Lesung wiederbringen … Also, signiert natürlich!«

»Wie gesagt, ich kenn den Sven gar nicht, ich bin nur die Vorband quasi. Aber ich kann dir gern mein Buch signi…«

Doch das Mädchen war längst gegangen.

»Siehst du«, sagte ich zu Jens, doch der strahlte noch immer.

»Du hast so ein cooles Leben!«, lallte Jens, während er das sechste Bier leerte. »Bei mir heißt's immer nur Baby, Baby, Baby!«

»Ja«, sagte ich, »aber das ist doch okay!«

»Wenn ich mir überlege, dass das jetzt noch vierzig Jahre so weitergehen soll …«

»Dann wärst du Melissa!«, lachte ich.

»Nee! Also darauf hab ich keinen Bock! Und bei dir is' immer was los!«

»Oder auch nicht«, sagte ich und trank.

»Manchmal sitz ich zu Hause und denk mir, dass meine einzige Wahl darin besteht, welchen Sender wir am Abend gucken.«

»Ach, Quatsch«, sagte ich.

»Und einmal im Monat dann irgendsoein Pärchenabend: ins Kino und danach noch ein Getränk mit Schirmchen in der Bar nebenan. Und sich dabei das Gelaber von Luisas Freundinnen anhören müssen!«

»Was denkst du, was ich mache, wenn ich nicht grad unterwegs bin? Ich sag meinen Freunden, dass ich heute Abend nicht mitkomme, weil ich ja praktisch schon die ganze Woche abends weg war und jetzt zu kaputt bin.«

»Und dann sagen sie nach einem Getränk, dass sie jetzt total geschafft seien, und morgen wär ja auch schon Sonntag, und Montag wäre ja wieder Arbeit.«

»Dreimal lassen sie sich abwimmeln, aber beim vierten Mal fragen sie schon nicht mal mehr. Und dann sitzt du plötzlich in Heilbronn an der Hotelbar und merkst, dass du nicht nur dort allein bist.«

»Ich hab's so satt, ey!«

»Sei doch froh!«, rief ich. »Deinem Leben fehlt eigentlich nur das gewisse Etwas!«

Meinem gewissen Etwas fehlt das Leben, dachte ich.

Mannomann, wohin driftete das jetzt ab? Plötzlich musste ich hier den Psychologen mimen und Dinge verteidigen, die ich gar nicht verteidigen wollte. Natürlich konnte ich ihn verstehen. Und dass er es auch verstand, war das einzig Richtige. Aber wollte ich daran schuld sein, wenn er vielleicht alles vorschnell einriss, nur weil wir schon beim sechsten Bier waren? Und eigentlich sollte ich auch langsam mal aufhören, immer weiterzutrinken. Schon jetzt übte der dicke Nazi, der zwei Tische weiter saß und ein riesiges Tattoo auf dem Bauch hatte, so eine magische Anziehungskraft auf mich aus. Noch ein Bier und ich würde wahrscheinlich hingehen und ihn fragen, wie sein Glücksbärchi-Name war.

Als ich aufstand, um aufs Klo zu gehen, machten sich das Bier und die Kümmerlinge bemerkbar.

Huiuiui, dachte ich, während ich mich darauf konzentrierte, einen Fuß vor den anderen zu setzen und dabei nicht wie ein Betrunkener auszusehen, der versucht, nicht wie ein Betrunkener auszusehen.

Ich drehte mich kurz um, Jens lag mit dem Kopf auf dem Tisch.

Gut gut, dachte ich, immerhin ging's nicht nur mir so.

Ich blickte in die Runde. Alle tranken fröhlich vor sich hin. Am Tresen hockte ein Nazi und weinte, daneben stand Zauberkai und versuchte, ihn mit einigen Tricks aufzuheitern. Wahrscheinlich hatte er endlich die Sinnlosigkeit seines Daseins erkannt.

Ich sah auf meine Uhr, 19.50 Uhr, fuck. Ich musste dringend wieder klarkommen. Was würde der Schwabelhafte Sven sonst sagen? Immerhin war ich die Vorband!

Ich sah zur Bar und bedeutete dem Wirt, dass ich gleich zahlen würde.

»Alles klar, Meiner, da mach ich euch noch zwee! Kümmerling jeht aufs Haus!«, rief er.

Herrje, dachte ich.

Als ich die Toilette betrat, rammte ich mit der Schulter volles Ballett gegen den Türrahmen, aber ich spürte schon lange nichts mehr.

Fuck, dachte ich, als ich mich im Spiegel ansah. Das hätte ich Jens sagen sollen. Das war das wirklich Allerschlimmste an den Auftritten. Dass man ständig Bier trank. Wozu machte ich mir überhaupt Gedanken über Rente und solches Zeug? Wenn das so weiterging, würde ich mit dreißig vermutlich eh sterben.

Ich drehte den Wasserhahn auf und wollte mir gerade eine Hand voll Wasser ins Gesicht klatschen, als hinter mir die Tür einer der Kabinen aufsprang, mich zwei starke Hände an der Schulter packten und nach hinten rissen.

Cool, dachte ich, jetzt würde also auch noch einer der Nazis mit mir »diskutieren« wollen.

Ich schloss die Augen und machte mich darauf gefasst, dass es gleich ein bisschen wehtun würde. Es würde eine ganz zauberhafte Lesung werden.

»Aldr, André, hast du noch alle Latten am Zaun?«, schrie eine Stimme, die mir seltsam bekannt vorkam. Es prasselten keine Schläge auf mich ein. Aber nein, dachte ich, das konnte ja gar nicht sein.

»Aldr! Was soll'n der Blödsinn?«

Doch, dachte ich, das musste er sein, aber wie? Nee, niemals!

»Bei dein' Eltern biste nich! Zu Hause biste nich! Weeßt du eigentlich, wie viel Sprit ich hier wegen deiner Spielerei verfahre?«

Ich öffnete die Augen. Über mir kniete Maik!

»Ey Maik!«, rief ich lachend.

»Du kannst doch nich eenfach abhaun! Läufst du noch janz reene, sare ma?«

»Ey, ich kann nich!«, lallte ich. »Ich hab 'n Offtritt!«
»Was denn für'n Offtritt, Aldr? Du hast een ze loofen, des is' alles!«
»Mit meinem Buuuch, Mann!«
»Was denn nu schon wüller für'n Buch, Aldr?!«, rief Maik entgeistert.
»Ich muss hier was vorlesen!«
Maik musterte mich gründlich. Ich versuchte aufzustehen und hatte ein bisschen Mühe, mich an den Wänden abzustützen, die sich irgendwie ziemlich heftig bewegten.
»Also wennde mich fragst, sieht das gerade eher aus, als wärst du neuerdings bei der Bundeswehr, mein Freund! Du kommst jetze mit!«
»Wohin denn?«
»'s ernst!«, rief Maik. »Wir müssen los!«
»Ach komm, hör do off!«, sagte ich, als sich mein Magen verkrampfte. Irgendwie schmeckte plötzlich alles säuerlich.

Fünf Minuten später

Ich kam mir unendlich mies vor, wie ich da mit offenem Mund vor der Toilette kniete, ohne dass etwas passierte.
»Nee ehrlich, Til Schweiger is' der deutsche Stallone!«, philosophierte Maik bei den Waschbecken vor sich hin. »Biste balle fertig? Wir müssen los!«
»Ich hab's doch schon tausendmal gesagt, ich hab 'n Auftritt! Mit 'm Schwabelhaften Sven!«
»Mit wem? Ey, du musst ma bissl klarkommen, Aldr! Beeile dich ma! Die Karre läuft noch!«
»Den gibt's!«, rief ich. »*Halt deine Maultaschen!* Ein Bestseller!«
»Jaja«, sagte Maik, »und Til Schweiger ist der deutsche Stallone, sar ich ja!«
»Quark«, rief ich, »Til Schweiger hatte genau *einen* guten Film. Und in dem gibt's eigentlich auch nur *einen* richtig guten Satz!«

Fünf Minuten später

»Saßt du eigentlich schon lange hier drin?«

»Aldr, ewig! Ich hab sogar zuerst aus Versehen so'n Nazi hier rinnjezerrt. Jeheult wie'n Schlosshund hat der!«

Maik griff in seine Tasche und förderte den Stimmungsschlagring zutage. »Komm, Aldr, mach hin, das Teil blinkt hier drinne wie bekloppt. Das wird schon warm!«

»Moment!«, sagte ich.

Fünf Minuten später

»Und welcher Satz war des nu?«

»Na aus *Manta – Der Film*!«, lallte ich und rutschte dabei gegen die Toilettenwand.

»Der Satz!«, rief Maik. »Mache doch ma bitte hinne da, wir sind jetzt schon zu spät, Aldr!«

»Na ja, als er die ganzen Jägermeister trinkt, ja? Und die dann durch die Stadt heizen, ja? Da will er dann, dass sie unbedingt anhalten, weil's so ruckelt …«

»Deeer Satz, Aldr!«

Mit einem Mal spürte ich wieder den sauren Geschmack im Mund.

»Na ja«, lallte ich, »sie halten an, ja? Er hechtet aus dem Auto, ja? Und sagt: Ich glaub, ich muss mir das alles noch mal durch 'n Kopf gehen lassen!«

Maik schaute mich regungslos an.

Dann ließ ich mir das alles noch mal durch den Kopf gehen.

Ende

Epilog

»Versteh ich nich«, sagte Maik.

»Nicht so wichtig«, sagte ich und wischte mir den Mund mit etwas Klopapier ab. Sofort fühlte ich mich klarer.

Maik zog eine Bierflasche aus seiner Tasche und schlug den Kronkorken an der Türklinke ab.

»Du kannst doch jetzt nichts trinken«, sagte ich. »Denke, du musst noch fahren?«

»Quatsch, der Mirko fährt.«

»Ach komm, Maik, ehrlich ey! Du hast doch gar keinen Zwillingsbruder namens Mirko!«

»Ne tlar!«

»Los, gib's zu! Und dass du das bist, der im Kindergarten arbeitet! Und der mit der Sandy zusammen is'! Ich hab's doch kapiert! Und es ist auch überhaupt nich schlimm! Gib's halt einfach mal zu!«

Maik zögerte. Langsam zog er seine Augenbrauen zusammen.

»Nee, Aldr! Des's der Mirko!«

»Ach, komm!«

»Doch, der sitzt draußen im Auto!«

»Dann geh ich jetzt gucken.«

»Dann geh doch gucken, Aldr!«, rief Maik.

»Okay«, sagte ich und ging gucken.

Hörbuch

Die ungekürzte Hörbuch-Ausgabe von »Klassenkampf«, vorgelesen von André Herrmann selbst, gibt es als Download in allen gängigen Audio-Shops!

Hörproben

Kapitel *2005 – DASDARFDOCHALLESNICHWAHRSEIN*

www.voland-quist.de/downloads/herrmann/klassenkampf-hoerprobe1.mp3

Kapitel *2006 – Klassenkampf*

www.voland-quist.de/downloads/herrmann/klassenkampf-hoerprobe2.mp3

Danke

Christian, Julius und Lisa

Marc-Uwe, Sebastian, Bleu und Paul

Sebastian, Leif, Tomke, Friederike und Anne

Christian, Sebastian, Lena und Tim

Ellen, Matthias, Mutti und Vati

Livelyrix e.V.

Lesebühne Sax Royal

Lesebühne Fuchs & Söhne

Lesebühne Schkeuditzer Kreuz